应用型高等院校财经类专业教学改革系列教材
应用型高等院校"书证融通"系列教材
一流本科专业建设点——会计学专业建设教材

成本会计

主　编　王莉莉　窦　微　张喆敏
副主编　姜佩含　卢　扬　韩旭升
参　编　孙　博　王　柏　章鸣灿

机械工业出版社

本书以制造业企业为主，对成本核算的理论和方法进行了全面、系统的阐述，并加入了金蝶云管理平台实战案例。全书共七章，内容包括成本会计基本理论、成本核算原理、费用在各种产品以及期间费用之间的归集与分配、生产费用在完工产品与在产品之间的归集与分配、成本计算方法、成本报表与成本分析、成本核算案例与实战。每章章首附有"学习目标""任务要求"，章后除第七章外均附有"复习思考题""练习题""练习题参考答案"，以方便学生学习。

本书内容系统，通俗易懂，例题丰富，实用性强，可作为高等院校财经类专业及相关专业学生的教材，也可作为广大会计从业人员学习成本会计的参考用书。

图书在版编目（CIP）数据

成本会计/王莉莉，窦微，张喆敏主编 .—北京：机械工业出版社，2023.11

应用型高等院校财经类专业教学改革系列教材　应用型高等院校"书证融通"系列教材　一流本科专业建设点——会计学专业建设教材

ISBN 978-7-111-74175-6

Ⅰ. ①成…　Ⅱ. ①王…②窦…③张…　Ⅲ. ①成本会计－高等学校－教材　Ⅳ. ①F234.2

中国国家版本馆 CIP 数据核字（2023）第 208801 号

机械工业出版社（北京市百万庄大街22号　邮政编码 100037）

策划编辑：曹俊玲　　　　　　责任编辑：曹俊玲
责任校对：曹若菲　李　婷　　封面设计：张　静
责任印制：郜　敏

三河市宏达印刷有限公司印刷

2023年12月第1版第1次印刷

184mm×260mm・15印张・377千字

标准书号：ISBN 978-7-111-74175-6

定价：49.00元

电话服务　　　　　　　　　网络服务

客服电话：010-88361066　　机　工　官　网：www.cmpbook.com
　　　　　010-88379833　　机　工　官　博：weibo.com/cmp1952
　　　　　010-68326294　　金　书　网：www.golden-book.com

封底无防伪标均为盗版　机工教育服务网：www.cmpedu.com

前　言

随着中国特色社会主义进入新时代，成本管理工作被提到了新的高度。2016年5月16日，习近平主持召开中央财经领导小组第十三次会议强调，重点推进"三去一降一补"，其中"一降"就是降成本。可见，加强成本管理是深化改革的重要环节，这对高等院校成本会计的教学工作提出了更高的要求。因此，我们要深入学习和全面贯彻习近平新时代中国特色社会主义思想，深刻把握财经类专业学生的培养目标，积极应对数字化对教学的冲击和挑战，更加重视学生的长远发展，以及学生基本素质和能力的培养，尤其是学生发现问题、分析问题和解决问题能力的培养。

在此背景下，为应对人工智能、大数据等技术对成本会计实践和教学的影响，更好地服务读者，满足其学习要求，我们积极实践线上线下相结合的教学模式，长春财经学院与金蝶精一科技服务有限公司合作成立金蝶特色产业学院，并联合编写了系列教材。

成本会计是应用型高等院校财经类专业的核心主干课程之一。本书将成本核算、管理与金蝶软件相结合，精准研发针对应用型高等院校财会类专业的教材，以推进教材改革与创新，助力"一流专业"和"一流课程"建设，深化教学改革，加速普通本科高等院校从实质上向应用型转变。

本书的主要特点如下：

（1）结构合理，内容系统。本书按照由浅入深、循序渐进的认知规律，合理安排总体结构和各项目内容。从成本会计相关知识开篇，以成本会计的职能和核算要求为切入点，介绍了生产要素费用的归集与分配，重点讲解了产品成本的计算方法，层层递进，层次清晰、紧凑。

（2）内容新，突出实用性。本书依据《企业会计准则》、会计制度及近年来出台的会计法规、政策等编写相关内容，并通过例题和课后练习题以及第七章成本核算案例与实战，帮助学生掌握成本会计的理论和成本会计的核算方法。

（3）例题丰富，资源配套。本书除了必要的理论知识讲解外，还设有大量例题。例题紧扣重点难点，讲解清晰，力求复杂问题简单化，简单问题直观化。同时，本书还有专门的配套实训内容（第七章），便于学生将理论知识与工作实践紧密结合，切实提高其成本核算的综合能力。

为方便学生学习，本书提供了练习题参考答案，答案可通过扫描二维码获取。

本书由王莉莉、窦微、张喆敏担任主编，姜佩含、卢扬、韩旭升担任副主编，孙博、王柏、章鸣灿参与编写。本书的编写得到了金蝶精一科技服务有限公司的大力支持，在此表示衷心感谢！

因编者水平和经验有限，书中难免存在疏漏之处，敬请广大读者批评指正。

编　者

2023 年 2 月

目 录

前 言

第一章　成本会计基本理论 ··· 1
学习目标 ··· 1
任务要求 ··· 1
第一节　成本的内涵 ·· 1
第二节　成本会计概述 ··· 4
第三节　成本会计工作的组织 ·· 7
复习思考题 ·· 9
练习题 ·· 10
练习题参考答案 ·· 11

第二章　成本核算原理 ··· 12
学习目标 ··· 12
任务要求 ··· 12
第一节　成本核算的基本要求 ·· 12
第二节　费用的分类 ·· 15
第三节　成本核算的基本程序及账务处理程序 ·· 18
复习思考题 ·· 23
练习题 ·· 24
练习题参考答案 ·· 26

第三章　费用在各种产品及期间费用之间的归集与分配 ··· 27
学习目标 ··· 27
任务要求 ··· 27
第一节　各项要素费用的归集与分配 ·· 27
第二节　辅助生产费用的归集与分配 ·· 43
第三节　制造费用的归集与分配 ·· 56
第四节　废品损失和停工损失的归集与分配 ··· 60
第五节　期间费用的归集与分配 ·· 64
复习思考题 ·· 67
练习题 ·· 67

练习题参考答案 ··· 79

第四章　生产费用在完工产品与在产品之间的归集与分配 ······················ 80
　　学习目标 ··· 80
　　任务要求 ··· 80
　　第一节　在产品的核算 ·· 80
　　第二节　完工产品与在产品之间分配费用的方法 ··· 84
　　第三节　完工产品成本的结转 ·· 96
　　复习思考题 ··· 97
　　练习题 ··· 97
　　练习题参考答案 ·· 101

第五章　成本计算方法 ·· 102
　　学习目标 ··· 102
　　任务要求 ··· 102
　　第一节　产品成本计算方法概述 ·· 102
　　第二节　产品成本计算的品种法 ·· 106
　　第三节　产品成本计算的分批法 ·· 119
　　第四节　产品成本计算的分步法 ·· 126
　　复习思考题 ··· 145
　　练习题 ··· 146
　　练习题参考答案 ·· 164

第六章　成本报表与成本分析 ··· 165
　　学习目标 ··· 165
　　任务要求 ··· 165
　　第一节　成本报表的编制 ·· 165
　　第二节　成本报表的分析 ·· 174
　　复习思考题 ··· 197
　　练习题 ··· 197
　　练习题参考答案 ·· 199

第七章　成本核算案例与实战 ··· 200
　　学习目标 ··· 200
　　任务要求 ··· 200

参考文献 ·· 233

第一章 成本会计基本理论

> **学习目标**
> 1. 了解成本的概念及作用。
> 2. 了解成本与支出、费用之间的关系。
> 3. 了解成本会计的概念与职能。
> 4. 掌握成本会计核算的基本内容。
> 5. 了解成本会计的工作组织。

> **任务要求**
> 1. 掌握成本会计工作的组织方法。
> 2. 能正确划分成本、支出和费用项目。

第一节 成本的内涵

一、成本的概念

（一）理论成本

成本是商品经济的产物，是商品经济中的一个经济范畴，是商品价值的主要组成部分。以下以马克思有关商品成本的论述为理论基础，来探讨成本的内涵。

马克思指出，商品的价值（W）由三部分组成：已耗费的生产资料转移的价值（C），劳动者为自己劳动所创造的价值（V），劳动者为社会劳动所创造的价值（M），用公式来表示就是 $W=C+V+M$。从理论上讲，上述的前两部分，即 $C+V$，是商品价值中的补偿部分，它们构成商品的理论成本。

综上所述，理论成本可以概括为：在生产经营过程中所耗费的生产资料转移的价值和劳动者为自己劳动所创造价值的货币表现，也就是企业在生产经营中所耗费的资金总和。

(二) 实际成本

马克思关于商品成本的论述还是从理论上对成本内涵的高度概括，这一理论是指导我们进行成本会计研究的指南，是实际工作中制定成本开支范围、考虑劳动耗费价值补偿尺度的重要理论依据。但是，社会经济现象是纷繁复杂的，企业在成本核算和成本管理中需要考虑的因素也是多种多样的，因此，理论成本与实际工作中所应用的成本概念有一定差别，主要表现在以下两个方面：

(1) 在实际工作中，成本的开支范围是由国家通过有关法规制度加以界定的，为了促使企业加强经济核算，减少生产损失。劳动者为社会劳动所创造的某些价值，如财产保险费等，以及一些不形成产品价值的损失性支出，如工业企业的废品损失、季节性和修理期间的停工损失等，也计入成本。

(2) 上述理论成本是就企业生产经营过程中所发生的全部耗费而言的，是一个"全部成本"的概念。在实际工作中根据成本核算制度将其全部对象化，例如，按照我国现行会计制度的规定，工业企业应采用制造成本法计算产品成本，从而将生产经营中所发生的全部耗费分为产品制造（生产）成本和期间费用两大部分。

二、产品支出、费用与成本之间的关系

（一）支出

支出是指企业生产经营过程中发生的一切开支与耗费，即企业在生产经营过程中为获取另一项资产、清偿债务所发生的资产的流出。一般而言，企业的支出可分为资本性支出、收益性支出、所得税支出、营业外支出和利润分配支出五大类。例如，企业为购买材料、办公用品等支付或预付的款项，为偿还银行借款、应付账款及支付股利所发生的资产流出，为购置固定资产、支付长期工程款费用所发生的支出等。就某一会计期间而言，支出可以是现金支出，也可以是非现金支出；但就企业的长期业务活动而言，所有的支出最终由现金支出来实现。

（二）费用

费用是指企业为销售商品和提供劳务等日常活动所发生的经济利益的流出，即企业在获取收入的过程中，对企业拥有或控制的资产的耗费。企业在生产经营活动中为获取收入需提供商品或劳务，在其过程中会发生各种耗费，如原材料、动力、工资、机器设备等耗费。这些费用或为制造产品而发生，或为实现产品销售而发生，或为以后确定期间取得收入而发生。

（三）成本

成本是一种耗费，有广义和狭义之分。广义的成本是指为实现一定目的而耗费的人力、物力、财力的货币表现；狭义的成本就是产品成本，对象化的生产费用就是产品成本。

制造业企业的产品成本与支出、费用之间的关系如图 1-1 所示。

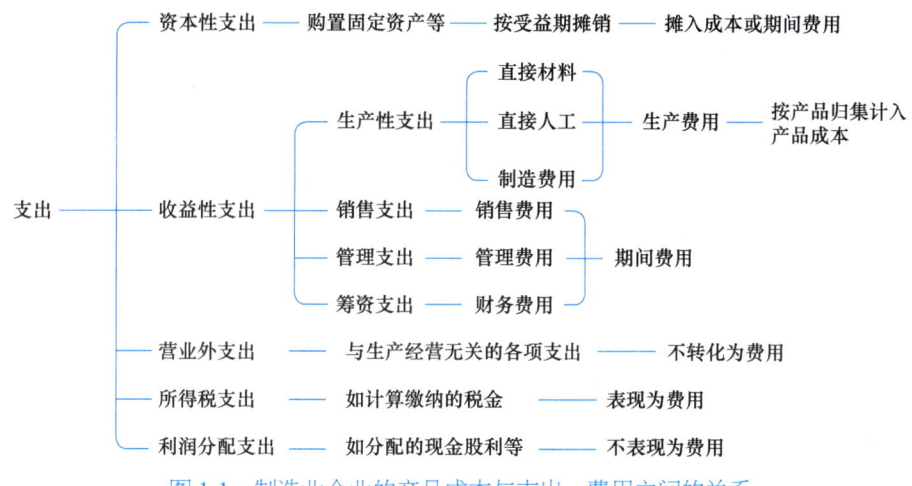

图 1-1 制造业企业的产品成本与支出、费用之间的关系

三、成本的作用

管理大师彼得·德鲁克曾说过:"在企业内部,只有成本。"可见成本对企业内部管理的重要性。

(一)成本是补偿生产经营耗费的尺度

为了保证企业生产经营的不断进行,必须对生产经营耗费进行补偿。企业是自负盈亏的商品生产者和经营者,其生产经营耗费是用自身的生产成果,即销售收入来补偿的。而成本就是衡量这一补偿份额大小的尺度。企业在取得销售收入后,必须把相当于成本的数额划分出来,用以补偿生产经营中的资金耗费。这样才能维持资金周转按原有规模进行。如果企业不能按照成本来补偿生产经营耗费,企业资金就会短缺,生产经营就不能按原有的规模进行。成本也是划分生产经营耗费和企业利润的依据,在一定的销售收入中,成本越低,企业利润就越多。可见,成本起着衡量生产经营耗费尺度的作用,对经济发展有着重要的影响。

(二)成本是综合反映企业工作质量的重要指标

成本是一项综合性的经济指标,企业经营管理中各方面工作的业绩,都可以直接或间接地在成本上反映出来。例如,产品设计得好坏、生产工艺的合理程度、固定资产的利用情况、原材料消耗的节约与浪费、劳动生产率的高低、产品质量的高低、产品产量的增减以及供产销各环节的工作是否协调等,都可以通过成本直接或间接地反映出来。

既然成本是综合反映企业工作质量的指标,那么可以通过对成本的计划、控制、监督、考核和分析等来促使企业以及企业内各单位加强经济核算,努力改进管理,降低成本,提高经济效益。例如,通过正确确定和认真执行企业以及企业内部各单位的成本计划指标,可以事先控制成本水平和监督各项费用的日常开支,促使企业及企业内部各单位努力降低各种耗费;又如,通过成本的对比和分析,可以及时发现在物化劳动和活劳动消耗上的节约或浪费情况,总结经验,找出工作中的薄弱环节,采取措施,挖掘潜力,合理地使用人力、物力和财力,从而降低成本,提高经济效益。

(三）成本是制定产品价格的一项重要因素

在商品经济中，产品价格是产品价值的货币表现。产品价格应大体上符合其价值。无论是国家还是企业，在制定产品价格时都应遵循价值规律的基本要求。但在现阶段，人们还不能直接计算产品的价值，而只能计算成本，通过成本间接、相对地掌握产品的价值。因此，成本就成了制定产品价格的重要因素。

当然，产品的定价是一项复杂的工作，要考虑的因素很多，如国家的价格政策及其他经济政策、各种产品的比价关系、产品在市场上的供求关系及市场竞争态势等，所以成本只是制定产品价格的一项重要因素。

（四）成本是企业进行很多决策的重要依据

努力提高在市场上的竞争能力和经济效益，是社会主义市场经济条件下对企业的客观要求。而要做到这一点，首先企业必须进行正确的生产经营决策。进行生产经营决策，需要考虑的因素很多，成本是主要因素之一。这是因为在价格等因素一定的前提下，成本的高低直接影响企业盈利的多少，而较低的成本可以使企业在市场竞争中处于有利地位。企业的很多决策都需要用到不同的成本数据，如生产何种新产品的决策、亏损产品是否停产的决策、自制还是外购的决策、特殊订单决策、产品组合决策、最优生产批量决策、生产工艺决策、赶工决策以及供应商选择决策等。

第二节　成本会计概述

一、成本会计的概念

成本会计是以提高经济效益为目的，运用会计基本原理和一般原则，采用一定的技术方法，对企业生产经营活动中发生的成本和费用进行连续、系统、全面、综合的核算与监督的一种管理活动。

二、成本会计的职能

成本会计的职能是指成本会计在经济管理中的功能。成本会计作为会计的一个重要分支，其基本职能同会计一样，具有反映和监督两项基本职能。但从成本会计产生和发展的历史看，随着生产过程的日趋复杂，生产经营管理对成本会计不断提出新的要求，成本会计反映和监督的内涵也在不断发展。下面分别说明成本会计职能的基本内容。

（一）反映职能

反映职能是成本会计的首要职能。成本会计的反映职能，就是从价值补偿的角度出发，反映生产经营过程中各种费用的支出，以及生产经营业务成本和期间费用等的形成情况，为经营管理提供各种成本信息的功能，就成本会计反映职能的最基本方面来说，是以已经发生的各种费用为依据，为经营管理提供真实、可验证的成本信息，从而使成本分析、考核等工作建立在有客观依据的基础上。随着社会生产的不断发展，企业经营规模的不断扩大，经济活动情况的日趋复杂化，成本管理就需要加强计划性和预见性，因此，对成本会计提出了更高的要求，需要通过成本会计为经营管理提供更多的信息，即除了提供能反映成本现状的核算资料外，还要提供有关预测未来经济活动的成本信息资料，以便做出正确的决策和采取相应的措施，达到预期的目的。由此可见，成本会计的反映职能从事后反映发展到了分析预测未来，只有这样，才能满足经营管理的需要，才能更好地发挥其在经营管理中的作用。

应当指出的是，反映过去同预测未来是密切联系的。要进行成本预测，首先必须了解能够反映成本水平现状和历史的各项指标以及它们之间的内在联系，这样才能据以分析未来的成本状况，以及为实现预期的成本管理目标应具备的条件和应采取的措施。因此，反映实际发生的生产经营耗费，提供实际的成本资料，是成本会计提供成本信息的基础。

（二）监督职能

成本会计的监督职能是指按照一定的目的和要求，通过控制、调节、指导和考核等，监督各项生产经营耗费的合理性、合法性和有效性，以达到预期的成本管理目标的功能。

在社会主义市场经济中，企业为了达到预期的经营目标，不仅要制订计划、分配资源和组织计划的实施，而且必须进行有效的监督，以使各项经济活动符合有关规定的要求。习近平总书记在第十九届中央纪律检查委员会第四次全会上，首次将财会监督与其他监督并列，共同组成党和国家的监督体系。成本会计的监督是会计监督的重要内容，是对经济活动进行监督的一个重要方面。

成本会计的监督包括事前、事中和事后监督。首先，成本会计应从经济管理对降低成本、提高经济效益的要求出发，对企业未来经济活动的计划或方案进行审查，并提出合理化建议，从而发挥对经济活动的指导作用，在反映各种生产经营耗费的同时，进行事前监督，即以国家的有关政策、制度和企业的计划、预算及规定等为依据，对有关经济活动的合理性、合法性和有效性进行审查，限制或制止违反政策、制度和计划、预算等的经济活动，支持和促进增产节约、增收节支的经济活动，以实现提高经济效益的目的。其次，成本会计要通过成本信息的反馈，进行事中、事后监督，也就是通过对所提供的成本信息资料的检查分析，控制和考核有关经济活动，及时从中总结经验，发现问题，提出建议，促使有关方面采取措施，调整经济活动，使其按照规定的要求和预期的目标进行。成本会计的反映和监督两大职能是辩证统一、相辅相成的。没有正确、及时的反映，监督就失去了存在的基础，就无法在成本管理中发挥制约、控制、指导和考核等作用；而只有进行有效的监督，才能使成本会计为管理提供真实可靠的信息资料，使反映职能得以充分发挥。可见，只有把反映和监督两大职能有机地结合起来，才能更为有效地发挥成本会计在管理中的作用。

三、成本会计的任务

成本会计的任务是成本会计职能的具体化，也是人们期望成本会计应达到的目的和对成本会计的要求。具体来说，成本会计的任务主要有以下几个方面：

（一）进行成本预测，参与经营决策，编制成本计划，为企业有计划地进行成本管理提供基本依据

在社会主义市场经济中，企业应在遵守国家的有关政策、法令和制度的前提下，按照市场经济规律的要求，正确地组织自己的生产经营活动，为此，企业必须在经营管理中加强预见性和计划性。也就是说，面对市场，企业应在分析过去的基础上，科学地预测未来，周密地对自身的各项经济活动实行计划管理。企业的成本管理工作是一项综合性很强、涉及面很广的管理工作，仅靠财会部门和成本会计是难以完成的，但成本会计作为一项综合性很强的价值管理工作，应充分发挥自己的优势，在成本的计划管理中，发挥主导作用。为了使企业成本管理工作有计划地进行和对费用开支有效地进行控制，成本会计工作应在企业各有关方面的配合下，根据历史成本资料、市场调查情况以及其他有关方面（如生产、技术、财务等）的资料，采用科学的方法来预测成本水平及其发展趋势；拟订各种降低成本的方案，进而进行成本决策，选出最优方案；确定成本目标，然后再根据成本目标编制成本计划，制定成本费用的控制标准以及降低成本应采取的主要措施，以作为对成本实行计划管理、建立成本管理责任制、开展经济核算和控制费用支出的基础。

（二）严格审核和控制各项费用支出，努力节约开支，不断降低成本

企业作为自主经营、自负盈亏的商品生产者和经营者，应贯彻增产节约的原则，加强经济核算，不断提高自身的经济效益，这是社会主义市场经济对企业的客观要求，在这方面成本会计担负着极为重要的任务。为此，成本会计必须以国家有关成本费用开支的范围和开支的标准，以及企业的有关计划、预算、规定、定额等为依据，严格控制各项费用的开支，监督企业内部各单位严格按照计划、预算和规定办事，并积极探求节约开支、降低成本的途径和方法，以促进企业经济效益的不断提高。

（三）及时、正确地进行成本核算，为企业的经营管理提供有用的信息

按照国家有关法规、制度的要求和企业经营管理的需要，及时、正确地进行成本核算，提供真实、有用的成本信息，是成本会计的基本任务。这是因为，成本核算所提供的信息不仅是企业正确地进行存货计价，正确地确定利润和制定产品价格的依据，同时也是企业进行成本管理的基本依据，在成本管理中，对各项费用的监督与控制主要是在成本核算过程中利用有关核算资料进行的，成本预测、决策、计划、考核、分析等也是以成本核算所提供的成本信息为基本依据的。

（四）考核成本计划的完成情况，开展成本分析

在企业的经营管理中，成本是一个极为重要的经济指标，它可以综合反映企业以及企业内部有关单位的工作业绩，因此，成本会计必须按照成本计划等的要求，进行成本考核，肯定成绩，找出差距，鼓励先进，鞭策落后。成本是综合性很强的指标，其计划的完成情况是诸多因素共同作用的结果。因此，在成本管理工作中，还必须认真、全面地开展成本分析工作，通过成本分析，揭示影响成本升降的各种因素及其影响程度，以便正确评价企业以及企业内部各有关单位在成本管理工作中的业绩和揭示企业成本管理工作中的问题，从而促进成本管理工作的

改善，提高企业的经济效益。

综上所述，成本会计的任务包括成本的预测、决策、计划、控制、考核和分析。其中，进行成本核算，提供真实、有用的核算资料，是成本会计的基本任务和中心环节。鉴于此，本书的主要内容是：以生产经营环节最为全面、典型的工业企业为例，全面、系统地阐述成本核算的基本原理和各种成本计算方法（品种法、分批法、分步法、分类法、定额法和标准成本法），以及成本报表的编制与成本分析。考虑到各行业由于生产经营业务的不同而带来的成本核算上的差异，本书简要介绍农业企业、物流企业和建筑施工企业的成本核算。

同时，为了使学习者对成本会计的新发展有所了解，本书将对作业成本、质量成本和环境成本等进行概括性的介绍。

四、成本会计的对象

成本会计的对象是指成本会计反映和监督的内容。明确成本会计的对象，对于确定成本会计的任务，研究和运用成本会计的方法，更好地发挥成本会计在经济管理中的作用，有着重要的意义。

工业企业的基本生产经营活动是生产和销售工业产品。在产品的直接生产过程中，即从原材料投入生产到产成品制成的产品制造过程中，一方面制造出产品来，另一方面要发生各种各样的生产耗费，各种生产费用的支出和产品生产成本的形成是成本会计应反映和监督的主要内容。

在产品的销售过程中，企业为销售产品会发生各种各样的费用支出。

企业的行政管理部门为组织和管理生产经营活动，会发生各种各样的费用。此外，企业为筹集生产经营所需资金也会发生一些费用，它的支出及归集过程也应该属于成本会计反映和监督的内容。

上述销售费用、管理费用和财务费用与产品生产没有直接联系，而是按发生的期间进行归集，直接计入当期损益，因此，它们构成了企业的期间费用。

综上所述，按照现行企业会计准则和相关会计制度的有关规定，工业企业成本会计的对象可以概括为工业企业生产经营过程中发生的产品生产成本和期间费用。

第三节 成本会计工作的组织

为了充分发挥成本会计的职能作用，圆满完成成本会计的任务，企业必须科学地组织成本会计工作。成本会计工作的组织主要包括设置成本会计机构，配备必要的成本会计人员，制定科学、合理的成本会计法规和制度等。

一、成本会计机构

企业的成本会计机构是在企业中直接从事成本会计工作的机构。一般而言，大中型企业应在专门设立的会计部门单独设置成本会计机构，专门从事成本会计工作；在规模较小、会计人员不多的企业，可以在会计部门指定专人负责成本会计工作。另外，企业的有关职能部门和生产车间都应根据工作需要设置成本会计组或者配备专职或兼职的成本会计人员。

成本会计机构内部可以按成本会计所担负的各项任务分工，也可以按成本会计的对象分工，在分工的基础上建立岗位责任制，使每一位成本会计人员都明确自己的职责，每一项成本会计工作都有人负责。

企业内部各级成本会计机构之间的组织分工有集中工作和分散工作两种基本方式。

集中工作方式是指企业的成本会计工作主要由厂部成本会计机构集中进行，车间等其他单位的成本会计机构或人员只负责原始记录和原始凭证的填制，并对它们进行初步的审核、整理和汇总，为厂部成本会计机构工作进一步提供基础资料的方式。这种工作方式的优点是：便于厂部成本会计机构及时地掌握整个企业与成本有关的全面信息；便于集中使用计算机进行成本数据处理；可以减少成本会计机构的层次和成本会计人员的数量。但这种工作方式不便于直接从事生产经营活动的各单位和职工及时掌握本单位的成本信息，从而不便于及时控制成本和推行责任成本制。

分散工作方式是指成本会计工作中的计划、控制、核算和分析由车间等其他单位的成本会计机构或人员分别进行，成本考核工作由上一级成本会计机构对下一级成本会计机构逐级进行，厂部成本会计机构除对全厂成本进行综合的计划控制、汇总核算以及分析和考核外，还应负责对各下级成本会计机构或人员进行业务上的指导和监督。成本的预测和决策工作一般仍由厂部成本会计机构集中进行。分散工作方式的优缺点与集中工作方式正好相反。

一般而言，大中型企业由于规模较大，组织结构复杂，会计人员数量较多，为了调动各级各部门控制成本费用、提高经济效益的积极性，应采用分散工作方式；小型企业为了提高成本会计工作的效率和降低成本管理的费用，可采用集中工作方式。

二、成本会计人员

在成本会计机构中，配备适当的思想品德优秀、精通业务的成本会计人员是做好成本会计工作的关键。就思想品德而言，要求成本会计人员应该具备脚踏实地、实事求是、敢于坚持原则的作风和高度敬业的精神；就业务素质而言，要求成本会计人员不仅要具备较为全面的会计知识，而且要掌握一定的生产技术和经营管理方面的知识。

为了充分调动和保护会计人员的工作积极性，国家在有关的会计法规中对会计人员的职责、权限、任免、奖惩以及会计人员的技术职称等都做了明确的规定，这些规定对于成本会计人员也是完全适用的。

成本会计机构和成本会计人员应在企业总会计师和会计主管人员的领导下，忠实地履行自己的职责，认真完成成本会计的各项任务，并从降低成本、提高企业经济效益的角度出发，参与制定企业的生产经营决策。为此，成本会计人员应经常深入生产经营的各环节，结合实际情况，向有关人员和职工宣传、解释国家的有关方针、政策和制度，以及企业在成本管理方面的计划和目标等，并督促他们贯彻执行，深入了解生产经营的实际情况，关注成本管理中存在的问题并提出改进成本管理的意见和建议，当好企业负责人的参谋。

根据成本会计人员的职责，企业应赋予他们相应的权限。这些权限主要包括：成本会计人员有权要求企业有关单位和人员认真执行成本计划，严格遵守国家的有关法规、制度和财经纪律；有权参与制定企业的生产经营计划和各项定额，参加与成本管理有关的生产经营管理会议；

有权督促检查企业各单位对成本计划和有关法规、制度、财经纪律的执行情况。

成本会计工作是一项涉及面很宽、综合性很强的管理工作，尤其是随着市场经济体制的不断完善和发展、科学技术的不断进步，按照市场经济的要求，靠技术进步降低成本，增强企业的竞争能力，提高企业的经济效益，已经成为成本会计工作的重要内容。为此，成本会计人员必须刻苦钻研业务，认真学习有关的业务知识和业务技术，不断充实和更新自己的专业知识，提高自己的素质，以适应新形势的要求。

三、成本会计的法规和制度

成本会计的法规和制度是成本会计工作的规范，是会计法规和制度的重要组成部分。企业应遵循国家有关法律、法规和制度，如《中华人民共和国会计法》《企业会计准则》《企业产品成本核算制度（试行）》等的有关规定，并适应企业生产经营的特点和管理的要求，制定企业内部的成本会计制度，作为企业进行成本会计工作具体和直接的依据。

各行业企业由于生产经营的特点和管理的要求不同，所制定的成本会计制度有所不同。就工业企业来说，成本会计制度一般应包括以下几个方面的内容：

（1）关于成本预测和决策的制度。
（2）关于成本定额的制度和成本计划编制的制度。
（3）关于成本控制的制度。
（4）关于成本核算规定和流程的制度。它包括成本计算对象和成本计算方法的确定；成本项目的设置；各项费用分配和归集的程序和方法；完工产品和在产品之间的费用分配方法等。
（5）关于责任成本的制度。
（6）关于企业内部结算价格和内部结算办法的制度。
（7）关于成本报表的制度。
（8）其他有关成本会计的制度。

成本会计制度是开展成本会计工作的依据和行为规范，其是否科学、合理，直接影响成本会计工作的成效。因此，制定成本会计制度是一项复杂而细致的工作。在成本会计制度的制定过程中，有关人员不仅应熟悉国家有关法规、制度等的规定，而且应深入基层，做广泛、深入的调查和研究工作，在反复试点、具备充分依据的基础上进行成本会计制度的制定工作。成本会计制度一经确定，就应认真贯彻执行。但随着时间的推移，实际情况往往会发生变化，若出现新的情况，应根据情况变化，对成本会计制度进行修订和完善，以保证成本会计制度的科学性和先进性。

复习思考题

1. 什么是成本？成本在经济管理中有哪些作用？
2. 简述产品成本与支出、费用之间的关系。
3. 成本会计的职能有哪些？其基本职能是什么？
4. 如何理解成本会计所包含的内容？

5. 成本会计机构的设置应考虑哪些因素？
6. 成本会计工作的组织形式有几种？各自的特点是什么？

练 习 题

一、单项选择题

1. 社会主义制度下成本的经济内涵是（ ）。
   A. 已耗费的生产资料的转移价值
   B. 劳动者为自己劳动所创造的价值
   C. 劳动者为社会劳动所创造的价值
   D. 已耗费的生产资料的转移价值和劳动者为自己劳动所创造的价值
2. 实际工作中的成本开支范围与理论成本包括的内容（ ）。
   A. 是有一定差别的   B. 是完全一致的
   C. 是完全不同的   D. 是可以相互替代的
3. 从现行企业会计制度的有关规定出发，成本会计的对象是（ ）。
   A. 各项期间费用的支出及归集过程
   B. 产品生产成本的形成过程
   C. 诸会计要素的增减变动
   D. 企业生产经营过程中发生的生产经营业务成本和期间费用
4. 成本会计的首要职能是（ ）。
   A. 反映的职能   B. 反映和监督职能
   C. 监督的职能   D. 计划和考核职能
5. 成本会计最基本的任务和中心环节是（ ）。
   A. 进行成本预测，编制成本计划   B. 审核和控制各项费用的支出
   C. 进行成本核算，提供实际成本核算的资料   D. 参与企业的生产经营决策

二、多项选择题

1. 商品的理论成本是由生产商品所耗费的（ ）。
   A. 生产资料转移的价值   B. 劳动者为自己劳动所创造的价值
   C. 劳动者为社会劳动所创造的价值   D. 必要劳动
2. 成本的主要作用在于（ ）。
   A. 它是补偿生产耗费的尺度
   B. 它是综合反映企业工作质量的重要指标
   C. 它是企业对外报告的主要内容
   D. 它是制定产品价格的重要因素和进行生产经营决策的重要依据
3. 成本会计的反映职能包括（ ）。
   A. 提供反映成本现状的核算资料的功能

B．提供有关预测未来经济活动的成本信息资料的功能
C．控制有关经济活动的功能
D．考核有关经济活动的功能

4．成本会计的任务包括（　　）。
A．成本预测和决策　　　　　　　　B．成本计划和控制
C．成本核算　　　　　　　　　　　D．成本考核和分析

5．一般来说，企业应根据（　　）来组织成本会计工作。
A．本单位生产经营的特点　　　　　B．对外报告的需要
C．本单位生产规模的大小　　　　　D．本单位成本管理的要求

三、判断说明题（正确的画"√"，错误的画"×"，并说明理由）

1．从理论上讲，商品价值中的补偿部分，就是商品的理论成本。（　　）
2．理论成本的内涵，是企业在生产经营过程中所耗费的资金的总和。（　　）
3．在实际工作中，确定成本的开支范围应以成本的内涵为理论依据。（　　）
4．总括地讲，成本会计的对象就是产品的生产成本。（　　）
5．成本计算对象是分配成本的客体，它可以是你关心的、希望知道其成本数据的任何事物。（　　）
6．提供有关预测未来经济活动的成本信息资料，是成本会计监督职能的一种发展。（　　）
7．以已经发生的各项费用为依据，为经济管理提供真实、可以验证的成本信息资料，是成本会计反映职能的基本方面。（　　）
8．成本会计的监督职能，就是通过对实际成本信息资料进行检查和分析，来评价、考核有关经济活动。（　　）
9．成本会计的监督，包括事前、事中和事后监督。（　　）
10．成本会计的任务，包括成本的预测、决策、计划、核算、控制、考核和分析。（　　）

练习题参考答案

 扫描二维码可以查看练习题的参考答案。

第二章 成本核算原理

> **学习目标**
> 1. 掌握成本核算的基本原则和基本要求。
> 2. 掌握要素费用的基本分类。
> 3. 理解成本核算的一般程序和需要设置的科目。

> **任务要求**
> 1. 能够区分生产企业费用要素内容及产品成本的构成项目。
> 2. 运用成本核算的基本账户和成本核算程序解决实际问题。

第一节 成本核算的基本要求

成本核算不仅是成本会计的基本任务、中心环节，同时也是企业经营管理的重要组成部分。成本计算正确与否，直接影响企业的损益，对企业经营决策有重大影响。成本核算既是对企业生产经营过程中发生的各种生产耗费如实反映的过程，也是为满足企业管理的要求进行成本信息反馈的过程，以及对企业成本计划的实施进行检查和控制的过程。因此，为了充分发挥成本核算的作用，完成成本核算所担负的任务，在成本核算中，应贯彻执行以下各项要求。

一、在成本核算中要加强对费用的审核与控制

成本核算不仅要对已经发生的各项费用支出进行事后的核算，提供事后的成本信息，而且必须以国家有关的法规、制度和企业的成本计划和产品的各项消耗定额等为依据，对各项费用支出进行事前和事中的审核和控制，并及时进行信息反馈，以保证各项费用支出的真实性、合规性和合理性。对于费用脱离定额（或计划）的差异，要及时进行计算、分析和信息反馈，对其中不符合实际情况的指标要按规定程序进行修订，以保证各项指标的先进性和可行性。

二、正确划分各种费用界限

为了正确地进行成本核算，提供真实、可靠的会计信息，必须正确划分以下五个方面的费用界限。

（一）正确划分应否计入产品成本、期间费用的界限

企业发生的支出是多种多样的，其用途不尽相同，应该按照有关法规、制度的要求，在不同的渠道予以列支。例如，企业购建固定资产的支出和购买无形资产的支出，应分别计入固定资产和无形资产的价值；用于产品生产和销售、用于组织和管理生产经营活动，以及为筹集生产经营资金所发生的各种支出，则应计入产品成本或期间费用。企业应按照国家有关成本的开支范围和开支标准的规定，正确地核算产品成本和期间费用，防止一切乱挤成本和少计成本的错误做法。

（二）正确划分生产费用和期间费用的界限

企业日常生产经营中所发生的各项耗费，其用途和计入损益的时间有所不同。用于产品生产的费用形成产品成本，其随着产品实物的转移而结转，只有在产品销售以后才转化为产品销售成本，计入当月损益。可见，当月的生产费用往往并没有计入当月损益的产品销售成本，而当月发生的各项期间费用则直接计入当月损益。因此，为了正确计算产品成本和期间费用，正确计算企业各月的损益，必须正确划分产品生产费用和各项期间费用的界限。应当防止混淆产品生产费用与期间费用的界限，借以调节各月产品成本和损益的错误做法。

（三）正确划分各月份的费用界限

要正确划分各月份的费用界限，不仅要做到本月发生的费用都应在本月全部入账，更重要的是，应以权责发生制为核算基础，正确核算各项跨期摊提费用。本月支付，但属于本月及以后各月受益的费用，应在受益的各月之间合理分摊计入成本；本月虽未支付，但本月已经受益，应由本月负担的费用，应预先计提计入本月成本。正确划分各月份的费用界限是保证成本核算正确的重要环节，应当防止利用摊销和预先计提的办法人为调节各月成本和各月损益的错误做法。

（四）正确划分各种产品的费用界限

在生产多种产品的情况下，为了正确计算各种产品的成本，从而正确分析和考核不同产品的成本计划的执行情况，应将由本期产品负担的生产费用在各种产品之间进行正确的分配。对于某种产品单独发生的费用，应直接计入该种产品的成本；对于应由几种产品共同负担的费用，则应采用适当的方法，将其分配计入这几种产品的成本。在将生产费用在各种产品之间进行分配的过程中，应当防止在产品之间（如可比产品与不可比产品之间、盈利产品与亏损产品之间）任意转移生产费用，借以掩盖成本超支或以盈补亏的错误做法。

（五）正确划分完工产品与在产品的费用界限

经过上述各项费用界限的划分，某种产品应负担的本期费用就全部归集到了其成本明细账

之中，在此基础上，再加上该种产品的期初在产品成本，就是这种产品的全部生产费用。如果某种产品既有完工产品，又有期末在产品，则应将全部生产费用采用适当的方法在完工产品与在产品之间进行分配，分别计算出完工产品成本和在产品成本。应当防止任意提高或降低在产品成本，人为调节完工产品成本的错误做法。

上述五个方面费用界限的划分过程就是产品成本的计算和各项期间费用的归集过程。在这一过程中，应按照受益原则正确进行费用的归集和分配：何者受益何者负担费用，何时受益何时负担费用；负担费用的多少应与其受益程度的大小成正比。

三、做好各项基础工作

（一）做好定额的制定和修订工作

消耗定额，如材料消耗定额、工时消耗定额等，是产品消耗某项资源应达到的数量标准。各项消耗定额不仅是企业有计划地进行成本管理的基本依据，而且在计算产品成本时，往往需要计算产品的定额成本或者用产品的原材料定额消耗量、工时定额消耗量或定额费用作为分配实际费用的标准。因此，企业必须建立和健全定额管理制度，凡是能够制定定额的消耗，都应制定定额，并应随着企业生产经营条件的变化、技术的进步、劳动生产率的提高等，及时对定额进行修订，以保证定额的先进、合理、切实可行。

（二）建立和健全材料物资的计量、收发、领退和盘点制度

在成本中，有相当大部分是财产物资的转移价值。因此，不仅财产物资的计价和价值结转方法（如固定资产的计价及计提折旧方法、各种存货的计价方法等）对成本费用的水平有着重要影响，而且关于这些财产物资的各项管理制度的健全与否，对成本的正确性也会产生重要影响。企业必须建立和健全材料物资的计量、收发、领退和盘点制度，并严格贯彻执行。这样不仅有利于企业财产物资的安全完整，而且有利于保证成本计算的正确性。

（三）建立健全原始记录工作

原始记录是企业最初记载各项业务实际情况的书面凭证，如设备运转记录、收料单、领料单、考勤记录、工时记录、各种发票和账单、在产品和半成品的转移记录、产成品入库单等。原始记录是反映企业各项生产经营活动的第一手资料，是企业从事各种管理活动的基础性信息来源，同时也是成本核算的基本依据。因此，建立科学合理、体系完整、切实可行的原始记录制度，并保证其认真贯彻执行，是成本核算中一项重要的基础性工作。

（四）做好企业内部计划价格的制定和修订工作

在规模较大、管理基础较好的企业，应对原材料、半成品、企业内部各单位之间提供的劳务等制定用于内部计价结算和责任考核标准的计划价格。各项原材料的耗用、半成品的转移以及内部各单位之间提供劳务等，平时按计划价格计价结算，月末再调整差异，计算实际成本。这样既可以简化和加速成本核算工作，又可以分清企业内部各个单位的经济责任。企业内部的

计划价格应保持相对稳定，一般同一年度内不做变动。但在生产经营面临的情况发生变动时，应及时予以修订，以保证计划价格符合实际情况，切实可行。

四、按照生产特点和管理要求，采用适当的成本计算方法

企业的生产特点和管理要求是影响企业成本计算方法选择的两大主要因素。一个适当的成本计算方法，应当既与产品生产特点相匹配，同时所提供的核算资料又能满足管理的要求。因此，企业应当从生产特点和管理要求出发，正确选择成本计算方法，以保证成本计算的合理性和成本信息的有用性。

第二节 费用的分类

工业企业生产经营过程中的耗费是多种多样的，为了科学地进行成本管理，正确计算产品成本和期间费用，需要对种类繁多的费用进行合理分类。费用可以按不同的标准分类，其中最基本的是按费用的经济内容和经济用途进行分类。

一、费用按经济内容的分类

企业的生产经营过程也是物化劳动（劳动对象和劳动手段）和活劳动的耗费过程，因而生产经营过程中发生的费用，按其经济内容分类，可划分为劳动对象方面的费用、劳动手段方面的费用和活劳动方面的费用三大类。这三类可以称为费用的三大要素。为了具体反映各种费用的构成和水平，还应在此基础上将其进一步划分为以下七个费用要素。所谓费用要素，就是费用按经济内容的分类。

（一）外购材料费

外购材料费是指企业为进行生产经营而耗用的一切从外单位购进的原料及主要材料、半成品、辅助材料、包装物、修理用备件和低值易耗品等费用。

（二）外购燃料费

外购燃料费是指企业为进行生产经营而耗用的一切从外单位购进的各种固体、液体和气体燃料费用。

（三）外购动力费

外购动力费是指企业为进行生产经营而耗用的从外单位购进的各种动力费用。

（四）应付职工薪酬

应付职工薪酬是指企业为获得职工提供的服务或解除劳动关系而给予的各种形式的报酬或补偿。

（五）折旧费

折旧费是指企业按照规定的固定资产折旧方法，对用于生产经营的固定资产所计算提取的折旧费用。

（六）利息支出

利息支出是指企业应计入财务费用的借入款项的利息支出减利息收入后的净额。

（七）其他支出

其他支出是指不属于以上各要素但应计入产品成本或期间费用的费用支出，如差旅费、租赁费、外部加工费以及保险费等。

按照以上费用要素反映的费用，称为要素费用。将费用划分为若干要素分类核算，可以反映企业一定时期内在生产经营中发生了哪些费用，数额各是多少，据以分析企业各个时期、各种费用的构成和水平；反映企业生产经营中外购材料和燃料费用以及职工薪酬的实际支出，因而可以为企业核定储备资金定额、考核储备资金的周转速度，以及编制材料采购资金计划和劳动工资计划提供资料。但是，这种分类不能说明各项费用的用途，因而不便于分析各种费用的支出是否节约、合理。

二、费用按经济用途的分类

工业企业在生产经营中发生的费用，首先可以分为计入产品成本的生产费用和直接计入当期损益的期间费用两类。下面分别讲述这两类费用按照经济用途的分类。

（一）生产费用按经济用途的分类

计入产品成本的生产费用在产品生产过程中的用途不尽相同：有的直接用于产品生产；有的则用于企业的生产单位（如生产车间）的组织管理活动等其他方面。因此，为具体反映计入产品成本的生产费用的各种用途，提供产品成本构成情况的资料，还应将其进一步划分为若干项目，即产品生产成本项目，简称产品成本项目或成本项目。工业企业一般应设置以下几个成本项目。

1. 直接材料费

直接材料费是指直接用于产品生产和构成产品实体的原料、主要材料以及有助于产品形成的辅助材料费用。

2. 直接燃料和动力费

直接燃料和动力费是指直接用于产品生产的各种自制和外购的燃料与动力费用。

3. 直接人工费

直接人工费是指直接参加产品生产的工人的薪酬费用。

4. 制造费用

制造费用是指间接用于产品生产的各项费用，以及虽直接用于产品生产，但不便于直接计入产品成本，因而没有专设成本项目的费用（如机器设备的折旧费用）。制造费用包括企业内部生产单位（分厂、车间）的管理人员薪酬费用、固定资产折旧费、租赁费（不包括融资租赁费）、机物料消耗、低值易耗品摊销、取暖费、水电费、办公费、运输费、保险费、设计制图费、试验检验费、劳动保护费、季节性或修理期间的停工损失以及其他制造费用。

企业可根据生产特点和管理要求对上述成本项目做适当调整。对于管理上需要单独反映、控制和考核的费用，以及产品成本中所占比重较大的费用，应专设成本项目；否则，为了简化核算，不必专设成本项目。例如，如果废品损失在产品成本中所占比重较大，在管理上需要对其进行重点控制和考核，则应单设"废品损失"成本项目。又如，如果工艺上耗用的直接燃料和动力不多，为了简化核算，可将其中的工艺用燃料费用并入"直接材料"成本项目，将其中的工艺用动力费用并入"制造费用"成本项目。

（二）期间费用按经济用途的分类

工业企业的期间费用按照经济用途可分为销售费用、管理费用和财务费用。

1. 销售费用

销售费用是指企业在产品销售过程中发生的费用，以及为销售本企业产品而专设的销售机构的各项经费。它包括运输费、装卸费、包装费、保险费、展览费和广告费，以及为销售本企业产品而专设的销售机构（含销售网点、售后服务网点等）的职工薪酬费用、类似职工薪酬性质的费用、业务费等。

2. 管理费用

管理费用是指企业为组织和管理企业生产经营所发生的各项费用。它包括企业的董事会和行政管理部门在企业的经营管理中发生的，或者应由企业统一负担的公司经费（包括行政管理部门职工薪酬、修理费、机物料消耗、低值易耗品摊销、办公费和差旅费等）、工会经费、社会保险费、劳动保险费、董事会费（包括董事会成员津贴、会议费和差旅费等）、聘请中介机构费、咨询费（含顾问费）、诉讼费、业务招待费、技术转让费、矿产资源补偿费、无形资产摊销、职工教育经费、排污费、存货盘亏或盘盈（不包括应计入营业外支出的存货损失）等。

3. 财务费用

财务费用是指企业为筹集生产经营所需资金而发生的各项费用。它包括利息支出（减利息收入）、汇兑损失（减汇兑收益）以及相关的手续费等。

三、生产费用的其他分类

（一）生产费用按与生产工艺的关系分类

计入产品成本的各项生产费用按与生产工艺的关系，可以分为直接生产费用和间接生产费用。直接生产费用是指由生产工艺本身引起的、直接用于产品生产的各项费用，如原料费用、主要材料费用、生产工人工资和机器设备折旧费等。间接生产费用是指与生产工艺没有直接联系，间接用于产品生产的各项费用，如机物料消耗、车间管理人员工资和车间厂房折旧等。

（二）生产费用按计入产品成本的方法分类

计入产品成本的各项生产费用按计入产品成本的方法，可以分为直接计入费用和间接计入（或称分配计入）费用。直接计入费用是指可以分清哪种产品所耗用、可以直接计入某种产品成本的费用。间接计入费用是指不能分清哪种产品所耗用、不能直接计入某种产品成本，而必须按照一定标准分配计入有关的各种产品成本的费用。

在这里需要特别指出的是，由于两种分类标准之间存在一定的联系，直接生产费用在多数情况下是直接计入费用的，如原料、主要材料大多是分产品领用的，其费用可以直接计入相关产品的成本；间接生产费用在多数情况下是间接计入费用的，如机物料消耗大多是为生产单位（如车间）所生产的各种产品共同耗用的，其费用需要先计入制造费用，然后再分配计入各种产品的成本中。可见，这两种分类有时容易混淆。但是，这两种分类毕竟是按照不同的标准进行的，因此，直接生产费用与直接计入费用、间接生产费用与间接计入费用之间不能等同。例如，在只生产一种产品的企业（或车间）中，无论是直接生产费用还是间接生产费用，均属于直接计入费用；又如在联产品生产企业（或车间）中，为生产联产品而发生的联合成本均属于间接计入费用，都需要在联产品之间进行分配，而不论它们是直接生产费用还是间接生产费用。

第三节　成本核算的基本程序及账务处理程序

一、成本核算的基本程序

成本核算的一般程序是指对企业生产经营过程中发生的各项费用，按照成本核算的要求，逐步进行归集和分配，最后计算出各产品的成本和各项期间费用的基本程序。根据前述的成本核算的要求和费用的分类，成本核算的一般程序可以归纳如下。

（一）确定产品成本计算对象和成本计算期

产品成本计算对象就是生产费用归集的具体对象，即费用的承担者，通俗地讲，就是计算什么的成本。产品成本的计算过程，实际上就是将生产费用在成本计算对象中归集和分配的过程，因此，进行产品成本计算必须首先确定成本计算对象。

成本计算期是指每间隔多长时间计算一次成本。从理论上讲，成本计算期应当与产品的生产周期一致，但在实际工作中，成本计算期还必须考虑企业生产的特点和分期考核的要求。

（二）确定成本项目和费用项目

进行成本核算不仅要提供成本计算对象的总成本和单位成本以及各种期间费用的总体发生情况，而且要按照成本项目、费用项目反映它们发生的详细、具体情况，以满足成本管理的需要。因此，确定成本项目和费用项目是成本核算的重要环节。

（三）按成本计算对象及成本项目开设产品成本明细账，按照期间费用的种类及费用项目开设期间费用明细账

产品成本和期间费用的核算是通过对企业生产经营过程中所发生的各种劳动耗费的明细核算来完成的。为此，必须按照成本计算对象和成本项目设置各种产品成本明细账，按照期间费用的种类和费用项目设置各种期间费用明细账。

（四）正确地归集和分配各种费用，登记产品成本明细账和期间费用明细账

成本的核算过程实际上就是费用的归集和分配过程。这一过程的基本程序如下。

（1）对企业的各项支出进行严格的审核和控制，并按照国家的有关规定确定其是否应计入产品成本、期间费用，以及应计入产品成本还是期间费用。也就是说，要在对各项支出的合理性、合法性进行严格审核、控制的基础上，做好前述费用界限划分的第一个方面和第二个方面的工作。

（2）正确处理费用的跨期摊提工作。它包括将本月实际支出而应该留待以后月份摊销的费用正确地进行核算；将以前月份开支的需要跨期摊销的费用中应由本月负担的份额，正确地摊入本月的成本；将本月尚未开支但应由本月负担的费用，预提计入本月的成本。也就是说，要做好前述第三个方面费用界限的划分工作。

（3）将应计入本月产品成本的各项生产费用在各种产品之间按照成本项目进行分配和归集，计算出按成本项目反映的各种产品的成本。这是本月生产费用在各种产品之间横向的分配和归集，是前述第四个方面费用界限的划分工作。

（4）对于月末既有完工产品又有在产品的产品，将该种产品的生产费用（月初在产品生产费用与本月生产费用之和）在完工产品与月末在产品之间进行分配，计算出该种产品的完工产品成本和月末在产品成本，这是生产费用在同种产品的完工产品与月末在产品之间纵向的分配和归集，是前述第五个方面费用界限的划分工作。

二、成本核算的账务处理程序

成本核算的账务处理程序是指将生产经营过程中发生的各项费用，按照成本核算的要求进行归集和分配，并计算出各种产品的生产成本和各项期间费用的过程。它主要包括以下几个步骤。

（一）设置成本核算账户

为了核算和监督企业生产过程中发生的各项费用，正确计算产品或劳务成本，企业需要设置有关成本费用类账户，组织生产费用的总分类核算和明细分类核算。不同行业的企业可以根据本行业的生产特点和管理要求，确定成本费用类账户的名称和核算内容。

制造企业一般应设置"生产成本""制造费用""销售费用""管理费用""财务费用""自制半成品"等账户。如果需要单独核算废品损失和停工损失，企业还应设置"废品损失"和"停工损失"账户。

1. "生产成本"账户

为了核算企业进行生产所发生的各种生产费用，正确计算产品成本，企业应设置"生产成本"账户。该账户借方登记企业为进行产品生产而发生的直接材料、直接人工和制造费用等项目；贷方登记完工入库的完工产品成本；余额在借方，表示月末尚未完工的在产品成本。"生产成本"账户应当设置"基本生产成本"和"辅助生产成本"两个二级账户，在二级账户下再按一定要求设置明细账户。企业也可以根据需要将两个二级账户提升为一级账户，不再设置"生产成本"总账账户。

（1）"生产成本——基本生产成本"账户。基本生产是指为完成企业主要生产目的而进行的产品生产。为了归集基本生产所发生的各种生产费用，计算基本生产产品成本，应设置"基本生产成本"账户。该账户借方登记企业为进行基本生产而发生的各种费用；贷方登记转出的完工入库的产品成本；余额在借方，表示基本生产的在产品成本，即基本生产在产品占用的资金。

"基本生产成本"账户应按产品品种或产品批别、生产步骤等成本计算对象设置产品成本明细分类账（或称基本生产明细账、产品成本计算单），账内按产品成本项目分设专栏或专行。其格式详见表 2-1 和表 2-2。

表 2-1　产品成本明细账

车间名称：第一车间
产品名车：甲产品　　　　　　　　　　　　　　　　　　　　　　　　　　（金额单位：元）

月	日	摘要	产量/件	成本项目			成本合计
				直接材料	直接人工	制造费用	
6	30	本月生产费用		60 000	12 000	18 000	90 000
6	30	本月完工产品成本	1 000	60 000	12 000	18 000	90 000
6	30	完工产品单位成本		60	12	18	90

表 2-2　产品成本明细账

车间名称：第一车间
产品名车：乙产品　　　　　　　　　　　　　　　　　　　　　　　　　　（金额单位：元）

月	日	摘要	产量/件	成本项目			成本合计
				直接材料	直接人工	制造费用	
5	30	在产品费用		15 000	6 000	9 000	30 000
6	30	本月生产费用		75 000	29 000	44 000	148 000
6	30	生产费用合计		90 000	35 000	53 000	178 000
6	30	本月完工产品成本	2 000	72 000	27 300	41 340	140 640
6	30	完工产品单位成本		36	13.65	20.67	70.32
6	30	在产品费用		18 000	7 700	11 660	37 360

如果企业生产的产品品种较多，为了按照产品成本项目（或者既按车间又按成本项目）汇总反映全部产品总成本，还可以设置基本生产成本二级账。基本生产成本二级账的格式详见表 2-3。

表 2-3　基本生产成本二级账

车间名称：第一车间　　　　　　　　　　　　　　　　　　　　　　　　　　（单位：元）

月	日	摘要	成本项目			成本合计
			直接材料	直接人工	制造费用	
5	31	在产品费用	15 000	6 000	9 000	30 000
6	30	本月生产费用	135 000	41 000	62 000	238 000
6	30	生产费用合计	150 000	47 000	71 000	268 000
6	30	本月完工产品成本	132 000	39 300	59 340	230 640
6	30	在产品费用	18 000	7 700	11 660	37 360

（2）"生产成本——辅助生产成本"账户。辅助生产是指为基本生产服务而进行的产品生产和劳务供应。辅助生产所提供的产品和劳务，有时也对外销售，但这不是它的主要目的。为了归集辅助生产所发生的各种生产费用，计算辅助生产所提供的产品和劳务的成本，应设置"辅助生产成本"账户。该账户的借方登记为进行辅助生产而发生的各种费用；贷方登记完工入库产品的成本或分配转出的劳务成本；余额在借方，表示辅助生产在产品的成本，即辅助生产在产品占用的资金。

"辅助生产成本"账户应按辅助生产车间和生产的产品、劳务分设明细分类账，账中按辅助生产的成本项目或费用项目分设专栏或专行进行明细登记。

2. "制造费用"账户

为了核算企业为生产产品和提供劳务而发生的各项制造费用，应设置"制造费用"账户。该账户的借方登记实际发生的制造费用；贷方登记分配转出的制造费用；除季节性生产企业外，该账户月末应无余额。"制造费用"账户应按车间、部门设置明细分类账，账内按费用项目设立专栏进行明细登记。

3. "自制半成品"账户

"自制半成品"账户核算库存自制半成品的实际成本。该账户的借方登记完工入库的自制半成品成本；贷方登记发出自制半成品的实际成本；余额在借方，表示期末自制半成品的实际成本。"自制半成品"账户应根据需要来设置，如企业不单独计算自制半成品，或没有自制半成品，或有自制半成品计算但不设置自制半成品仓库，各生产步骤完工的自制半成品直接交下一生产步骤的企业，可不设置"自制半成品"账户。

4. "废品损失"账户

需要单独核算废品损失的企业，应设置"废品损失"账户。该账户的借方登记不可修复废品的生产成本和可修复废品的修复费用；贷方登记废品残料回收的价值、应收的赔款以及转出的废品净损失；该账户月末应无余额。

"废品损失"账户应按车间设置明细分类账，账内按产品品种分设专户，并按成本项目设置专栏或专行进行明细登记。

5. "销售费用"账户

为了核算企业在产品销售过程中所发生的各项费用以及为销售本企业产品而专设的销售机构的各项经费，应设置"销售费用"账户。该账户的借方登记实际发生的各项产品销售费用；贷方登记期末转入"本年利润"账户的产品销售费用；期末结转后，该账户应无余额。"销售费用"账户的明细分类账应按费用项目设置专栏，进行明细登记。

6. "管理费用"账户

为了核算企业行政管理部门为组织和管理生产经营活动而发生的各项管理费用，应设置"管理费用"账户。该账户的借方登记发生的各项管理费用；贷方登记期末转入"本年利润"账户的管理费用；期末结转后，该账户应无余额。"管理费用"账户的明细分类账应按费用项目设置专栏，进行明细登记。

7. "财务费用"账户

为了核算企业为筹集生产经营所需资金而发生的各项筹资费用，应设置"财务费用"账户。该账户的借方登记发生的各项财务费用；贷方登记应冲减财务费用的利息收入、汇兑收益及期末转入"本年利润"账户的财务费用；期末结转后，该账户应无余额。"财务费用"账户的明细分类账应按费用项目设置专栏，进行明细登记。

（二）对各要素费用进行归集和分配

企业当期发生的各项要素费用应根据费用的原始凭证和有关资料，按费用发生的地点和经济用途编制各种费用分配表，如材料费用分配表、工资费用分配表、辅助生产费用分配表和制造费用分配表等。属于生产经营管理费用的，应分别记入"生产成本——基本生产成本""生产成本——辅助生产成本""制造费用""管理费用"等账户；不属于生产经营管理费用的，应记入相关账户。

（三）分配辅助生产成本

月末将归集的"生产成本——辅助生产成本"账户上的费用，按其受益对象和提供的产品及劳务量，编制辅助生产成本分配表，分配记入"生产成本——基本生产成本""制造费用""管理费用"等账户。

（四）分配制造费用

月末将归集在"制造费用"账户的费用，按其受益产品和分配标准，编制制造费用分配表，分配记入"生产成本——基本生产成本""生产成本——辅助生产成本"等账户。

（五）完工产品成本的计算和结转

按产品成本计算期定期编制产品成本计算单，计算完工产品成本，并将完工产品成本从"生产成本——基本生产成本"账户转入"库存商品"账户。

（六）各项期间费用的结转

月末将"销售费用""管理费用""财务费用"账户上归集的费用，转入"本年利润"账户。结合成本核算的主要账户，成本核算账务处理的基本程序如图 2-1 所示。

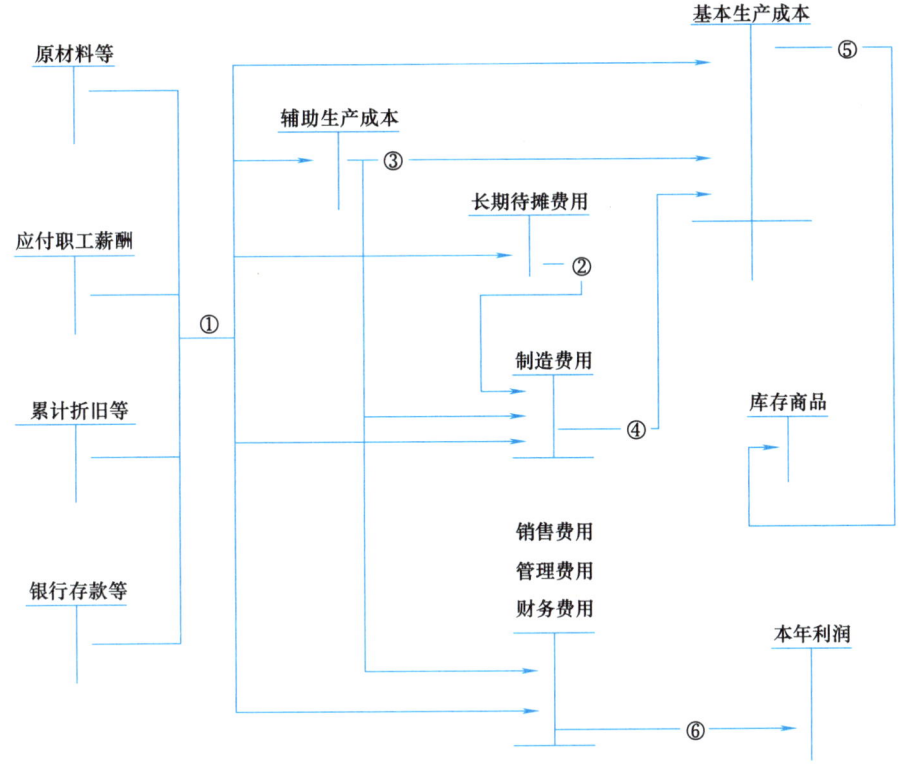

图 2-1　成本核算账务处理的基本程序

说明：
① 各项要素费用的分配。
② 跨期摊提费用的摊销和计提。
③ 分配辅助生产费用。
④ 分配制造费用。
⑤ 结转完工产品成本。
⑥ 结转各项期间费用。

复习思考题

1. 正确计算产品成本应该划分哪些费用界限？应防止哪些错误的做法？
2. 为正确计算产品成本，应该做好哪些基础工作？
3. 简述费用按经济内容的分类。
4. 简述费用按经济用途的分类。
5. 简述制造业成本核算的一般程序。

练 习 题

一、单项选择题

1. 下列各项中，属于费用要素的是（　　）。
   A. 直接材料　　　　　　　　　　B. 直接人工
   C. 外购材料　　　　　　　　　　D. 废品损失

2. 下列各项中，属于产品成本项目的是（　　）。
   A. 废品损失　　　　　　　　　　B. 职工薪酬费用
   C. 管理费用　　　　　　　　　　D. 销售费用

3. 下列各项中，应计入制造费用的是（　　）。
   A. 构成产品实体的原材料费用　　B. 产品生产工人工资
   C. 车间管理人员工资　　　　　　D. 工艺用燃料费用

4. 下列各项中，应计入管理费用的是（　　）。
   A. 企业行政管理部门用固定资产的折旧费用
   B. 车间厂房的折旧费用
   C. 车间生产用设备的折旧费用
   D. 车间辅助人员的工资

5. 下列各项中，属于直接生产费用的是（　　）。
   A. 生产车间厂房的折旧费用
   B. 产品生产用设备的折旧费用
   C. 企业行政管理部门用固定资产的折旧费用
   D. 生产车间管理人员的工资

6. 下列各项中，属于间接生产费用的是（　　）。
   A. 构成产品主要实体的原料及主要材料费用
   B. 有助于产品形成的辅助材料费用
   C. 工艺用燃料费用
   D. 生产车间一般消耗性材料费用

7. 正确处理跨期费用的摊提工作，是为了正确划分（　　）。
   A. 各月份的费用界限　　　　　　B. 生产费用与期间费用的界限
   C. 各种产品之间的费用界限　　　D. 完工产品与在产品的费用界限

8. 设置产品成本项目的目的是（　　）。
   A. 为了反映费用支出所属的劳动要素
   B. 为了反映各个时期各种费用的构成和水平
   C. 为了给编制材料采购和劳动工资计划提供资料
   D. 为了反映生产费用的具体用途，提供产品成本构成情况的资料

二、多项选择题

1. 为了正确计算产品成本，必须做好的各项基础工作有（　　）。
   A．定额的制定和修订　　　　　　　B．企业内部计划价格的制定和修订
   C．各项原始记录　　　　　　　　　D．材料物资的计量、收发、领退和盘点
2. 为了正确计算产品成本，必须正确划分的费用界限有（　　）。
   A．生产费用与期间费用的界限　　　B．各月份的费用界限
   C．销售费用与财务费用的界限　　　D．各种产品的费用界限
3. 下列各项中，属于费用要素的有（　　）。
   A．外购材料　　　　　　　　　　　B．外购动力
   C．直接人工　　　　　　　　　　　D．制造费用
4. 下列各项中，属于产品成本项目的有（　　）。
   A．废品损失　　　　　　　　　　　B．制造费用
   C．直接人工　　　　　　　　　　　D．职工薪酬
5. 下列各项中，属于直接生产费用的有（　　）。
   A．机器设备的折旧费　　　　　　　B．车间厂房的折旧费
   C．几种产品共同消耗的原材料费用　D．车间的机物料消耗
6. 下列各项中，属于间接生产费用的有（　　）。
   A．车间厂房的折旧费　　　　　　　B．车间管理人员的职工薪酬
   C．几种产品共同消耗的动力费用　　D．车间辅助人员的职工薪酬
7. 下列各项中，属于直接计入费用的有（　　）。
   A．几种产品共同消耗的辅助材料费用　B．几种产品共同负担的制造费用
   C．一种产品消耗的原材料费用　　　　D．一种产品消耗的生产工人薪酬费用
8. 下列各项中，属于间接计入费用的有（　　）。
   A．联产品消耗的原材料费用　　　　B．一种产品负担的辅助材料费用
   C．几种产品共同负担的生产工人的薪酬　D．管理费用
9. 记入"直接材料"成本项目的有（　　）。
   A．直接用于产品生产的原料费用　　B．直接用于产品生产的主要材料费用
   C．车间的机物料消耗　　　　　　　D．直接用于产品生产的辅助材料费用
10. 要素费用中的职工薪酬，可能记入的会计科目有（　　）。
    A．制造费用　　　　　　　　　　　B．销售费用
    C．财务费用　　　　　　　　　　　D．基本生产成本

三、判断说明题（正确的画"√"，错误的画"×"，并说明理由）

1. 为了正确地计算产品成本，应该也可能绝对正确地划分各个会计期间的费用界限。（　　）
2. 为了正确地计算产品成本，应该也可能绝对正确地划分各种产品的费用界限。（　　）
3. 为了正确地计算产品成本，应该也可能绝对正确地划分完工产品和在产品的费用界限。（　　）
4. 制定和修订定额，只是为了进行成本考核，与成本计算没有关系。（　　）

5．企业生产经营的原始记录是进行成本预测、编制成本计划、进行成本核算的重要依据。（   ）

6．制订企业内部计划价格是为了分清内部各单位的经济责任，便于分析内部各单位成本计划的完成情况和管理业绩，并加速和简化核算工作。（   ）

7．为了尽可能地符合实际情况，企业内部价格应该在年度内经常变动。（   ）

8．所谓费用要素，就是费用按经济内容的分类。（   ）

9．产品成本项目就是计入产品成本的费用按经济内容分类核算的项目。（   ）

10．如果工艺上耗用的燃料和动力不多，可以将其中的燃料费用并入"直接材料"成本项目，将其中的动力费用并入"制造费用"成本项目。（   ）

11．计入产品的各项生产费用按与生产工艺的关系可以分为直接计入费用和间接计入费用。（   ）

12．计入产品的各项生产费用按与生产工艺的关系可以分为直接生产费用和间接生产费用。（   ）

13．直接生产费用在多数情况下是直接计入费用，间接生产费用在多数情况下是间接计入费用。（   ）

14．在只生产一种产品的企业（或车间）中，全部生产费用均属于直接计入费用。（   ）

15．在只生产一种产品的企业（或车间）中，全部生产费用均属于直接生产费用。（   ）

16．生产设备的折旧费用计入制造费用，因此它属于间接生产费用。（   ）

17．直接生产费用既可能直接计入费用，也可能间接计入费用。（   ）

18．"基本生产成本"账户应该按成本计算对象设置明细分类账，账内按成本项目分设专栏或专行。（   ）

19．"辅助生产成本"账户月末应无余额。（   ）

20．期间费用的节约与否，不会直接影响当期利润。（   ）

练习题参考答案

 扫描二维码可以查看练习题的参考答案。

第三章

费用在各种产品及期间费用之间的归集与分配

> **学习目标**
> 1. 理解要素费用核算的原则和方法。
> 2. 掌握各项要素费用归集与分配的方法和账务处理过程。
> 3. 了解辅助生产费用的归集程序，掌握辅助生产费用的分配方法及账务处理过程。
> 4. 掌握制造费用的归集程序和分配方法。
> 5. 掌握废品损失的核算方法及账务处理过程，了解停工损失的核算。

> **任务要求**
> 1. 能根据实际情况，选择共性费用的分配标准并加以比较运用。
> 2. 能根据实际情况，对各项要素费用的发生进行会计凭证的添置、账簿登记等相关会计核算。
> 3. 能够采用不同的分配方法进行辅助生产费用的分配。
> 4. 能够运用不同的分配方法进行制造费用的分配。

第一节 各项要素费用的归集与分配

一、要素费用的核算概述

各项要素费用应按其用途和发生地点进行分配与归集。下面从企业成本核算一般应设置的会计科目和产品成本项目出发，就要素费用分配的内容概述如下。

（一）要素费用核算的原则

各项要素费用应按其用途和发生地点进行归集与分配，一般应遵循以下三条原则。

1. 受益性原则

成本分配的受益性原则可以概括为谁受益谁负担；负担多少，视受益程度而定。这一原则要求选用的分配标准能够反映受益者受益的程度。

2. 直接费用直接计入、间接费用分配计入原则

凡属于产品直接耗用的费用都应尽可能直接计入有关产品成本；凡不能直接计入产品成本费用的，应通过一定的分配方法分配计入产品成本。

对于基本生产车间发生的、直接用于产品生产而且专设成本项目的直接生产费用，如果是某种产品的直接计入费用，应直接记入这种产品成本明细账的有关成本项目，如果是几种产品的间接计入费用，应该采用适当的分配方法，分配记入这几种产品的成本明细账。

3. 重要性原则

凡在产品中占有较大比重的，应该以单独的成本项目列示；而对于那些比重小的费用，即使直接计入费用，为了简化核算，也将其列入制造费用，与其他制造费用一起进行分配。

（二）要素费用的归集

要素费用的归集是指按照费用要素的性质，根据费用发生的地点或受益对象进行归集。要素费用一般由财务部门根据凭证、账簿和报表资料进行归集。有的也由其他部门提供汇总资料（如由劳动工资部门提供的工资统计、由仓库提供的材料消耗统计等）进行归集。根据资料的来源不同，要素费用的归集方法也不同。

要素费用的归集过程中主要使用的是"生产成本——基本生产成本""生产成本——辅助生产成本""制造费用"等账户。当发生材料、动力和职工薪酬等各种要素费用支出时，要素费用的归集方法如下。

（1）对于直接用于产品生产（指企业基本生产的产品），并且专设成本项目的费用，记入"生产成本——基本生产成本"账户。如果是生产单一成本核算对象发生的直接计入费用，可直接记入该成本核算对象基本生产成本明细账的成本项目中；如果是几个成本核算对象共同发生的间接计入费用，应按照一定的标准，在各成本核算对象之间进行适当的分配，然后分别记入各成本核算对象基本生产成本明细账的成本项目中。

（2）对于间接用于产品生产的各项费用，应先在"生产成本——辅助生产成本"和"制造费用"等账户中归集，然后按一定的分配方法记入各成本核算对象的"生产成本——基本生产成本"明细账中。

（三）要素费用的分配

对于上述费用中的各项间接计入费用，应该选择适当的方法进行分配。分配方法适当，是指分配所依据的标准与分配对象有比较密切的联系，因而分配结果比较合理，而且分配标准的资料比较容易取得，计算比较简便。分配间接计入费用的标准：①成果类，如产品的重量、体积、产量和产值等；②消耗类，如生产工时、生产工资、机器工时、原材料消耗量或原材料费用等；③定额类，如定额消耗量、定额费用等。分配费用的计算公式可以概括如下：

$$费用分配率 = \frac{待分配费用总额}{分配标准总额}$$

$$某分配对象及分配的费用 = 该对象的分配标准额 \times 费用分配率$$

各项要素费用分配后，直接或间接记入有关成本、费用账户。基本生产费用中专设成本项目的直接计入费用，直接记入"生产成本——基本生产成本"总账账户及所属明细账各有关成本项目中；间接计入费用和视同间接计入费用处理的部分直接生产费用，记入"制造费用"总账账户和所属基本生产车间制造费用明细账中。

对于直接用于辅助生产的费用、用于产品生产（基本生产和辅助生产）但没有专门设立成本项目的各项费用，应该分别记入"生产成本——辅助生产成本"和"制造费用"总账账户和所属明细账进行归集，然后通过一定的账务处理程序进行结转。

对于用于产品销售的费用、管理和组织生产经营活动的费用以及筹集生产经营资金的费用，则不计入产品成本，而应分别记入"销售费用""管理费用""财务费用"总账账户和所属明细账进行归集，然后全部转入"本年利润"账户，冲减当期损益。

各项要素费用的分配是通过编制各种费用分配表进行的。根据费用分配表编制会计分录，登记各种成本、费用总账及其所属明细账。

二、材料费用的分配

企业生产经营过程中领用的各种材料，包括原料及主要材料、半成品、辅助材料、包装物、修理用备件、低值易耗品等。无论是外购还是自制，都应根据审核后的领退料凭证，按照材料的具体用途进行分配和归集。

（一）原材料费用的分配

直接用于产品生产、构成产品实体的原料和主要材料，如纺织生产用的原棉、冶炼用的矿石、机械制造用的钢材等，一般是按产品分别领用的，其费用属于直接计入费用，可根据领退料凭证直接记入某种产品的成本明细账的"直接材料"成本项目，几种产品共同耗用的原材料费用，属于间接计入费用，应采用适当的标准（常用标准有产品的重量、体积等），分配记入各有关产品成本明细账的"直接材料"成本项目。例如，各种铸件所耗用生铁的多少与其重量密切相关，所以可以按照铸件的重量比例分配生铁费用，在材料消耗定额比较准确的情况下，原料和主要材料费用也可以按照产品的原材料定额消耗量比例或原材料定额费用比例进行分配。

1. 按原材料定额消耗量比例分配原材料费用

其计算分配的程序如下：第一，计算各种产品原材料定额消耗量；第二，计算单位原材料定额消耗量应分配的原材料实际消耗量（即原材料消耗量分配率）；第三，计算各种产品应分配的原材料实际消耗量；第四，计算各种产品应分配的原材料实际费用。其计算公式如下：

某种产品原材料定额消耗量 = 该种产品实际产量 × 单位产品原材料定额消耗量

$$原材料消耗量分配率 = \frac{原材料实际消耗总量}{各种产品原材料定额消耗量之和}$$

某种产品应分配的原材料实际消耗量 = 该种产品的原材料定额消耗量 × 原材料消耗量分配率

某种产品应分配的实际原材料费用 = 该种产品应分配的原材料实际消耗量 × 原材料单价

【例 3-1】 长金公司生产甲、乙两种产品，共同耗用 A 材料（主要材料）60 000kg，价格为

10 元/kg，共计 600 000 元。本月投产甲产品 1 200 件，单件甲产品 A 材料消耗定额为 30kg；本月投产乙产品 800 件，单件乙产品 A 材料消耗定额为 15kg。

原材料费用分配计算如下：

甲产品 A 材料定额消耗量 = 1 200×30 = 36 000（kg）

乙产品 A 材料定额消耗量 = 800×15 = 12 000（kg）

$$A 材料消耗量分配率 = \frac{60\ 000}{36\ 000 + 12\ 000} = 1.25$$

甲产品应分配 A 材料数量 = 36 000×1.25 = 45 000（kg）

乙产品应分配 A 材料数量 = 12 000×1.25 = 15 000（kg）

甲产品应分配 A 材料费用 = 45 000×10 = 450 000（元）

乙产品应分配 A 材料费用 = 15 000×10 = 150 000（元）

上述计算分配过程所提供的资料，可以用于考核原材料消耗定额的执行情况，有利于加强原材料消耗的实物管理，但分配计算的工作量较大。为了简化计算分配工作，也可以采用按原材料定额消耗量比例直接分配原材料费用的方法。其计算分配的程序如下：第一，计算各种产品原材料定额消耗量；第二，计算单位原材料定额消耗量应分配的原材料费用（即原材料消耗量的费用分配率）；第三，计算各种产品应分配的原材料实际费用。仍以【例 3-1】资料计算分配如下：

甲产品 A 材料定额消耗量 = 1 200×30 = 36 000（kg）

乙产品 A 材料定额消耗量 = 800×15 = 12 000（kg）

$$A 材料费用分配率 = \frac{原材料实际费用总额}{各种产品原材料定额消耗量之和} = \frac{600\ 000}{36\ 000 + 12\ 000} = 12.5（元/kg）$$

甲产品应分配 A 材料费用 = 36 000×12.5 = 450 000（元）

乙产品应分配 A 材料费用 = 12 000×12.5 = 150 000（元）

上述两种分配方法计算结果相同，但后一种分配方法不能提供各种产品原材料实际消耗量，不利于加强原材料消耗的实物管理。

2. 按原材料定额费用比例分配原材料费用

在生产多种产品或多种产品共同耗用多种原材料费用的情况下，为了简化核算，也可以采用按原材料定额费用比例分配原材料费用的方法。其计算分配的程序如下：第一，计算各种产品原材料定额费用；第二，计算单位原材料定额费用应分配的原材料实际费用（即原材料费用分配率）；第三，计算出各种产品应分配的原材料实际费用。其计算公式如下：

某种产品某种原材料定额费用 = 该种产品实际产量×单位产品该种原材料费用定额

$$原材料费用分配率 = \frac{各种产品原材料实际费用总额}{各种产品原材料定额费用之和}$$

某种产品应分配的实际原材料费用 = 该种产品各种原材料定额费用之和×原材料费用分配率

【例 3-2】 某企业生产甲、乙两种产品，共同领用 A、B 两种主要材料，共计 37 620 元。本月投产甲产品 150 件、乙产品 120 件。甲产品材料消耗定额：A 材料为 6kg，B 材料为 8kg。乙产品材料消耗定额：A 材料为 9kg，B 材料为 5kg。A 材料计划单价为 10 元，B 材料计划单价为 8 元。

甲、乙产品应分配的材料费用计算如下：

（1）甲、乙产品材料的定额费用。

甲产品：A 材料定额费用 = 150×6×10 = 9 000（元）

　　　　B 材料定额费用 = 150×8×8 = 9 600（元）

　　　　甲产品材料定额费用合计 18 600 元（9 000 + 9 600）。

乙产品：A 材料定额费用 = 120×9×10 = 10 800（元）

　　　　B 材料定额费用 = 120×5×8 = 4 800（元）

　　　　乙产品材料定额费用合计 15 600 元（10 800 + 4 800）。

（2）材料费用分配率。

$$材料费用分配率 = \frac{37\,620}{18\,600 + 15\,600} = 1.1$$

（3）甲、乙产品应分配材料的实际费用。

甲产品应分配材料费用 = 18 600×1.1 = 20 460（元）

乙产品应分配材料费用 = 15 600×1.1 = 17 160（元）

　　直接用于产品生产、有助于产品形成的辅助材料的费用，应借记"基本生产成本"科目，由于其一般属于间接计入费用，在采用适当的分配方法进行分配以后，记入各种产品成本明细账的"直接材料"成本项目。对于耗用在原料和主要材料上的辅助材料费用，如油漆、染料、电镀材料等费用，应按照原料、主要材料耗用量的比例进行分配；对于与产品产量直接相关的辅助材料费用，如某些包装材料费用，可以按照产品产量进行分配；对于消耗定额比较准确的辅助材料，其费用也可以按照产品定额消耗量或定额费用的比例分配。

　　直接用于辅助生产的原材料费用，应借记"辅助生产成本"科目及其所属明细账的"直接材料"成本项目，基本生产车间和辅助生产车间间接用于（与生产工艺没有直接联系，下同）产品生产（或劳务供应）的原材料费用、用于组织和管理企业生产经营活动的材料费用以及用于产品销售的材料费用，应分别借记"制造费用""管理费用""销售费用"科目及其明细账的相关费用项目。已领用的各种原材料费用的总额，应贷记"原材料"科目。

　　各种材料费用的分配是通过编制原材料费用分配表进行的，原材料费用分配表是按车间、部门和原材料的类别，根据归类后的领退料凭证和其他有关资料编制的。原材料费用分配表的格式及举例详见长金公司 20×× 年 6 月原材料费用分配表（见表 3-1）。

表 3-1　原材料费用分配表

20×× 年 6 月

应借科目		直接计入 金额 / 元	分配计入		材料费用 合计 / 元
			定额消耗量 /kg	分配金额 / 元 （分配率为 12.5 元 /kg）	
基本生产成本	甲产品	15 200	36 000	450 000	465 200
	乙产品	117 400	12 000	150 000	267 400
	小计	132 600	48 000	600 000	732 600

（续）

应借科目		直接计入金额/元	分配计入		材料费用合计/元
			定额消耗量/kg	分配金额/元（分配率为 12.5 元/kg）	
辅助生产成本	供水车间	42 000			42 000
	运输车间	22 000			22 000
	小计	64 000			64 000
制造费用	基本生产车间	5 000			5 000
	供水车间	2 000			2 000
	运输车间	1 500			1 500
	小计	8 500			8 500
管理费用		2 000			2 000
销售费用		1 800			1 800
合计		208 900		600 000	808 900

根据原材料费用分配表编制会计分录，据以登记有关总账和明细账。编制会计分录如下：

借：基本生产成本——甲产品　　　　　　　　　　　　　465 200
　　　　　　　　——乙产品　　　　　　　　　　　　　267 400
　　辅助生产成本——供水车间　　　　　　　　　　　　 42 000
　　　　　　　　——运输车间　　　　　　　　　　　　 22 000
　　制造费用——基本生产车间　　　　　　　　　　　　 5 000
　　　　　——供水车间　　　　　　　　　　　　　　　 2 000
　　　　　——运输车间　　　　　　　　　　　　　　　 1 500
　　管理费用　　　　　　　　　　　　　　　　　　　　 2 000
　　销售费用　　　　　　　　　　　　　　　　　　　　 1 800
　　贷：原材料　　　　　　　　　　　　　　　　　　　808 900

上述原材料费用是按实际成本进行核算分配的。在原材料费用按计划成本进行核算分配的情况下，对于计入产品成本和期间费用等的原材料费用计划成本，还应该分配材料成本差异额。

（二）燃料费用的分配

燃料实际上也是原材料的一部分，但是，如果燃料费用在产品成本中所占比重较大，为了加强对能源耗费的分析和考核，应增设"燃料"科目，同时在成本项目中与动力费用一起增设"直接燃料和动力"成本项目，以单独提供燃料和动力方面的会计核算资料。燃料费用的分配与原材料费用的分配程序和方法相同。直接用于产品生产的燃料，在只生产一种产品或是按照产品分别领用的情况下，其费用属于直接计入费用，如果不能按产品分别领用，而是几种产品共同耗用的燃料费用，则属于间接计入费用，对其应采用适当的方法，在有关产品之间进行分配。燃料费用可以按照产品的重量、体积、所耗燃料的数量等标准进行分配，也可以按燃料的定额消耗量或定额费用比例等进行分配。

直接用于产品生产的燃料费用，应借记"基本生产成本"科目及其所属明细账的"直接燃料和动力"成本项目；直接用于辅助生产的燃料费用，应借记"辅助生产成本"科目及其所属明细账的"直接燃料和动力"成本项目。如果企业未单独设置"直接燃料和动力"成本项目，则直接用于产品生产和辅助生产的燃料费用，应分别借记"基本生产成本"和"辅助生产成本"科目及其所属明细账的有关成本项目（如"直接材料"成本项目）。间接用于产品生产和辅助生产的燃料费、用于组织和管理企业生产经营活动的燃料费用以及用于产品销售的燃料费用，应分别借记"制造费用""管理费用""销售费用"等科目及其所属明细账的有关费用项目。已领用的燃料费用总额，应贷记"燃料"科目，不设"燃料"科目的，则应贷记"原材料"科目。

三、外购动力费用的分配

外购动力费用是指企业从外部购买的各种动力，如电力、热力等所支付的费用。外购动力有的直接用于产品生产，如生产工艺用电力；有的间接用于产品生产，如生产单位（车间或分厂）照明用电力；有的则用于经营管理，如企业行政管理部门照明用电力和取暖等。外购动力费用的分配，在企业各车间、部门有计量仪器记录的情况下，应以仪器所示的耗用数量为分配标准进行费用的分配；在没有计量仪器的情况下，要按照一定的标准进行费用的分配。以电力费用为例，企业各车间、部门以及车间的产品动力用电和照明用电一般都分别装有电表，因此，它们之间电费的分配应以用电度数为依据进行分配，而车间的产品动力用电一般不按产品分别安装电表，因而车间动力用电费用在各种产品之间一般按产品的生产工时比例、机器工时比例、定额耗电量比例或其他比例分配。

动力（以电力为例）费用分配的计算公式如下：

$$电力费用分配率 = \frac{电力费用总额}{各车间、部门动力和照明用电度数之和}$$

$$某车间、部门照明用电力费用 = 该车间、部门照明用电度数 \times 电力费用分配率$$

$$某车间动力用电力费用 = 该车间动力用电度数 \times 电力费用分配率$$

$$某车间动力用电力分配率 = \frac{该车间动力用电力费用}{该车间各种产品生产工时（或机器工时）之和}$$

$$某产品分配动力用电力费用 = 该车间某产品生产工时（或机器工时） \times 该车间动力用电力费用分配率$$

直接用于产品生产的动力费用，应借记"基本生产成本"科目及其所属产品成本明细账的"直接燃料和动力"成本项目，直接用于辅助生产的动力费用，应借记"辅助生产成本"科目及其所属明细账的"直接燃料和动力"成本项目。间接用于产品生产和辅助生产的动力费用、用于组织和管理企业生产经营活动的动力费用、用于销售产品的动力费用等，应分别借记"制造费用""管理费用""销售费用"等科目及其所属明细账的有关费用项目。

如果企业未单独设置"直接燃料和动力"成本项目，则直接用于产品生产和辅助生产的动力费用，也借记"制造费用"及其所属明细账的有关费用项目。企业的外购动力费用总额应根据相关的转账凭证或付款凭证，贷记"应付账款"科目或"银行存款"科目。

【例3-3】 长金公司20××年6月应付外购动力价款29 250元，增值税进项税额3 802.5元，合计33 052.5元。各车间、各部门的电表所计量的用电度数共计73 125kW·h，其中，直接用于产品生产的耗电 42 750kW·h，没有分产品安装电表，按规定，电费按产品的机器工时比例分配，甲产品机器工时为 5 550h，乙产品机器工时为 3 000h（其他方面的耗电度数见表 3-2）。该企业设有"直接燃料和动力"成本项目。外购动力费用通过"应付账款"科目核算。表 3-2 中有关数据的计算如下：

（1）耗电数分配率的计算。

$$耗电数分配率 = \frac{29\ 250}{73\ 125} = 0.4\ [元/(kW·h)]$$

（2）甲、乙产品动力费用分配的计算。

$$动力费用分配率 = \frac{17\ 100}{5\ 550 + 3\ 000} = 2（元/h）$$

甲产品动力费用 = 5 550×2 = 11 100（元）

乙产品动力费用 = 3 000×2 = 6 000（元）

表 3-2　外购动力费用分配表

20××年6月

应借科目		成本或费用项目	机器工时/h（分配率为2元/h）	耗电数/kW·h（分配率为0.4元/(kW·h)）	金额/元
基本生产成本	甲产品	直接燃料和动力	5 550		11 100
	乙产品	直接燃料和动力	3 000		6 000
	小计		8 550	42 750	17 100
辅助生产成本	供水车间	直接燃料和动力		7 500	3 000
	运输车间	直接燃料和动力		5 000	2 000
	小计			12 500	5 000
制造费用	基本生产车间	水电费		5 625	2 250
	供水车间	水电费		3 750	1 500
	运输车间	水电费		2 500	1 000
	小计			11 875	4 750
管理费用		水电费		4 500	1 800
销售费用		水电费		1 500	600
合计		水电费		73 125	29 250

根据外购动力费用分配表编制的会计分录如下：

借：基本生产成本——甲产品　　　　　　　　　　　　　　　11 100
　　　　　　　　——乙产品　　　　　　　　　　　　　　　　6 000
　　辅助生产成本——供水车间　　　　　　　　　　　　　　　3 000
　　　　　　　　——运输车间　　　　　　　　　　　　　　　2 000
　　制造费用——基本生产车间　　　　　　　　　　　　　　　2 250

——供水车间	1 500
——运输车间	1 000
管理费用	1 800
销售费用	600
应交税费——应交增值税（进项税额）	3 802.5
贷：应付账款	33 052.5

四、职工薪酬的分配

职工薪酬是指企业为获得职工提供的服务或解除劳动关系而给予的各种形式的报酬或补偿。职工薪酬包括短期薪酬、离职后福利、辞退福利和其他长期职工福利等，内容较多，这里只介绍短期薪酬的分配。短期薪酬是指企业在职工提供相关服务的年度报告期间结束后 12 个月内需要全部予以支付的职工薪酬。

（一）工资费用的计算与分配

这里的工资费用是指短期薪酬中构成工资总额的部分，包括职工工资、奖金、津贴和补贴、加班加点工资和特殊情况下支付的工资等。除此之外的短期薪酬，归为其他短期薪酬。

1. 计时工资和计件工资的计算

在短期薪酬中构成工资总额的部分是其基本内容，它是计算和提取各种社会保险费、住房公积金以及工会经费和职工教育经费等的依据。而工资总额中的计时工资和计件工资又是构成工资总额的主要内容，需要采用一定的方法进行计算，因此，需要对此问题单独加以介绍。

（1）工资计算的原始记录。为了正确进行工资的计算，必须建立健全工资计算的原始记录。这些原始记录主要有以下几种。

1）工资卡。工资卡又称职工工资目录，它应按每一职工设置，主要记录职工的工资级别和工资标准、工龄及享受的津贴等内容。

2）考勤记录。考勤记录是登记和反映每一职工出勤情况的原始记录。它是计算职工计时工资的基本依据，同时也是企业进行劳动管理的重要依据。

3）产量记录。产量记录是登记或者反映个人或集体（如班组）在出勤时间内完成的产品数量、质量和生产产品所用工时数量的原始记录。产量记录是企业计算计件工资的原始记录。

（2）计时工资的计算。职工的计时工资是根据考勤记录中登记的每一职工出勤或缺勤日数，按规定的工资标准计算的。工资按其计算时间的不同，有按月计算的月薪、按日计算的日薪或按小时计算的小时工资。企业固定职工的计时工资一般以月薪计算，临时职工的计时工资大多以日薪计算，也有以小时工资计算的。下面只介绍月薪制下职工计时工资的计算。

采用月薪制，不论各月日历天数多少，也不论各月双休日和法定节假日多少，每月的标准工资相同，即只要职工该月出全勤，即可领取固定的月标准工资。在月薪制下，如果发生缺勤情况，可以按以下公式计算应付标准工资：

$$应付标准工资 = 月标准工资 - 应扣缺勤工资$$
$$应扣缺勤工资 = 缺勤日数 \times 日工资率 \times 缺勤扣款比例$$

或

$$应付标准工资 = 出勤日数 \times 日工资率 + 应发缺勤工资$$
$$应发缺勤工资 = 缺勤日数 \times 日工资率 \times (1 - 缺勤扣款比例)$$

从上述计算公式可以看出，在月薪制下，为了按照职工出勤或缺勤计算应付的月工资，还应根据月标准工资计算日工资率，即每日平均工资。由于每月的标准工资固定，但各月的日历天数等不尽相同，因此，在实际工作中，为了简化工资的计算工作，日工资率可以每月按固定的 21.75 天计算。日工资率按月标准工资除以 21.75 求得，21.75 天为法定月平均计薪日数，它是用 365 天减去 104 天双休日，再除以 12 个月算出来的。

在日工资率按 21.75 天计算的情况下，由于在计算日工资率的天数中不包括双休日，因此，在计算应付工资时，法定节假日要计算工资，而双休日不计算工资。

【例 3-4】 假定某企业某工人的月标准工资为 6 525 元。5 月份，该工人病假 1 天，事假 1 天，周末休息 10 天，法定节假日 1 天，出勤 18 天。根据该工人的工龄，其病假工资按工资标准的 90% 计算。

下面就日工资率按 21.75 天计算，采用上述计算公式对该工人该月的标准工资计算如下。

按 21.75 日计算日工资率，按缺勤日数扣工资：

$$日工资率 = \frac{6\ 525}{21.75} = 300（元）$$

应扣缺勤病假工资 = 300 × 1 ×（100% − 90%）= 30（元）

应扣缺勤事假工资 = 300 × 1 = 300（元）

应付工资 = 6 525 − 30 − 300 = 6 195（元）

按 21.75 天计算日工资率、按出勤日数计算月工资：

应付出勤工资 = 300 ×（18 + 1）= 5 700（元）

应付病假工资 = 300 × 1 × 90% = 270（元）

应付工资 = 5 700 + 270 = 5 970（元）

（3）计件工资的计算。计件工资可以分为个人计件工资和集体计件工资两种。下面分别介绍这两种计件工资的计算。

1）个人计件工资的计算。职工的计件工资，应根据产量记录中登记的每一工人的产品产量，乘以规定的计件单价进行计算。这里的产量包括不是由于工人本人过失造成的不合格品产量（如废料产品数量）。由于工人本人过失造成的不合格品（如工废产品），不支付工资，有的还应由工人赔偿损失。同一工人在月内可能从事各种计件工资单价不同的产品的生产，因而计件工资的计算公式如下：

$$应付工资 = \sum 月内每种产品的产量 \times 该种产品的计件单价$$

产品的计件单价是根据工人生产单位产品所需要的工时定额和该级工人每小时的工资率计算求出的。

【例 3-5】 假定 A、B 两种产品都由三级工加工，A 产品的工时定额为 30min，B 产品的工时定额为 18min，三级工的小时工资率为 15 元，A、B 两种产品的计件工资单价应计算如下：

$$A 产品计件单价 = 15 \times \frac{30}{60} = 7.5（元）$$

B 产品计件单价 = $15 \times \dfrac{18}{60} = 4.5$（元）

从产品计件单价的计算公式可以看出，同一工人如果生产计件单价不同的各种产品，为了简化计算工作，也可以根据每一个人完成的产品定额工时总数和工人所属等级的小时工资率计算计件工资。其计算结果与按上述公式计算的结果应该相同。

【例 3-6】 沿用【例 3-5】的资料。假定某三级工共加工 A 产品 300 件、B 产品 700 件。按上述公式计算的计件工资如下：

应付工资 = $300 \times 7.5 + 700 \times 4.5 = 5\,400$（元）

该工人完成的产品定额工时计算如下：

A 产品定额工时 = $300 \times \dfrac{30}{60} = 150$（h）

B 产品定额工时 = $700 \times \dfrac{18}{60} = 210$（h）

该工人完成产品定额工时总数 = $150 + 210 = 360$（h）

根据该工人完成的产品定额工时总数和小时工资率计算的计件工资如下：

应付工资 = $360 \times 15 = 5\,400$（元）

以上两种方法计算结果相同，但由于产量记录中记有每种产品的定额工时数，而且每一工人完成的各种产品的定额工时数可以加总，因而后一种方法比较简便。

2）集体计件工资的计算。按生产小组等集体计件工资的计算方法与上述相同，但是，集体计件工资还要在集体内部各工人之间按照贡献大小进行分配。由于工人的级别或工资标准一般体现工人劳动的质量和技术水平，工作日数一般体现劳动数量，因而集体内部大多按每人的工资标准和工作日数（或工时数）乘积进行分配。

【例 3-7】 假定某工业企业某生产小组集体完成若干项生产任务，按照一般计件工资的计算方法算出并取得集体工资 13 680 元。该小组由三个不同等级的工人组成，每人的姓名、等级、日工资率、出勤日数，以及按日工资率和出勤日数计算的工资额（即集体计件工资内部的分配标准）见表 3-3。

表 3-3　集体计件工资内部的分配标准

工人姓名	等级	工资标准（日工资率）/（元/天）	出勤日数/天	按日工资率和出勤日数计算的工资额/元
王青	六	160	22	3 520
李明	五	140	22	3 080
赵亮	四	120	21	2 520
合计			65	9 120

该生产小组内部工资分配计算如下：

生产小组内部工资分配率 = $\dfrac{13\,680}{9\,120} = 1.5$

王青应分工资 = $3\,520 \times 1.5 = 5\,280$（元）

李明应分工资 = 3 080 × 1.5 = 4 620（元）
赵亮应分工资 = 2 520 × 1.5 = 3 780（元）
三人所分工资 = 5 280 + 4 620 + 3 780 = 13 680（元）

计时工资和计件工资以外的属于组成工资总额的各种奖金、津贴、补贴、加班加点工资，以及特殊情况下支付的工资，应按照国家和企业有关规定计算，此处不再详述。

2. 工资费用的分配

工资费用的分配是指将企业职工的工资作为一种费用，按照其用途和发生部门进行的归集和分配。企业生产经营所发生的工资费用应计入产品成本或期间费用。

直接进行产品生产的工人的工资，应记入"基本生产成本"科目及所属明细账的"直接人工"成本项目。其中，生产工人的计件工资属于直接计入费用，可以根据工资结算凭证（如产量记录等）直接记入某种产品成本明细账的"直接人工"成本项目。生产工人的计时工资，如果属于直接计入费用，应根据工资结算凭证，直接记入相关产品成本明细账的"直接人工"成本项目；如果属于间接计入费用，应按照产品的实际生产工时比例或定额生产工时比例等分配标准，分配后再记入各相关产品成本明细账的"直接人工"成本项目。在这里需要说明的是，某种产品实际耗用的生产工时，是实际生产效率下生产一定量产品实际耗用的工时；而某种产品的定额工时，则是按工时消耗定额计算（生产效率达到定额的要求）的生产一定量产品应该消耗的工时。因此，按照各种产品的实际工时分配生产工人的计时工资费用，能够更好地体现劳动效率高低对费用分配的影响，从而更为合理。但是，如果各种产品实际生产工时数据的获取比较困难，而各种产品的工时消耗定额比较准确，则可以按产品的定额工时比例分配生产工人的计时工资费用。按生产工时（实际或定额）比例分配生产工人工资费用的计算公式如下：

$$工资费用分配率 = \frac{某车间生产工人计时工资总额}{该车间各种产品生产工时（实际或定额）总额}$$

某产品应分配计时工资 = 该产品生产工时（实际或定额）× 工资费用分配率

【例 3-8】 长金公司生产甲、乙两种产品。两种产品的生产均采用计时工资制度。甲、乙产品计时工资共计 320 000 元。甲、乙产品生产工时分别为 12 500h 和 7 500h，按生产工时比例分配计算如下：

$$工资费用分配率 = \frac{320\ 000}{12\ 500 + 7\ 500} = 16（元/h）$$

甲产品分配工资费用 = 12 500 × 16 = 200 000（元）
乙产品分配工资费用 = 7 500 × 16 = 120 000（元）

直接用于辅助生产的工资费用，应借记"辅助生产成本"科目及其所属明细账的"直接人工"成本项目；间接用于产品生产和辅助生产的工资费用（如车间管理人员和辅助人员等的工资费用）、企业行政管理部门人员的工资费用、企业专设的销售机构人员的工资费用，应分别借记"制造费用""管理费用""销售费用"等科目及其所属明细账的有关费用项目。已分配的工资费用的总额应贷记"应付职工薪酬"科目。

工资费用分配是通过编制工资费用分配表进行的，根据工资费用分配表编制会计分录，登记有关总账和明细账。

【例 3-9】 长金公司 20×× 年 6 月工资费用分配表见表 3-4。

表 3-4　工资费用分配表

20×× 年 6 月　　　　　　　　　　　　　　　　（金额单位：元）

应借科目		成本或费用项目	直接计入	分配计入			工资费用合计
				生产工时 /h	分配率 /（元 /h）	分配金额	
基本生产成本	甲产品	直接人工	0	12 500	16	200 000	200 000
	乙产品	直接人工	0	7 500	16	120 000	120 000
	小计		0	20 000		320 000	320 000
辅助生产成本	供水车间	直接人工	48 000				48 000
	运输车间	直接人工	32 000				32 000
	小计		80 000				80 000
制造费用	基本生产车间	职工薪酬	20 000				20 000
	供水车间	职工薪酬	10 000				10 000
	运输车间	职工薪酬	10 000				10 000
	小计		40 000				40 000
管理费用		职工薪酬	60 000				60 000
销售费用		职工薪酬	30 000				30 000
合计			210 000			320 000	530 000

根据工资费用分配表编制的会计分录如下：

借：基本生产成本——甲产品　　　　　　　　　　　　　　200 000
　　　　　　　　——乙产品　　　　　　　　　　　　　　120 000
　　辅助生产成本——供水车间　　　　　　　　　　　　　48 000
　　　　　　　　——运输车间　　　　　　　　　　　　　32 000
　　制造费用——基本生产车间　　　　　　　　　　　　　20 000
　　　　　　——供水车间　　　　　　　　　　　　　　　10 000
　　　　　　——运输车间　　　　　　　　　　　　　　　10 000
　　管理费用　　　　　　　　　　　　　　　　　　　　　60 000
　　销售费用　　　　　　　　　　　　　　　　　　　　　30 000
　　贷：应付职工薪酬　　　　　　　　　　　　　　　　　530 000

（二）其他短期薪酬的分配

其他短期薪酬包括职工福利费、各种社会保险费、住房公积金、工会经费、职工教育经费、短期带薪缺勤和利润分享计划等。

企业发生的其他短期职工薪酬费用应比照工资费用，按其用途和发生部门进行归集和分配。

【例 3-10】 长金公司 20×× 年 6 月其他短期薪酬费用分配表见表 3-5。

表 3-5 其他短期薪酬费用分配表

20××年6月 （单位：元）

应借科目		成本或费用项目	其他短期薪酬
基本生产成本	甲产品	直接人工	80 000
	乙产品	直接人工	48 000
	小计		128 000
辅助生产成本	供水车间	直接人工	19 200
	运输车间	直接人工	12 800
	小计		32 000
制造费用	基本生产车间	职工薪酬	8 000
	供水车间	职工薪酬	4 000
	运输车间	职工薪酬	4 000
	小计		16 000
管理费用		职工薪酬	24 000
销售费用		职工薪酬	12 000
合计			212 000

根据其他短期薪酬费用分配表编制的会计分录如下：

借：基本生产成本——甲产品　　　　　　　　　　　80 000
　　　　　　　　——乙产品　　　　　　　　　　　48 000
　　辅助生产成本——供水车间　　　　　　　　　　19 200
　　　　　　　　——运输车间　　　　　　　　　　12 800
　　制造费用——基本生产车间　　　　　　　　　　 8 000
　　　　　　——供水车间　　　　　　　　　　　　 4 000
　　　　　　——运输车间　　　　　　　　　　　　 4 000
　　管理费用　　　　　　　　　　　　　　　　　　24 000
　　销售费用　　　　　　　　　　　　　　　　　　12 000
　　贷：应付职工薪酬　　　　　　　　　　　　　　　212 000

需要说明的是，以上只讲述了短期职工薪酬费用的计算与分配问题，其他应计入本期成本、费用的职工薪酬费用也应按照其用途进行分配，计入相关的产品成本或期间费用。

五、固定资产折旧费用的分配

固定资产在长期使用过程中保持实物形态不变，但其价值随着固定资产的损耗而逐渐减少，这部分由于损耗而减少的价值应该以折旧费用的形式计入产品成本或期间费用。企业生产单位（车间或分厂）固定资产的折旧费用应计入产品成本，企业管理部门、销售部门固定资产的折旧费用则应计入期间费用。固定资产的折旧应按其使用车间、部门等进行汇总，并进行相应的会计处理。

在这里需要指出的是,企业生产某种产品时往往需要使用多种机器设备,而某种机器设备可能生产多种产品。因此,机器设备的折旧费用虽是直接用于产品生产的费用,但一般属于分配工作比较复杂的间接计入费用。为了简化成本计算工作,没有专门设立成本项目,而是与生产车间的其他固定资产折旧费用一起借记"制造费用"科目,企业行政管理部门和专设销售机构的固定资产折旧费用,则分别借记"管理费用""销售费用"等科目,固定资产折旧总额应贷记"累计折旧"科目。

按照《企业会计准则》的规定,企业应对所有固定资产计提折旧,但是已提足折旧仍继续使用的固定资产和单独计价入账的土地除外。在确定计提折旧范围时,还应注意以下几点。

(1)固定资产应按月计提折旧。为了简化折旧的计算工作,当月增加的固定资产当月不计提折旧,从下月起计提折旧;当月减少的固定资产当月照提折旧,从下月起停止计提折旧。

(2)固定资产应自达到预定可使用状态时开始计提折旧,终止确认时或划分为持有待售非流动资产时停止计提折旧。已经达到预定可使用状态但尚未办理竣工决算的固定资产,应当按照估计价值确定其成本,并计提折旧,待办理竣工决算后再按实际成本调整原来的暂估价值,但不需调整原已计提的折旧额。

(3)固定资产提足折旧后,不论是否继续使用,均不再计提折旧,提前报废的固定资产也不再补提折旧。所谓提足折旧,是指已经提足该项固定资产的应计折旧额。

折旧费用的分配通过编制折旧费用分配表,企业据以编制会计分录,登记有关总账及所属明细账。

【例3-11】 长金公司20××年6月的折旧费用分配表见表3-6。

表3-6 折旧费用分配表

20××年6月　　　　　　　　　　　　　　　　　(单位:元)

项目	基本生产车间	辅助生产车间		行政管理部门	专设销售机构	合计
		供水车间	运输车间			
折旧费	20 000	4 500	3 700	3 000	1 000	32 200

企业编制会计分录如下:

借:制造费用——基本生产车间　　　　　　　　　　　20 000
　　　　　　——供水车间　　　　　　　　　　　　　 4 500
　　　　　　——运输车间　　　　　　　　　　　　　 3 700
　　管理费用　　　　　　　　　　　　　　　　　　　 3 000
　　销售费用　　　　　　　　　　　　　　　　　　　 1 000
　　贷:累计折旧　　　　　　　　　　　　　　　　　　32 200

六、利息费用

要素费用中的利息费用,不是产品成本的组成部分,而是期间费用中财务费用的组成部分。这里只介绍短期借款的利息费用的会计处理。

短期借款通常是为了满足正常生产经营的需要,其利息费用一般作为财务费用处理。

在实际工作中，银行一般于每季末收取短期借款利息，为此，按照权责发生制的要求，企业的短期借款利息一般应采用按月预提的方式进行核算。在短期借款的数额不多，各月利息费用数额不大的情况下，可以采用简化的核算方法，即于实际支付利息的月份，将其全部作为当月的财务费用，而不再采用按月预提的办法。长期借款及其利息费用的核算较为复杂，请参见《财务会计学》的相关内容，这里不再述及。

【例 3-12】 某公司于 20×× 年 1 月 1 日从银行借入一笔期限为 6 个月，年利率为 6%，每季结息一次的短期借款 60 000 元，用于企业的生产经营。由于短期借款的数额不多，各月利息费用数额不大，为了简化核算，对其利息不再采取按月预提的方法，即于实际支付利息的月份，将其全部作为当月的财务费用处理。编制的有关会计分录如下：

（1）取得借款时。

借：银行存款　　　　　　　　　　　　　　　　　　　　　　60 000
　　贷：短期借款　　　　　　　　　　　　　　　　　　　　　　60 000

（2）3 月末归还短期借款利息时。

3 个月应付的利息 = $60\,000 \times 6\% \times \dfrac{3}{12} = 900$（元）

借：财务费用　　　　　　　　　　　　　　　　　　　　　　　900
　　贷：银行存款　　　　　　　　　　　　　　　　　　　　　　　900

（3）6 月末归还短期借款本息时。

应按期归还本息 = 60 000 + 900 = 60 900（元）

借：短期借款　　　　　　　　　　　　　　　　　　　　　　60 000
　　财务费用　　　　　　　　　　　　　　　　　　　　　　　900
　　贷：银行存款　　　　　　　　　　　　　　　　　　　　　　60 900

七、其他费用

其他费用是指除上述各项费用以外的费用，包括差旅费、邮递费、保险费、劳动保护费、运输费、办公费、水电费、技术转让费和业务招待费等。这些费用有的是计入产品成本的，有的则是期间费用的组成部分，即使是应计入产品成本的，也没有单独设立成本项目，因此，这些费用发生时，根据有关的付款凭证等，按照费用的用途进行归类，分别借记"制造费用""辅助生产成本""管理费用""销售费用"等科目，贷记"银行存款"等科目。

【例 3-13】 长金公司以银行存款支付应由 6 月份负担的有关费用 53 122 元，其中，基本生产车间的劳保费 28 422 元，供水车间的劳保费 4 000 元，运输车间的劳保费 4 000 元，专设销售机构的广告费 3 000 元、办公费 4 000 元，企业行政管理部门的办公费 9 600 元，支付金融机构的手续费 100 元。与上述各项费用相关的可抵扣的增值税进项税额为 6 105 元。

编制会计分录如下：

借：制造费用——基本生产车间　　　　　　　　　　　　　　28 422
　　　　　　——供水车间　　　　　　　　　　　　　　　　4 000
　　　　　　——运输车间　　　　　　　　　　　　　　　　4 000
　　管理费用　　　　　　　　　　　　　　　　　　　　　　9 600

销售费用	7 000
财务费用	100
应交税费——应交增值税（进项税额）	6 105
贷：银行存款	59 227

上述各项费用，若其支出数额较大，受益期限较长，为了正确计算各月的成本、费用，应采用按月摊销或计提的方法进行处理，以体现权责发生制原则对成本核算的要求。对此问题将在第二节中进行讲解。

通过对上述各种要素费用的归集、分配，这些费用已经按照用途分别借记有关科目及其所属明细账的有关成本项目（或费用项目），如记入"基本生产成本"科目借方的费用，同时也记入了其所属明细账的"直接材料""直接燃料和动力""直接人工"等成本项目。这就是说，在成本、费用核算中，已经划分了计入产品成本和期间费用的界限，划分了应计入产品成本还是应计入期间费用的界限，即第二章中所讲述的第一个方面和第二个方面的费用界限。

第二节　辅助生产费用的归集与分配

一、辅助生产费用的归集

（一）辅助生产费用核算的内容

生产企业的生产车间按其生产性质可分为基本生产车间和辅助生产车间两类。辅助生产车间从事辅助生产，是为企业基本生产、行政管理等部门提供产品或劳务的车间，如为基本生产车间提供工具、模具、修理用备件等产品的车间，为基本生产车间和行政管理等部门提供水、电、气、运输及修理等产品或劳务的车间。

辅助生产车间为基本生产、行政管理等部门提供产品或劳务所耗费的各项费用称为辅助生产费用，其实质就是辅助生产车间生产的产品或提供劳务发生的成本。显然，这些产品或劳务成本最终转化为基本生产的产品成本。所以，正确、及时地计算辅助生产产品和劳务的成本，合理分配辅助生产费用，对于降低产品成本、节约费用，以及正确计算产品成本和期间费用有着重要的意义。

（二）辅助生产费用归集的方法

为了归集辅助生产费用，企业应设置"生产成本——辅助生产成本"账户，并按辅助生产车间或产品、劳务的种类设置明细账户，账内按成本项目设置专栏，进行明细核算。日常发生的各种辅助生产费用，在"生产成本——辅助生产成本"账户的借方进行归集，月末再分配到各受益产品或部门中去；在辅助生产费用分配后，该账户一般无余额。辅助生产成本明细账的格式见表3-7。辅助生产费用归集有两种方法：单独归集"制造费用"法和"制造费用"并入法。

1. 单独归集"制造费用"法

单独归集"制造费用"法是将辅助生产的制造费用与基本生产的制造费用一样，先通过"制造费用——辅助生产车间"明细账单独归集,月末按一定的方法再分配转入"辅助生产成本"账户,计算辅助生产的产品或者劳务成本。该方法适用于生产两种以上产品或提供多种劳务的辅助生产车间,如机修车间和生产自制工具、模具、修理用备品备件的辅助生产车间。

【例 3-14】 长金公司 20×× 年 6 月辅助生产成本和辅助生产车间制造费用明细账格式详见表 3-7～表 3-10。

表 3-7 辅助生产成本明细账

辅助车间:供水车间　　　　　　　20×× 年 6 月　　　　　　　　　（单位:元）

摘要	直接材料	直接燃料和动力	直接人工	制造费用	合计	转出
原材料费用分配表	42 000				42 000	
外购动力费用分配表		3 000			3 000	
工资费用分配表			48 000		48 000	
其他短期薪酬费用分配表			19 200		19 200	
待分配费用小计	42 000	3 000	67 200		112 200	
制造费用分配表				28 900	28 900	
辅助生产成本分配表（交互分配法）						141 100
合计	42 000	3 000	67 200	28 900	141 100	141 100

表 3-8 辅助生产成本明细账

辅助车间:运输车间　　　　　　　20×× 年 6 月　　　　　　　　　（单位:元）

摘要	直接材料	直接燃料和动力	直接人工	制造费用	合计	转出
原材料费用分配表	22 000				22 000	
外购动力费用分配表		2 000			2 000	
工资费用分配表			32 000		32 000	
其他短期薪酬费用分配表			12 800		12 800	
待分配费用小计	22 000	2 000	44 800		68 800	
制造费用分配表				46 200	46 200	
辅助生产成本分配表（交互分配法）						115 000
合计	22 000	2 000	44 800	46 200	115 000	115 000

表 3-9 辅助生产车间制造费用明细账

辅助车间:供水车间　　　　　　　20×× 年 6 月　　　　　　　　　（单位:元）

摘要	机物料消耗	燃料和动力	职工薪酬	折旧费	劳保费	低值易耗品	运费	合计	转出
原材料费用分配表	2 000							2 000	
外购动力费用分配表		1 500						1 500	

（续）

摘要	机物料消耗	燃料和动力	职工薪酬	折旧费	劳保费	低值易耗品	运费	合计	转出
工资费用分配表			10 000					10 000	
其他短期薪酬费用分配表			4 000					4 000	
折旧费用分配表				4 500				4 500	
劳保费（付款凭证×号）					4 000			4 000	
低值易耗品摊销分配表						1 000		1 000	
待分配费用小计	2 000	1 500	14 000	4 500	4 000	1 000		27 000	
辅助生产成本分配表							1 900	1 900	
制造费用分配表									28 900
合计	2 000	1 500	14 000	4 500	4 000	1 000	1 900	28 900	28 900

表 3-10 辅助生产车间制造费用明细账

辅助车间：运输车间　　　　　20××年6月　　　　　（单位：元）

摘要	机物料消耗	燃料和动力	职工薪酬	折旧费	劳保费	低值易耗品	水费	合计	转出
原材料费用分配表	1 500							1 500	
外购动力费用分配表		1 000						1 000	
工资费用分配表			10 000					10 000	
其他短期薪酬费用分配表			4 000					4 000	
折旧费用分配表				3 700				3 700	
劳保费（付款凭证×号）					4 000			4 000	
低值易耗品摊销分配表						2 000		2 000	
待分配费用小计	1 500	1 000	14 000	3 700	4 000	2 000		26 200	
辅助生产成本分配表							20 000	20 000	
制造费用分配表									46 200
合计	1 500	1 000	14 000	3 700	4 000	2 000	20 000	46 200	46 200

2."制造费用"并入法

"制造费用"并入法是指将辅助生产车间发生的制造费用直接或分配记入"辅助生产成本"

账户，计算辅助生产产品或劳务的成本的方法。这种方法不单独设置辅助生产车间的"制造费用"账户，简化了核算，适用于规模小、产品或劳务单一、制造费用很少且辅助生产不对外提供产品或劳务的辅助生产车间，如供水车间、供电车间、供气车间和运输车间。

【例 3-15】 某企业有供电、供水两个辅助生产车间，因其规模很小，不设"制造费用"明细账，其辅助生产成本明细账详见表 3-11 和表 3-12。

表 3-11 辅助生产成本明细账

辅助车间：供电车间　　　　　　　　20××年×月　　　　　　　　　　　　（单位：元）

摘要	原材料	低值易耗品摊销	职工薪酬	折旧费	保险费	办公费	其他	合计	转出
原材料费用分配表	5 000							5 000	
低值易耗品摊销		4 000						4 000	
职工薪酬分配表			22 000					22 000	
折旧费用分配表				1 500				1 500	
保险费用分配表					300			300	
办公费用支出（付款凭证×号）						2 800	1 360	4 160	
辅助生产成本分配表（直接分配法）									36 960
合计	5 000	4 000	22 000	1 500	300	2 800	1 360	36 960	36 960

表 3-12 辅助生产成本明细账

辅助车间：供水车间　　　　　　　　20××年×月　　　　　　　　　　　　（单位：元）

摘要	原材料	低值易耗品摊销	职工薪酬	折旧费	保险费	办公费	其他	合计	转出
原材料费用分配表	4 000							4 000	
低值易耗品摊销		1 000						1 000	
职工薪酬分配表			18 000					18 000	
折旧费用分配表				1 200				1 200	
保险费用分配表					400			400	
办公费用支出（付款凭证×号）						2 000	400	2 400	
辅助生产成本分配表（直接分配法）									27 000
合计	4 000	1 000	18 000	1 200	400	2 000	400	27 000	27 000

二、辅助生产费用的分配

（一）辅助生产费用分配的特点

在辅助生产费用的分配中，由于辅助生产车间所生产的产品和劳务的种类不同，费用转出、分配的程序也有所不同。所提供的产品，如工具、模具和修理用备件等产品的成本，应在产品完工时，从"辅助生产成本"科目的贷方分别转入"低值易耗品"和"原材料"科目的借方；而提供的劳务作业，如供水、供电、供气修理和运输等所发生的费用，则要在各受益单位之间按照所消耗数量或其他比例进行分配后，从"辅助生产成本"科目的贷方转入"基本生产成本""制造费用""管理费用""销售费用"等科目的借方。辅助生产费用的分配是通过编制辅助生产费用分配表进行的。

由于辅助生产提供的产品和劳务主要是为基本生产车间等服务的，但在某些辅助生产车间之间，也有相互提供产品或劳务的情况。这样就存在一个如何处理辅助生产车间之间费用负担的问题。如供电车间为供水车间提供电力，供水车间为供电车间提供水，这样，为了计算电力成本，就要确定水的成本，而要计算水的成本又要先确定电的成本。因此，需要确定采用哪些方法来处理辅助车间之间的费用分配问题。

（二）分配方法

辅助生产费用的分配，通常采用直接分配法、顺序分配法、交互分配法、代数分配法和计划成本分配法等。

1. 直接分配法

直接分配法是指各辅助生产车间发生的费用直接分配给除辅助生产车间以外的各受益产品、单位，而不考虑辅助生产车间之间相互提供产品或劳务情况的一种辅助费用分配方法。

【例3-16】 某企业（【例3-15】中的企业）有供水和供电两个辅助生产车间，主要为本企业基本生产车间和行政管理部门等服务。根据"辅助生产成本"明细账汇总的资料（见表3-11、表3-12），供电车间本月发生费用36 960元，供水车间本月发生费用27 000元，各辅助生产车间供应产品或劳务数量详见表3-13。

表3-13 各辅助生产车间供应产品或劳务数量

受益单位		耗水 /m³	耗电 /kW·h
基本生产——A产品			48 000
基本生产车间		24 000	8 000
辅助生产车间	供电车间	3 000	
	供水车间		12 000
行政管理部门		2 000	4 000
专设销售机构		1 000	1 600
合计		30 000	73 600

采用直接分配法的辅助生产费用分配表详见表3-14。

表3-14中有关数据的计算过程如下：

$$单位成本（分配率）=\frac{待分配辅助生产费用}{辅助生产劳务（产品）总量-其他辅助生产劳务（产品）耗用量}$$

$$供水单位成本（分配率）= \frac{27\,000}{30\,000 - 3\,000} = 1（元/m^3）$$

$$供电单位成本（分配率）= \frac{36\,960}{73\,600 - 12\,000} = 0.6\,[元/(kW·h)]$$

根据辅助生产费用分配表编制的会计分录如下：

借：基本生产成本——A 产品　　　　　　　　　　　　　　28 800
　　制造费用　　　　　　　　　　　　　　　　　　　　　28 800
　　管理费用　　　　　　　　　　　　　　　　　　　　　 4 400
　　销售费用　　　　　　　　　　　　　　　　　　　　　 1 960
　　贷：辅助生产成本——供水　　　　　　　　　　　　　27 000
　　　　　　　　　　——供电　　　　　　　　　　　　　36 960

表 3-14　辅助生产费用分配表

（直接分配法）

（金额单位：元）

项目		供水车间	供电车间	合计
待分配辅助生产费用		27 000	36 960	63 960
供应辅助生产以外的劳务（产品）数量		27 000m³	61 600kW·h	
单位成本（分配率）		1元/m³	0.6元/kW·h	
基本生产——A产品	耗用数量		48 000kW·h	
	分配金额		28 800	28 800
基本生产车间	耗用数量	24 000m³	8 000kW·h	
	分配金额	24 000	4 800	28 800
行政管理部门	耗用数量	2 000m³	4 000kW·h	
	分配金额	2 000	2 400	4 400
专设销售机构	耗用数量	1 000m³	1 600kW·h	
	分配金额	1 000	960	1 960
合计		27 000	36 960	63 960

采用直接分配法时，各辅助生产费用只是对外进行分配，且只分配一次，计算简便。当辅助生产车间相互提供的产品或劳务量差异较大时，分配结果往往与实际不符，因此，这种方法只适用于在辅助生产车间内部相互提供产品或劳务不多、不进行费用的交互分配对辅助生产成本和产品生产成本影响不大的情况。

2．顺序分配法

顺序分配法是指按照受益多少的顺序将辅助生产车间依次排列，受益少的排在前面，先将费用分配出去，受益多的排在后面，后将费用分配出去的一种辅助费用分配方法。

例如，在上述企业的供电和供水两个辅助生产车间中，供电车间耗用水的费用较少，而供水车间耗用电的费用较多，就可以按照供电、供水的顺序排列，先分配电费，然后分配水费。

【例 3-17】　沿用【例 3-16】的资料，按顺序分配法编制辅助生产费用分配表，详见表 3-15。

第三章 费用在各种产品及期间费用之间的归集与分配

表 3-15 辅助生产费用分配表
（顺序分配法）

（金额单位：元）

项目		辅助生产车间						基本生产				专设销售机构	
		供电车间			供水车间			A产品		基本生产车间		行政管理部门		专设销售机构	
车间部门		劳务（产品）量	待分配费用	分配率	劳务（产品）量	待分配费用	分配率	耗用数量	分配金额	耗用数量	分配金额	耗用数量	分配金额	耗用数量	分配金额①
分配电费		73 600kW·h	36 960	0.502 17元/(kW·h)	30 000m³	27 000									
		−73 600kW·h	−36 960		12 000kW·h	6 026.04		48 000kW·h	24 104.16	8 000kW·h	4 017.36	4 000kW·h	2 008.68	1 600kW·h	803.76
分配水费					−27 000m³	−33 026.04	1.223 2元/m³			24 000m³	29 356.8	2 000m³	2 446.4	1 000m³	1 222.84
分配金额合计									24 104.16		33 374.16		4 455.08		2 026.6

① 数字四舍五入，小数尾差计入销售费用。

$$电费分配率 = \frac{36\ 960}{48\ 000 + 8\ 000 + 12\ 000 + 4\ 000 + 1\ 600} = 0.502\ 17\ [元/(kW \cdot h)]$$

$$水费分配率 = \frac{27\ 000 + 6\ 026.04}{24\ 000 + 2\ 000 + 1\ 000} = 1.223\ 2\ (元/m^3)$$

根据辅助生产费用分配表编制的会计分录如下：

（1）分配电费。

借：辅助生产成本——供水	6 026.04
基本生产成本——A产品	24 104.16
制造费用	4 017.36
管理费用	2 008.68
销售费用	803.76
贷：辅助生产成本——供电	36 960

（2）分配水费。

借：制造费用	29 356.8
管理费用	2 446.4
销售费用	1 222.84
贷：辅助生产成本——供水	33 026.04

在顺序分配法下，由于排在前面的辅助生产车间不负担排在后面的辅助生产车间的费用，因此分配结果的准确性会受到一定的影响，这种方法适用于各辅助生产车间之间相互受益程度具有明显顺序性的情况。

3．交互分配法

交互分配法是指对各辅助生产车间的成本费用进行交互和对外两次分配的一种辅助生产费用的分配方法。在这种方法下，首先，根据各辅助生产车间、部门相互提供的产品或劳务的数量和交互分配前的单位成本（费用分配率），在各辅助生产车间之间进行一次交互分配；其次，将各辅助生产车间、部门交互分配后的实际费用（交互分配前的费用加上交互分配转入的费用，减去交互分配转出的费用），再按提供产品或劳务的数量和交互分配后的单位成本（费用分配率），在辅助生产车间、部门以外的各受益单位之间进行分配。

【例3-18】 长金公司设有供水和运输两个辅助生产车间，20××年6月有关资料见表3-16。

表3-16　长金公司辅助生产车间资料

（金额单位：元）

项目		供水车间	运输车间
待分配辅助生产费用	"辅助生产成本"科目	112 200	68 800
	"制造费用"科目	27 000	26 200
	小计	139 200	95 000
劳务供应数量		139 200m³	100 000km

（续）

项目		供水车间	运输车间
耗用劳务数量	供水车间		2 000km
	运输车间	20 000m³	
	基本生产车间	100 000m³	40 000km
	行政管理部门	10 000m³	10 000km
	专设销售机构	9 200m³	48 000km

根据表 3-16 所列资料，采用交互分配法分配辅助生产费用的分配结果见表 3-17。

表 3-17 辅助生产费用分配表

（交互分配法）

（金额单位：元）

项目			交互分配			对外分配		
辅助车间名称			供水车间	运输车间	合计	供水车间	运输车间	合计
待分配辅助生产费用	"辅助生产成本"科目		112 200	68 800	181 000			
	"制造费用"科目		27 000	26 200	53 200			
	小计		139 200	95 000	234 200	121 100	113 100	
劳务供应数量			139 200m³	100 000km		119 200m³	98 000km	
费用分配率（单位成本）			1 元 /m³	0.95 元 /km		1.015 94 元 /m³	1.154 1 元 /km	
辅助生产车间耗用	供水车间	耗用数量		2 000km				
		分配金额		1 900				
	运输车间	耗用数量	20 000m³					
		分配金额	20 000					
基本生产车间耗用		耗用数量				100 000m³	40 000km	
		分配金额				101 594	46 164	147 758
行政管理部门耗用		耗用数量				10 000m³	10 000km	
		分配金额				10 159.4	11 541	21 700.4
专设销售机构耗用		耗用数量				9 200m³	48 000km	
		分配金额				9 346.6	55 395	64 741.6
分配金额合计						121 100	113 100	234 200

表中有关数据计算过程如下。

（1）交互分配。

$$\text{水费的分配率} = \frac{139\ 200}{139\ 200} = 1（元 /m^3）$$

运输劳务的分配率 = $\dfrac{95\,000}{100\,000}$ = 0.95（元 /km）

供水车间应分配的运费 = 0.95×2 000 = 1 900（元）
运输车间应分配的水费 = 1×20 000 = 20 000（元）

（2）交互分配后的实际费用。

供水车间实际费用 = 139 200 + 1 900 − 20 000 = 121 100（元）
运输车间实际费用 = 95 000 + 20 000 − 1 900 = 113 100（元）

（3）对外分配。

水费的分配率 = $\dfrac{121\,100}{119\,200}$ = 1.015 94（元 /m³）

运输劳务的分配率 = $\dfrac{113\,100}{98\,000}$ = 1.154 1（元 /km）

基本生产车间应分配的水费 = 1.015 94×100 000 = 101 594（元）
基本生产车间应分配的运输费 = 1.154 1×40 000 = 46 164（元）
合计：147 758 元
行政管理部门应分配的水费 = 1.015 94×10 000 = 10 159.4（元）
行政管理部门应分配的运输费 = 1.154 1×10 000 = 11 541（元）
合计：21 700.4 元
专设销售机构应分配的水费 = 1.015 94×9 200 = 9 346.6（元）
专设销售机构应分配的运输费 = 1.154 1×48 000 = 55 395（元）
合计：64 741.6 元

根据辅助生产费用分配表（交互分配法）编制的会计分录如下：

（1）交互分配。

借：制造费用——供水车间	1 900
——运输车间	20 000
贷：辅助生产成本——供水	20 000
——运输	1 900

（2）结转辅助生产车间的制造费用。

借：辅助生产成本——供水	28 900
——运输	46 200
贷：制造费用——供水车间	28 900
——运输车间	46 200

（3）对外分配。

借：制造费用——基本生产成本	147 758
管理费用	21 700.4
销售费用	64 741.6
贷：辅助生产成本——供水	121 100
——运输	113 100

在交互分配法下，各辅助生产车间之间就相互消耗的产品（或劳务）进行费用的交互分配，

因此,与直接分配法和顺序分配法相比,费用分配的准确性更高。但是,由于在交互分配法中所采用的分配并非准确的分配率,所以整个费用分配的准确性受到一定的影响,采用交互分配法分配辅助生产费用,需要进行两次费用分配,增加了工作量。在各月辅助生产费用水平相差不大的情况下,为了简化计算工作,也可以用上月的辅助生产单位成本作为本月交互分配的单位成本。

4．代数分配法

代数分配法是指通过建立多元一次联立方程并求解,根据各种辅助生产产品或劳务的单位成本,进而进行辅助生产费用分配的一种辅助生产费用分配的方法。采用这种分配方法,首先,应根据各辅助生产车间相互提供产品或劳务的数量,建立联立方程,并计算辅助生产产品或劳务的单位成本;其次,根据各受益单位(包括辅助生产内部和外部各单位)耗用产品或劳务的数量和单位成本,计算分配辅助生产费用。

【例 3-19】 沿用【例 3-18】交互分配法下供水车间和运输车间的有关资料,设供水车间的供水单位成本为 x 元,运输车间的运输单位成本为 y 元,根据以上资料可以建立以下联立方程:

$$\begin{cases}(112\,200+27\,000)+2\,000y=139\,200x\\(68\,800+26\,200)+20\,000x=100\,000y\end{cases}$$

解此联立方程,得

$$\begin{cases}x=1.016\,57\\y=1.153\,3\end{cases}$$

根据 x、y 的值以及各受益单位所耗用的水和运输劳务的数量,即可求得各受益单位应负担的费用金额(计算过程从略)。

据以编制辅助生产费用分配表,见表 3-18。

根据表 3-18 编制会计分录如下:

(1)向各受益单位分配辅助生产费用。

借:制造费用——供水车间	2 306.6
——运输车间	20 331.4
——基本生产车间	147 789
管理费用	21 698.7
销售费用	64 712.3
贷:辅助生产成本——供水	141 506.6
——运输	115 331.4

(2)结转辅助生产车间制造费用。

借:辅助生产成本——供水	29 306.6
——运输	46 531.4
贷:制造费用——供水车间	29 306.6
——运输车间	46 531.4

采用代数分配法分配辅助生产费用,分配结果最正确。但在辅助生产车间较多的情况下,未知数较多,计算工作比较复杂,因而这种分配方法适宜在已经实现会计电算化的企业中采用。

表 3-18　辅助生产费用分配表
（代数分配法）

（金额单位：元）

项目	单位成本（分配率）	费用合计	辅助生产成本				基本生产车间		行政管理部门		专设销售机构	
			供水车间		运输车间							
			数量	金额	数量	金额	数量	金额	数量	金额	数量	金额
待分配辅助生产费用			139 200m³	139 200	100 000km	95 000						
费用分配 供水车间	1.016 57	141 506.6			20 000m³	20 331.4	100 000m³	101 657	10 000m³	10 165.7	9 200m³	9 352.5
费用分配 运输车间	1.153 3	115 331.4	2 000km	2 306.6			40 000km	46 132	10 000km	11 533	48 000km	55 359.8
合计		256 838		141 506.6		115 331.4		147 789		21 698.7		64 712.3

注：尾差计入销售费用。

5．计划成本分配法

计划成本分配法是指按照计划单位成本计算、分配辅助生产费用的一种方法。在这种方法下，辅助生产为各受益单位（包括其他辅助生产车间）提供的产品或劳务，一律按产品或劳务的实际耗用量和计划单位成本进行分配；辅助生产车间实际发生的费用，包括辅助生产交互分配转入的费用在内，与按计划单位成本分配转出的费用之间的差额，也就是辅助生产产品或劳务的成本差异，可以追加分配给辅助生产以外的各受益单位，为了简化计算工作，也可以全部记入"管理费用"科目。

【例 3-20】 沿用【例 3-18】的资料，采用计划成本分配法编制辅助生产费用分配表，详见表 3-19。

表 3-19 辅助生产费用分配表

（计划成本分配法）

（金额单位：元）

项目			供水车间	运输车间	合计
待分配辅助生产费用	"辅助生产成本"科目		112 200	68 800	181 000
	"制造费用"科目		27 000	26 200	53 200
	小计		139 200	95 000	234 200
供应劳务数量			139 200m³	100 000km	—
计划单位成本			1.05 元/m³	1.1 元/km	—
制造费用	供水车间	耗用数量		2 000km	
		分配金额		2 200	2 200
	运输车间	耗用数量	20 000m³		
		分配金额	21 000		21 000
	基本生产车间	耗用数量	100 000m³	40 000km	
		分配金额	105 000	44 000	149 000
管理费用	行政管理部门	耗用数量	10 000m³	10 000km	
		分配金额	10 500	11 000	21 500
销售费用	专设销售机构	耗用数量	9 200m³	48 000km	
		分配金额	9 660	52 800	62 460
按计划成本分配合计			146 160	110 000	256 160
辅助生产实际成本			141 400	116 000	257 400
辅助生产成本差异			-4 760	+6 000	1 240

辅助生产实际成本：

供水车间实际成本 = 139 200 + 2 200 = 141 400（元）

运输车间实际成本 = 95 000 + 21 000 = 116 000（元）

根据辅助生产费用分配表编制的会计分录如下：

（1）按计划成本分配。

借：制造费用——供水车间   2 200
    　　　　　——运输车间   21 000
    　　　　　——基本生产车间   149 000

管理费用	21 500
销售费用	62 460
贷：辅助生产成本——供水	146 160
——运输	110 000

(2) 结转辅助生产车间制造费用。

借：辅助生产成本——供水	29 200
——运输	47 200
贷：制造费用——供水车间	29 200
——运输车间	47 200

(3) 结转辅助生产成本差异。为了简化核算，辅助生产成本差异记入"管理费用"科目。

借：管理费用	1 240
贷：辅助生产成本——供水	4 760
——运输	6 000

采用计划成本分配法，由于辅助生产车间的产品或劳务的计划单位成本有现成的资料，只要有各受益单位耗用辅助生产车间的产品或劳务量，便可进行分配，从而简化和加速了分配的计算工作；按照计划单位成本分配，排除了辅助生产实际费用高低对各受益单位成本的影响，便于考核和分析各受益单位的经济责任；还能反映辅助生产车间产品或劳务的实际成本脱离计划成本的差异。采用这种分配方法，要求辅助生产产品或劳务的计划单位成本比较准确。

第三节　制造费用的归集与分配

企业在生产过程中，除产品直接耗用的各种材料费用、人工费用、燃料和动力费用（即各种专设成本项目的生产费用）外，还会发生各种制造费用。为此，正确核算制造费用，对于正确计算产品的制造成本非常重要。辅助生产的制造费用归集和分配的核算已在上一节中讲述，本节着重讲述基本生产的制造费用归集和分配的核算。

一、制造费用的归集

制造费用是指工业企业为生产产品（或提供劳务）而发生的、应计入产品成本但没有专设成本项目的各项生产费用。

由于企业一般只对直接材料、直接人工、直接燃料和动力等费用单独设置成本项目，进行单独核算和反映，而将应计入产品成本的其他方面的费用均在制造费用成本项目中进行核算，因此，制造费用的内容比较复杂，用途不尽相同。它们有的是用于生产单位组织和管理生产活动的制造费用，如生产单位管理人员的薪酬费用、办公费用、差旅费等；有的是间接用于产品生产，如机器设备用的机物料费用、车间厂房的折旧费、劳动保护费用等；有的则是直接用于产品生产，如生产产品用的机器设备的折旧费、生产用低值易耗品的摊销费用、设计制图费和试验检验费用等。

制造费用的内容比较复杂，应按照管理要求分别设立若干费用项目进行计划和核算，归类反映各项费用的计划执行情况。制造费用的项目有的可以按照费用的经济用途设立，如对用于车间办公方面的各项支出设立"办公费"项目；也可以按照费用的经济内容设立，如对全车间的机器设备和房屋建筑物等固定资产的折旧设立"折旧费"项目。

制造费用的核算是通过"制造费用"科目进行归集和分配的。该科目应按车间、部门设置明细账，账内按照费用项目设专栏或专行，分别反映各车间、部门各项制造费用的支出情况。制造费用发生时，根据有关的付款凭证、转账凭证和前述各种费用分配表，借记"制造费用"科目，并视具体情况，分别贷记"原材料""应付职工薪酬""累计折旧""银行存款"等科目；期末按照一定的标准进行分配时，借记"基本生产成本"等科目，贷记"制造费用"科目；除季节性生产车间外，"制造费用"科目期末应无余额。应该指出，如果辅助生产车间的制造费用是通过"制造费用"科目单独核算，则应比照基本生产车间发生的费用核算；如果辅助生产车间的制造费用不通过"制造费用"科目单独核算，则应全部记入"辅助生产成本"科目及其明细账的有关成本或费用项目。

【例 3-21】 根据各种费用分配表及付款凭证登记长金公司基本生产车间制造费用明细账，详见表 3-20。

表 3-20　制造费用明细账

车间名称：基本生产车间　　　　　　　20×× 年 6 月　　　　　　　　　　（单位：元）

摘要	机物料消耗	动力费用	职工薪酬	折旧费	水费	运输费	低值易耗品	其他	合计	转出
付款凭证								28 422	28 422	
原材料费用分配表	5 000								5 000	
低值易耗品摊销分配表							4 570		4 570	
外购动力费用分配表		2 250							2 250	
工资费用分配表			20 000						20 000	
其他短期薪酬费用分配表			8 000						8 000	
折旧费用分配表				20 000					20 000	
辅助生产费用分配表					101 594	46 164			147 758	
制造费用分配表										236 000
合计	5 000	2 250	28 000	20 000	101 594	46 164	4 570	28 422	236 000	236 000

二、制造费用的分配

为了正确计算产品的生产成本，必须合理地分配制造费用，由于各车间制造费用水平不同，因此制造费用应该按照各车间分别进行分配，而不得将各车间的制造费用统一在整个企业范围内分配。

在只生产一种产品的车间中，该车间的全部制造费用均属于直接计入费用，可以直接计入这种产品的生产成本；在生产多种产品的车间中，制造费用中的直接计入费用也应直接计入各种产品的生产成本，制造费用中的间接计入费用则应采用适当的方法，在各种产品之间进行分配。制造费用的分配方法一般有生产工时比例法、生产工人工资比例法、机器工时比例法和按年度计划分配率分配法等。分配方法一经确定，不应随意变更。

（一）生产工时比例法

生产工时比例法是指按照各种产品所用生产工人工时的比例分配制造费用的一种方法。其计算公式如下：

$$制造费用分配率 = \frac{制造费用总额}{车间产品生产工时总额}$$

$$某种产品应分配的制造费用 = 该种产品生产工时 \times 制造费用分配率$$

按生产工时比例分配，可以用各种产品实际耗用的生产工时（实用工时），如果产品的工时定额比较准确，制造费用也可以按定额工时的比例分配。其计算公式如下：

$$制造费用分配率 = \frac{制造费用总额}{车间产品定额工时总额}$$

$$某种产品应分配的制造费用 = 该种产品定额工时 \times 制造费用分配率$$

【例 3-22】 长金公司 20×× 年 6 月基本生产车间发生的制造费用总额为 236 000 元，基本生产车间中甲产品生产工时为 12 500h，乙产品生产工时为 7 500h。

制造费用计算分配如下：

$$制造费用分配率 = \frac{236\ 000}{12\ 500 + 7\ 500} = 11.8（元/h）$$

甲产品应分配的制造费用 = 12 500 × 11.8 = 147 500（元）

乙产品应分配的制造费用 = 7 500 × 11.8 = 88 500（元）

按生产工时比例法编制制造费用分配表，详见表 3-21。

表 3-21　制造费用分配表
（生产工时比例法）

车间名称：基本生产车间　　　　　　　　　　　　　　　　　　（金额单位：元）

应借科目		生产工时/h	分配金额（分配率为 11.8 元/h）
基本生产成本	甲产品	12 500	147 500
	乙产品	7 500	88 500
合计		20 000	236 000

根据制造费用分配表，编制会计分录如下：

借：基本生产成本——甲产品　　　　　　　　　　　　　　　　147 500
　　　　　　　　——乙产品　　　　　　　　　　　　　　　　 88 500
　　贷：制造费用　　　　　　　　　　　　　　　　　　　　　236 000

按生产工时比例分配是较为常见的一种分配方法，它能将劳动生产率的高低与产品负担费用的多少联系起来，分配结果比较合理。由于生产工时是分配间接计入费用常用的分配标准之一,因此,必须正确组织好产品生产工时的记录和核算等基础工作,以保证生产工时的准确、可靠。

(二)生产工人工资比例法

生产工人工资比例法又称生产工资比例法,是指以各种产品的生产工人工资的比例分配制造费用的一种方法。其计算公式如下:

$$制造费用分配率 = \frac{制造费用总额}{车间生产工人工资总额}$$

某种产品应分配的制造费用 = 该种产品生产工人工资 × 制造费用分配率

由于工资费用分配表中有现成的生产工人工资的资料,因此采用这种分配方法时核算工作很简便。这种方法适用于各种产品生产机械化程度大致相同的情况,否则会影响费用分配的合理性,例如,生产机械化程度低的产品时所用的工资费用多,分配的制造费用也多,反之,生产机械化程度高的产品时所用的工资费用少,分配的制造费用也少,会出现不合理情况。该分配方法与生产工时比例法原理基本相同,如果生产工人的计时工资是按照生产工时比例分配的,按照生产工人工资比例分配制造费用,实际上就是按生产工时比例分配制造费用。

(三)机器工时比例法

机器工时比例法是指按照各种产品所用机器设备运转时间的比例分配制造费用的一种方法。这种方法适用于机械化程度较高的车间,因为在这种车间中,机器折旧费用、维护费用等的多少与机器运转的时间有密切的联系。采用这种方法时,企业必须组织好各种产品所耗用机器工时的记录工作,以保证工时的准确性。该方法的计算程序、原理与生产工时比例法基本相同。

为了提高分配结果的正确性,机器设备可划分为若干类别,按其类别归集和分配制造费用,也可以将制造费用按性质和用途分类,如分为与机器设备使用有关的费用,以及由于管理组织生产而发生的费用,分别采用适当的方法分配制造费用。

(四)按年度计划分配率分配法

按年度计划分配率分配法是指按照年度开始前确定的全年适用的计划分配率分配费用的方法。采用这种分配方法时,不论各月实际发生的制造费用为多少,每月各种产品成本中的制造费用都按年度计划确定的计划分配率分配,年度内如果发现全年制造费用的实际数和产品的实际产量与计划数产生较大的差额,则应及时调整计划分配率,其计算公式如下:

$$年度计划分配率 = \frac{年度制造费用计划总额}{年度各种产品计划产量的定额工时总额}$$

某月某产品制造费用 = 该月该种产品实际产量的定额工时数 × 年度计划分配率

【例 3-23】 某企业第一车间全年制造费用计划数为 200 000 元。全年各种产品的计划产量:甲产品为 4 800 件,乙产品为 4 000 件。单件产品的工时定额:甲产品为 5h,乙产品为 4h。6 月份实际产量:甲产品为 300 件,乙产品为 200 件。本月实际发生制造费用 12 000 元。

(1)各种产品年度计划产量的定额工时。

甲产品年度计划产量的定额工时 = 4 800 × 5 = 24 000(h)

乙产品年度计划产量的定额工时 = 4 000 × 4 = 16 000(h)

（2）制造费用年度计划分配率。

制造费用年度计划分配率 = $\dfrac{200\,000}{24\,000 + 16\,000} = 5$

（3）各种产品本月实际产量的定额工时。
甲产品本月实际产量的定额工时 = 300×5 = 1 500（h）
乙产品本月实际产量的定额工时 = 200×4 = 800（h）
（4）各种产品应分配的制造费用。
该月甲产品分配制造费用 = 1 500×5 = 7 500（元）
该月乙产品分配制造费用 = 800×5 = 4 000（元）
该车间本月按计划分配本分配转出的制造费用计算如下：
7 500 + 4 000 = 11 500（元）

采用按年度计划分配率分配法时，每月实际发生的制造费用与分配转出的制造费用金额不等，因此，"制造费用"科目一般月末有余额，既可能是借方余额，也可能是贷方余额。如为借方余额，则其为年度内累计实际发生的制造费用大于累计分配转出的制造费用的数额；如为贷方余额，则其为年度内累计实际发生的制造费用小于累计分配转出的制造费用的数额。"制造费用"科目的年末余额，即全年制造费用的实际发生额与计划分配额的差额，一般应按照本年各种产品已经负担的制造费用的比例，将其调整计入12月份各种产品的成本。实际发生额大于计划分配额的，借记"基本生产成本"科目及其所属明细账，贷记"制造费用"科目；实际发生额小于计划分配额的，则用红字冲减，或借记"制造费用"科目，贷记"基本生产成本"科目及其所属明细账。

第四节　废品损失和停工损失的归集与分配

一、废品损失的归集与分配

废品是指由于生产原因造成、在生产过程中或入库后发现的，不符合规定的技术标准，不能按照原定用途使用，或者需要修理后才能使用的在产品、半成品和产成品。废品按其废损程度和在经济上是否具有修复价值，可以分为可修复废品和不可修复废品。可修复废品是指技术上可以修复，而且所支付的修复费用在经济上合算的废品。不可修复废品是指技术上不可修复，或者虽能修复，但所支付的修复费用在经济上不合算的废品。

废品损失是指不可修复废品的生产成本和可修复废品的修复费用，扣除残料回收价值和应收赔款后的余额。其计算公式如下：

废品损失 = 不可修复废品的生产成本 + 可修复废品的修复费用 − 残料回收价值 − 应收赔款

需要指出的是，下列情况下的损失不应作为废品损失处理：①不需要返修而降价出售的不合格品的降价损失；②产品入库后由于保管不善等而造成的损失；③产品实行"三包"的企业，在产品售出以后，由于发现废品而发生的损失。质量检验部门填制并审核后的废品损失通知单是进行废品损失核算的原始凭证。

单独核算废品损失的企业应设置"废品损失"科目,在成本项目中增设"废品损失"成本项目。废品损失的归集和分配应根据废品损失计算表和分配表等有关凭证,通过"废品损失"科目进行核算,"废品损失"科目应按产品设置明细账,账内按产品品种和成本项目登记废品损失的详细资料,"废品损失"科目的借方归集不可修复废品的生产成本和可修复废品的修复费用。不可修复废品的生产成本应根据不可修复废品损失计算表,借记"废品损失"科目,贷记"基本生产成本"科目;可修复废品的修复费用应根据各种费用分配表所列废品损失数额,借记"废品损失"科目,贷记"原材料""应付职工薪酬""辅助生产成本""制造费用"等科目。"废品损失"科目的贷方登记废品残料回收的价值、应收赔款和应由本月生产的同种合格产品成本负担的废品损失,即分别借记"原材料""其他应收款""基本生产成本"等科目,贷记"废品损失"科目。经过上述归集和分配,"废品损失"科目月末无余额。

(一)不可修复废品损失的归集与分配

为了归集和分配不可修复的废品损失,必须首先计算废品的成本。废品成本是指生产过程中截至报废时所耗费的一切费用。产品成本扣除残值和应收赔款后的数额就是不可修复废品的损失。由于不可修复废品的成本与合格产品的成本是归集在一起同时发生的,因此需要采取一定的方法予以确定。一般有两种方法:一是按废品所耗实际费用计算;二是按废品所耗定额费用计算。

1. 按废品所耗实际费用计算的方法

采用这一方法,就是在废品报废时根据废品和合格品实际发生的全部费用,采用一定的分配方法,在合格品与废品之间进行分配,计算废品的实际成本,从"基本生产成本"科目的贷方转入"废品损失"科目的借方。

【例 3-24】 某公司第二车间本月生产甲产品 1 000 件,经验收入库发现不可修复废品 50 件;合格品生产工时为 26 600h,废品生产工时为 1 400h,全部生产工时为 28 000h;合格品机器工时为 5 747.5h,废品机器工时为 302.5h,全部机器工时为 6 050h。按所耗实际费用计算废品的生产成本。甲产品成本计算单(即基本生产成本明细账)所列合格品和废品的全部生产费用:直接材料为 500 000 元;直接燃料和动力为 12 100 元;直接人工为 336 000 元;制造费用为 134 400 元。共计 982 500 元。废品残料回收入库价值 1 500 元,原材料于生产开工时一次性投入。原材料费用按合格品数量和废品数量的比例分配;直接燃料和动力费用按机器工时的比例分配;其他费用按生产工时的比例分配。

根据上述资料编制不可修复废品损失计算表,见表 3-22。

表 3-22 不可修复废品损失计算表
(按实际成本计算)

产品名称:甲产品
废品数量:50 件
车间名称:第二车间　　　　　　　　20××年×月　　　　　　　　(金额单位:元)

项目	数量/件	直接材料	生产工时/h	机器工时/h	直接燃料和动力	直接人工	制造费用	成本合计
费用总额	1 000	500 000	28 000	6 050	12 100	336 000	134 400	982 500
费用分配率		500			2	12	4.8	

(续)

项目	数量/件	直接材料	生产工时/h	机器工时/h	直接燃料和动力	直接人工	制造费用	成本合计
废品成本	50	25 000	1 400	302.5	605	16 800	6 720	49 125
减：废品残料		1 500						
废品损失		23 500			605	16 800	6 720	47 625

根据不可修复废品损失计算表，编制如下会计分录：

（1）结转废品成本（实际成本）。

借：废品损失——甲产品　　　　　　　　　　　　　　　　49 125
　　贷：基本生产成本——甲产品——直接材料　　　　　　25 000
　　　　　　　　　　　　　　　　直接燃料和动力　　　　605
　　　　　　　　　　　　　　　　直接人工　　　　　　　16 800
　　　　　　　　　　　　　　　　制造费用　　　　　　　6 720

（2）回收废品残料入库价值。

借：原材料　　　　　　　　　　　　　　　　　　　　　　1 500
　　贷：废品损失——甲产品　　　　　　　　　　　　　　1 500

（3）废品损失转入该种合格产品成本。

借：基本生产成本——甲产品——废品损失　　　　　　　47 625
　　贷：废品损失——甲产品　　　　　　　　　　　　　　47 625

完工以后发现的废品，其单位废品负担的各项生产费用应与该单位合格品完全相同，可按合格品数量和废品数量的比例分配各项生产费用，计算废品的实际成本。按废品的实际成本计算分配废品损失符合实际，但核算工作量较大。

2. 按废品所耗定额费用计算的方法

这种方法也称按定额成本计算的方法，是按不可修复废品的数量和各项费用定额计算废品的定额成本，再将废品的定额成本扣除废品残料回收价值，计算出废品损失，而不考虑废品实际发生的费用。

【例 3-25】 长金公司20××年6月基本生产车间生产的乙产品，在验收入库时发现不可修复废品30件，按所耗定额费用计算废品的生产成本。单件直接材料费用定额为320元，单件生产工时定额为9h，单件机器工时定额为3.5h。每机器工时计划的直接燃料和动力费用为2.1元，每生产工时计划的直接人工费用和制造费用分别为22元和12元，回收废品残值为1 000元。

因为不可修复废品是在完成全部生产过程后产品验收入库时发现的，所以根据以上资料计算出单件乙产品的费用定额后，就可以根据各项费用定额和不可修复废品件数计算不可修复废品的生产成本。不可修复废品的各项费用定额：单件直接材料费用为320元；单件直接燃料和动力费用为7.35元（2.1×3.5）；单件直接人工费用为198元（22×9）；单件制造费用定额为108元（12×9）。编制不可修复废品损失计算表，见表3-23。

表 3-23 不可修复废品损失计算表

（按定额成本计算）

产品名称：乙产品
废品数量：30 件

车间名称：基本生产车间　　　　　　　　20××年6月　　　　　　　　（单位：元）

项目	直接材料	直接燃料和动力	直接人工	制造费用	成本合计
费用定额	320	7.35	198	108	633.35
废品定额成本	9 600	220.5	5 940	3 240	19 000.5
减：回收残值	1 000				1 000
废品损失	8 600	220.5	5 940	3 240	18 000.5

根据不可修复废品损失计算表，编制如下会计分录：

（1）结转废品成本（定额成本）。

　　借：废品损失——乙产品　　　　　　　　　　　　　　　　　19 000.5
　　　　贷：基本生产成本——乙产品——直接材料　　　　　　　9 600
　　　　　　　　　　　　　　　　　　——直接燃料和动力　　　220.5
　　　　　　　　　　　　　　　　　　——直接人工　　　　　　5 940
　　　　　　　　　　　　　　　　　　——制造费用　　　　　　3 240

（2）回收废品残料价值。

　　借：原材料　　　　　　　　　　　　　　　　　　　　　　1 000
　　　　贷：废品损失——乙产品　　　　　　　　　　　　　　　1 000

（3）废品损失转入该种合格产品成本。

　　借：基本生产成本——乙产品——废品损失　　　　　　　　18 000.5
　　　　贷：废品损失——乙产品　　　　　　　　　　　　　　18 000.5

采用按废品所耗定额费用计算废品成本和废品损失的方法，核算工作比较简便，有利于考核和分析废品损失和产品成本，但必须具备比较准确的定额成本资料，否则会影响成本计算的正确性。

（二）可修复废品损失的归集和分配

可修复废品损失是指废品在修复过程中所发生的各项修复费用扣除回收的废品残料价值和应收赔款以后的余额。而可修复废品返修以前发生的生产费用在"基本生产成本"科目及有关的成本明细账中不必转出，这是因为它不是废品损失，返修时发生的修复费用应根据原材料、应付职工薪酬、辅助生产费用和制造费用等分配表借记"废品损失"科目，贷记有关科目，如有残值和应收赔款，根据废料交库凭证及其他有关结算凭证，贷记"废品损失"科目，借记"原材料""其他应收款"等科目，将废品净损失（修复费用减去残值和赔款）从"废品损失"科目的贷方转入"基本生产成本"科目的借方及其有关成本明细账的"废品损失"成本项目。

不单独核算废品损失的企业，不设"废品损失"会计科目和"废品损失"成本项目，在回收废品残料时，借记"原材料"科目，贷记"基本生产成本"科目，并从所属有关产品成本明细账的"直接材料"成本项目中扣除残料价值，辅助生产一般不单独核算废品损失。

二、停工损失的归集和分配

停工损失是指生产车间或车间内某个班组在停工期内发生的各项费用，包括停工期内支付的生产工人的薪酬费用、所耗直接燃料和动力费，以及应负担的制造费用等，过失单位、过失人员或保险公司负担的赔款应从停工损失中扣除。计算停工损失的时间界限由企业主管部门规定，或由企业主管部门授权企业自行规定。为了简化核算工作，停工不满一个工作日的，可以不计算停工损失。

发生停工的原因很多，应分别不同情况进行处理：由于自然灾害引起的停工损失，应按规定转作营业外支出；其他停工损失，如季节性停工、修理期间的停工等原因发生的停工损失，应计入制造费用。停工时车间应填列停工报告单，经有关部门审核后的停工报告单作为停工损失核算的根据。

单独核算停工损失的企业，应增设"停工损失"会计科目和"停工损失"成本项目，停工损失的归集和分配是通过设置"停工损失"科目进行的。该科目应按车间和成本项目进行明细核算，根据停工报告单和各种费用分配表、分配汇总表等有关凭证，将停工期内发生、应列作停工损失的费用记入"停工损失"科目的借方进行归集，借记"停工损失"科目，贷记"原材料""应付职工薪酬""制造费用"等科目。该科目的贷方登记应由过失单位及过失人员或保险公司支付的赔款、属于自然灾害应计入营业外支出的损失以及本月产品成本的损失，即贷记"停工损失"科目，借记"其他应收款""营业外支出""基本生产成本"科目。"停工损失"科目月末无余额。

不单独核算停工损失的企业，不设"停工损失"会计科目和"停工损失"成本项目。停工期间发生的属于停工损失的各项费用，分别记入"制造费用"和"营业外支出"等科目。

第五节　期间费用的归集与分配

一、期间费用及其核算内容

前已述及，期间费用是指企业在生产经营过程中发生的，与产品生产活动没有直接联系，属于某一时期发生的直接计入当期损益的费用。期间费用包括企业在产品销售过程中发生的各项费用，以及专设销售机构的各项经费；企业行政管理部门为组织和管理生产经营活动而发生的各项管理费用；企业为筹集生产经营所需资金而发生的财务费用。期间费用的核算是指销售费用的核算、管理费用的核算和财务费用的核算。

二、销售费用的归集与结转

销售费用是指企业在产品销售过程中发生的各项费用，以及销售机构的经常费用。它不计入产品的生产成本，不参与产品成本计算，也不存在分配问题，而是作为期间费用，直接计入当期损益。这种费用应该按年、季、月和费用项目编制费用计划，进行分析和考核。销售费用的归集与结转是通过"销售费用"总账科目及其所属明细科目进行的，销售费用应按费用项目设置明细账，进行明细核算，用以反映和考核各项费用的支出情况。发生和支付各项产品销售费用时，借记"销售费用"科目，贷记"银行存款""库存现金""应付账款""应付职工薪酬""包装物"等科目，月末，根据"销售费用"科目和所属明细科目借方归集的各项费用，将其实际发生额全部结转至"本年利润"科目。结转以后，"销售费用"科目及其所属明细科目应无余额。

【例 3-26】 根据前例长金公司的各种费用分配表和有关凭证，登记销售费用明细账，见表3-24。

表 3-24 销售费用明细账

20××年6月　　　　　　　　　　　　　　　　（单位：元）

摘要	消耗材料	职工薪酬	折旧费	水费	电费	办公费	运输费	包装费	广告费	低值易耗品	其他	合计	转出	余额
付款凭证（货币支出）						4 000			3 000			7 000		
原材料费用分配表	1 800											1 800		
外购动力费用分配表					600							600		
工资费用分配表		30 000										30 000		
其他短期薪酬费用分配表		12 000										12 000		
折旧费分配表			1 000									1 000		
低值易耗品摊销分配表										1 000		1 000		
辅助生产费用分配表				9 346.6			55 395					64 741.6		118 141.6
转账凭证转出													118 141.6	
本月合计	1 800	42 000	1 000	9 436.6	600	4 000	55 395		3 000	1 000		118 141.6	118 141.6	0

三、管理费用的归集与结转

管理费用是指企业行政管理部门为组织和管理生产经营活动而发生的各项费用。它不计入产品的生产成本，不参与产品成本计算，也不存在分配问题，而是作为期间费用，直接计入当期损益。这种费用应该按年、季、月和费用项目编制费用计划，进行核算和考核。管理费用的归集和结转,是通过"管理费用"总账科目及其所属明细科目进行的。管理费用应按费用项目设置明细账,用来反映和考核各项费用的支出情况。发生或支付各项管理费用时,借记"管理费用"科目,贷记有关科目。在发生材料、产品盘盈时,抵减管理费用的金额,应借记有关科目,贷记"管理费用"科目,同时要在"管理费用"明细科目的"材料产品盘亏和毁损"专栏中用红字或负数登记。月末,结转管理费用时借记"本年利润"科目,贷记"管理费用"科目,结转以后,"管理费用"科目及其所属明细科目无余额。

【例 3-27】 根据前例长金公司的各种费用分配表和有关凭证,登记管理费用明细账,见表 3-25。

表 3-25 管理费用明细账

20××年 6 月 (单位:元)

摘要	消耗材料	职工薪酬	折旧费	水费	办公费	电费	低值易耗品	运费	合计	转出	余额
付款凭证(货币支出)					9 600				9 600		
原材料费用分配表	2 000								2 000		
低值易耗品摊销分配表							2 500		2 500		
外购动力费用分配表						1 800			1 800		
工资费用分配表		60 000							60 000		
其他短期薪酬费用分配表		24 000							24 000		
折旧费分配表			3 000						3 000		
辅助生产费用分配表				10 159.4				11 541	21 700.4		124 600.4
转账凭证(转出)										124 600.4	
本月合计	2 000	84 000	3 000	10 159.4	9 600	1 800	2 500	11 541	124 600.4	124 600.4	0

月末,结转管理费用直接转入"本年利润"科目。编制会计分录如下:
借:本年利润 124 600.4
　　贷:管理费用 124 600.4

四、财务费用的归集与结转

财务费用是指企业为筹集生产经营活动所需的资金而发生的各项筹资费用。财务费用不计入产品的制造成本,不参与产品成本计算,也不存在分配问题,而是作为期间费用,直接计入当期损益。企业为购建固定资产而筹集资金所发生的费用,在固定资产尚未完工交付使用前发生的费用，应计入有关固定资产价值，不属于财务费用。财务费用也应该按年、季、月和费用项目编制费用计划，进行核算和考核。

财务费用的归集和结转，是通过"财务费用"总账科目和所属明细账进行的。财务费用应按费用项目设置明细账，用以反映和考核各项费用的支出情况。发生或预提利息支出时，借记"财务费用"科目，贷记"应付利息"或"银行存款"科目。在发生利息收入和汇兑收益时，应借记"银行存款"等科目，贷记"财务费用"科目。这些抵减财务费用的金额，既要记入该总账科目的贷方，又应在财务费用明细账"利息支出"和"汇兑损失"专栏中用红字或负数登记。月末结转财务费用时借记"本年利润"科目，贷记"财务费用"科目，结转以后，"财务费用"科目及所属明细账无余额。

【例 3-28】 根据前例长金公司的各种费用分配表和有关凭证登记财务费用明细账，见表 3-26。

表 3-26　财务费用明细账

20×× 年 6 月　　　　　　　　　　　　　　　　　　（单位：元）

摘要	利息支出	手续费	其他	合计	转出	余额
利息费用分配表	1 000			1 000		
付款凭证（金融机构手续费）		100		100		1 100
转账凭证（转出）					1 100	0
本月合计	1 000	100		1 100	1 100	0

月末，结转财务费用直接转入"本年利润"科目。编制会计分录如下：

借：本年利润　　　　　　　　　　　　　　　　　　　　　　　　1 100
　　贷：财务费用　　　　　　　　　　　　　　　　　　　　　　　　1 100

复习思考题

1. 间接计入费用分配的标准有哪些？
2. 什么是辅助生产费用？辅助生产费用应如何归集？
3. 辅助生产费用的分配方法有哪几种？
4. 制造费用包括哪些内容？制造费用分配方法一般有哪几种？

练　习　题

一、单项选择题

1. 直接用于产品生产的燃料费用，应记入的会计科目是（　　）。
   A．"制造费用"　　　　　　　　　　B．"管理费用"
   C．"销售费用"　　　　　　　　　　D．"基本生产成本"

2. 在不设"直接燃料和动力"成本项目的情况下，直接用于产品生产的动力费用，应记入的会计科目是（　　）。
   A．"制造费用"　　　　　　　　　B．"管理费用"
   C．"销售费用"　　　　　　　　　D．"基本生产成本"
3. 基本生产车间耗用的机物料费用，应记入的会计科目是（　　）。
   A．"基本生产成本"　　　　　　　B．"管理费用"
   C．"辅助生产成本"　　　　　　　D．"制造费用"
4. 在下列辅助生产费用的分配方法中，计算分配工作最为简便的是（　　）。
   A．直接分配法　　　　　　　　　B．顺序分配法
   C．交互分配法　　　　　　　　　D．代数分配法
5. 在下列辅助生产费用的分配方法中，分配结果最为准确的是（　　）。
   A．直接分配法　　　　　　　　　B．代数分配法
   C．交互分配法　　　　　　　　　D．计划成本分配法
6. 在计件工资制度下，产品生产工人的工资费用（　　）。
   A．是直接生产费用，也是直接计入费用
   B．是直接生产费用，但属于间接计入费用
   C．是间接生产费用，也是间接计入费用
   D．是间接生产费用，但属于直接计入费用
7. 基本生产车间计提的固定资产折旧费，应记入（　　）。
   A．"制造费用"　　　　　　　　　B．"财务费用"
   C．"管理费用"　　　　　　　　　D．"销售费用"
8. 企业行政管理部门计提的固定资产折旧费，应记入（　　）。
   A．"制造费用"　　　　　　　　　B．"财务费用"
   C．"管理费用"　　　　　　　　　D．"销售费用"
9. 直接分配法是将辅助生产费用（　　）。
   A．直接分配给受益的各基本生产车间的方法
   B．直接计入管理费用的方法
   C．直接分配给辅助车间以外的各受益单位的方法
   D．直接分配给各受益单位的方法
10. 在交互分配法下，交互分配后的实际费用，应在（　　）。
    A．辅助车间以外的受益单位之间进行分配
    B．各受益单位之间进行分配
    C．各辅助车间之间进行分配
    D．各受益的基本车间之间进行分配
11. 辅助生产费用的分配方法中，便于考核和分析受益单位的经济责任，能够反映辅助生产产品或劳务的成本差异的是（　　）。
    A．直接分配法　　　　　　　　　B．交互分配法
    C．顺序分配法　　　　　　　　　D．计划成本分配法

12. 在制造费用的分配方法中，适用于季节性生产企业的是（　　）。
   A．生产工时比例法　　　　　　　　B．生产工人工资比例法
   C．机器工时比例法　　　　　　　　D．按年度计划分配率分配法

二、多项选择题

1. 基本生产车间领用材料的费用，按其用途进行分配，可能记入的会计科目有（　　）。
   A．''基本生产成本''　　　　　　　　B．''制造费用''
   C．''管理费用''　　　　　　　　　　D．''销售费用''
2. 直接材料费用的分配标准有（　　）。
   A．直接材料定额消耗量　　　　　　B．直接材料定额费用
   C．产品的体积　　　　　　　　　　D．产品的重量
3. 应计入产品成本的职工薪酬费用，按其用途进行分配，可能记入的会计科目有（　　）。
   A．''销售费用''　　　　　　　　　　B．''基本生产成本''
   C．''制造费用''　　　　　　　　　　D．''管理费用''
4. 在下列职工薪酬费用中，应计入产品成本的有（　　）。
   A．产品生产工人的薪酬费用
   B．基本生产车间管理人员的薪酬费用
   C．基本生产车间辅助工人的薪酬费用
   D．企业专设销售机构人员的薪酬费用
5. 用于企业生产经营管理的固定资产的折旧费用，按其用途进行分配，可能记入的会计科目有（　　）。
   A．''基本生产成本''　　　　　　　　B．''制造费用''
   C．''销售费用''　　　　　　　　　　D．''管理费用''
6. 经过要素费用的分配，记入''基本生产成本''科目借方的费用，同时也记入其所属明细账的（　　）成本项目。
   A．''直接材料''　　　　　　　　　　B．''直接人工''
   C．''直接燃料和动力''　　　　　　　D．''制造费用''
7. 下列辅助生产费用的分配方法中，对所有受益对象都分配的费用有（　　）。
   A．顺序分配法　　　　　　　　　　B．直接分配法
   C．交互分配法　　　　　　　　　　D．代数分配法
8. 下列辅助生产费用的分配方法中，对辅助生产费用进行两次或两次以上分配的有（　　）。
   A．顺序分配法　　　　　　　　　　B．直接分配法
   C．交互分配法　　　　　　　　　　D．代数分配法
9. 在按年度计划分配率分配法下，要计算年度计划分配率，必须取得的数据有（　　）。
   A．年度制造费用计划总额　　　　　B．年度各种产品的计划产量
   C．各种产品的工时定额　　　　　　D．各种产品的计划销售单价
10. 辅助生产车间的制造费用不通过''制造费用''科目核算，应符合的条件有（　　）。
    A．辅助生产车间规模较大，发生的制造费用较多

B. 辅助生产车间规模很小，发生的制造费用很少

C. 辅助生产不对外销售产品或提供劳务

D. 辅助生产对外销售产品或提供劳务

11. 在下列方法中，属于制造费用的分配方法的有（　　）。

A. 生产工时比例法　　　　　　　B. 生产工人工资比例法

C. 定额比例法　　　　　　　　　D. 按年度计划分配率分配法

12. 废品损失包括的内容有（　　）。

A. 不修复废品的生产成本扣除废品残值和应收赔款后的数额

B. 可修复废品的修复费用

C. 不合格品的降价损失

D. 产品入库后因保管不善造成的损失

三、判断说明题（正确的画"√"，错误的画"×"，并说明理由）

1. 直接生产费用都是直接计入费用，间接生产费用都是间接计入费用。（　　）

2. 若辅助生产车间未设"制造费用"明细账，则对于直接或间接用于辅助生产的各项费用，均记入"辅助生产成本"科目。（　　）

3. 基本生产车间直接用于产品生产，但没有专设成本项目的各项费用，应先记入"制造费用"科目。（　　）

4. 基本生产车间间接用于产品生产的各项费用应先记入"制造费用"科目。（　　）

5. 各项期间费用均不计入产品成本，应全部计入当期损益。（　　）

6. 由几种产品共同耗用的、有助于产品形成的辅助材料费用，可以直接计入各种产品成本。（　　）

7. 由几种产品共同耗用的原材料费用，按原材料定额消耗量比例分配与按原材料定额费用比例分配的计算结果是不同的。（　　）

8. 基本生产车间和辅助生产车间的照明用电费用，不计入产品成本，应计入管理费用。（　　）

9. 在计件工资制度下，如果生产多种产品，需要采用一定的分配标准计算分配产品生产工人的薪酬费用。（　　）

10. 年度计划分配率分配法特别适用于季节性生产企业制造费用的分配。（　　）

11. 在顺序分配法下，应将辅助生产车间之间相互提供劳务受益多的车间排在前面，先将费用分配出去，受益少的车间排在后面，后将费用分配出去。（　　）

12. 在交互分配法下，对外分配的辅助生产费用，应为交互分配前的费用加上交互分配时转入的费用减去交互分配时转出的费用。（　　）

13. 在计划成本分配法下，计算出的辅助生产车间实际发生的费用，是完全的实际费用。（　　）

14. 制造费用是指企业为生产产品而发生的、应计入产品成本，但没有专设成本项目的各项费用。（　　）

15. 不论采用什么分配方法分配制造费用，分配结果都是"制造费用"科目期末没有余额。（　　）

16. 可修复废品是指技术上、工艺上可以修复的废品。（   ）

四、计算题

1. 某企业生产甲、乙两种产品，耗用直接材料费用共计58 800元。本月投产甲产品200件、乙产品250件。单件直接材料费用定额：甲产品为120元，乙产品为100元。要求：按直接材料定额费用比例分配甲、乙产品直接材料费用（计算直接材料定额费用、直接材料费用分配率，分配直接材料实际费用）。

2. 某企业生产甲、乙两种产品，共同耗用某种直接材料38 400元。单件产品直接材料消耗定额：甲产品为15kg，乙产品为12kg。产量：甲产品为200件，乙产品为150件。要求：按直接材料定额消耗量比例分配甲、乙产品直接材料费用。

3. 某企业20××年10月份耗电50 000kW·h，应付电力费用20 000元，电费尚未支付。该企业基本生产车间耗电43 000kW·h，其中车间照明用电3 000kW·h，产品生产动力用电40 000kW·h；企业行政管理部门耗电7 000kW·h。企业基本生产车间生产A、B两种产品，A产品生产工时为6 000h，B产品生产工时为2 000h。要求：按所耗电量计算分配电费，A、B产品按生产工时计算分配电费，编制分配电费的会计分录。

4. 某企业基本生产第一车间生产甲、乙两种产品。6月份生产工人的计时工资为90 000元，车间管理人员工资为20 000元；甲产品生产耗用定额工时8 000h，乙产品生产耗用定额工时1 000h。该企业其他短期职工薪酬的提取比例为工资总额的40%。要求：

（1）按定额工时比例分配甲、乙产品生产工人薪酬费用。

（2）计算本月应计提的其他职工薪酬费用。

（3）根据以上计算分配的结果编制分配职工薪酬费用的会计分录。

5. 江城公司第一生产车间生产甲、乙两种产品。两种产品的工时消耗定额为5小时/件。6月份生产甲产品1 000件、乙产品800件（两种产品期初和期末均无在产品）；甲产品实际耗用生产工时4 800h，乙产品实际耗用生产工时4 100h。本月甲、乙两种产品的生产工人的薪酬费用（直接人工费用）为80 100元。

要求：

（1）计算甲、乙两种产品本月消耗的定额工时，并据以分配甲、乙两种产品共同耗用的生产工人的薪酬费用。

（2）根据本题所提供的资料，按实际耗用生产工时计算分配甲、乙两种产品共同耗用的生产工人的薪酬费用。

6. 某企业基本生产车间全年制造费用计划为280 000元，全年各种产品的计划产量：甲产品为2 000件，乙产品为1 000件。单件产品工时定额：甲产品为5h，乙产品为4h。1月实际产量：甲产品为300件、乙产品为100件。本月实际发生的制造费用为31 000元。

要求：按年度计划分配率分配制造费用。

（1）计算各种产品年度计划产量的定额工时。

（2）计算年度计划分配率。

（3）计算各种产品本月实际产量的定额工时。

（4）计算各种产品本月应分配的制造费用。

（5）编制制造费用分配的会计分录。

7. 某企业基本生产车间本月在甲产品的生产过程中发现不可修复废品 10 件，按所耗定额费用计算不可修复废品的生产成本。单件原材料费用定额为 50 元，已完成的定额工时共计 100h，每小时的费用定额：直接燃料和动力为 2 元，直接人工为 20 元，制造费用为 10 元。不可修复废品的残料作价 80 元，以辅助材料入库，应由过失人员赔款 200 元。废品净损失由当月同种产品成本负担。

要求：

（1）计算甲产品不可修复废品成本及净损失。

（2）编制结转不可修复废品成本（定额成本）、废品残值、应收赔款和废品净损失的会计分录。

五、不定项选择题

（一）

【资料】某企业设有供水车间和运输队两个辅助生产部门，辅助生产部门的制造费用不通过"制造费用"明细账核算。供水车间本月发生费用 43 800 元，提供水 38 000m³，其中为运输队供水 1 500m³，为基本生产车间供水 36 000m³（基本生产车间一般耗用），为行政管理部门供水 500m³。运输队本月发生费用 64 000 元，提供运输劳务 64 500t·km，其中为供水车间提供 500t·km，为基本生产车间提供 60 000t·km，为行政管理部门提供 4 000t·km。

要求：根据上述资料，用直接分配法分配辅助生产费用，回答下列 1～5 题。

【知识点】费用在各种产品以及期间费用之间的归集和分配。

1.【单选题】下列各项中，关于辅助生产费用水费分配率的计算，正确的是（   ）。

A．水费分配率为 1　　　　　　　　B．水费分配率为 1.2

C．水费分配率为 1.15　　　　　　 D．水费分配率为 1.25

2.【单选题】下列各项中，关于辅助生产费用运费分配率的计算，正确的是（   ）。

A．运费分配率为 1　　　　　　　　B．运费分配率为 0.99

C．运费分配率为 1.2　　　　　　　D．运费分配率为 0.9

3.【不定项题】下列各项中，关于辅助生产费用的分配，计算正确的是（   ）。

A．基本生产车间运输耗用运费 60 000 元

B．基本生产车间耗用水费 35 640 元

C．基本生产车间运输耗用运费 69 000 元

D．基本生产车间耗用水费 43 200 元

4.【不定项题】下列各项中，关于辅助生产费用的分配，计算不正确的是（   ）。

A．行政管理部门运输费 4 000 元　　B．行政管理部门耗用水费 575 元

C．行政管理部门耗用水费 600 元　　D．行政管理部门运输费 3 960 元

5.【不定项题】下列账务处理，正确的是（   ）。

A．计入管理费用 4 600 元

B．计入管理费用 4 535 元

C．辅助生产费用分配到基本生产车间"制造费用"科目

D．辅助生产费用分配到辅助生产车间"制造费用"科目

（二）

【资料】 某企业设有供水车间和供电车间两个辅助生产部门，辅助生产部门的制造费用通过"制造费用"科目进行明细核算。本月各辅助生产车间发生的费用和提供的产品数量见表3-27。

表3-27 各辅助生产车间发生的费用和提供的产品数量

（金额单位：元）

	项目	供水车间	供电车间
待分配费用	"辅助生产成本"科目	8 400	95 000
	"制造费用"科目	1 500	25 000
	小计	9 900	120 000
产品数量		9 000m³	150 000kW·h
耗用产品数量	供水车间		30 000kW·h（动力用电）
	供电车间	2 000m³	
	基本生产——甲产品		100 000kW·h（动力用电）
	基本生产车间	5 000m³	10 000kW·h（照明用电）
	行政管理部门	2 000m³	10 000kW·h

"基本生产成本"明细账设有"直接燃料和动力"成本项目，"辅助生产成本"明细账未设"直接燃料和动力"成本项目。

要求：根据上述资料，采用交互分配法分配辅助生产费用，回答下列1～5题。

【知识点】 费用在各种产品以及期间费用之间的归集和分配。

1. **【不定项题】** 下列关于供电车间交互分配的计算中，正确的是（　　）。

   A. 供电车间的交互分配率为0.8
   B. 供电车间的交互分配率为0.7
   C. 交互分配时，供水车间应分摊供电车间的电费为24 000元
   D. 交互分配时，供水车间应分摊供电车间的电费为21 000元

2. **【不定项题】** 下列关于供水车间交互分配的计算中，正确的是（　　）。

   A. 供水车间的交互分配率为1.1
   B. 供水车间的交互分配率为1
   C. 交互分配时，供电车间应分摊供水车间的水费为2 000元
   D. 交互分配时，供电车间应分摊供水车间的水费为2 200元

3. **【单选题】** 下列各项中，关于供水车间对辅助生产车间之外的分配不正确的是（　　）。

   A. 对辅助生产车间之外分配的总金额为31 700元
   B. 供水车间分配率为0.452 857
   C. 生产车间直接耗用应分摊的费用为22 642.85元
   D. 行政管理部门应分摊的费用为9 057.15元

4. **【不定项题】** 下列关于供电车间对辅助生产车间之外的分配正确的是（　　）。

   A. 对辅助生产车间之外分配的总金额为98 200元
   B. 供电车间分配率为0.85
   C. 生产车间一般耗用应分摊的费用为8 183.3元

D. 行政管理部门应分摊的费用为 8 183.7 元

5.【单选题】下列各项中，会计处理不正确的是（　　）。

A. 供水车间耗用供电车间的电费，会计处理如下：

借：制造费用——供水车间　　　　　　　　　　　　　　24 000
　　贷：辅助生产成本——供电车间　　　　　　　　　　　24 000

B. 供电车间耗用供水车间的水费，会计处理如下：

借：制造费用——供电车间　　　　　　　　　　　　　　2 200
　　贷：辅助生产成本——供水车间　　　　　　　　　　　2 200

C. 供水车间费用对外分配，会计处理如下：

借：基本生产成本　　　　　　　　　　　　　　　　　　22 642.85
　　管理费用　　　　　　　　　　　　　　　　　　　　9 057.15
　　贷：辅助生产成本——供水车间　　　　　　　　　　　31 700

D. 供电车间费用对外分配，会计处理如下：

借：基本生产成本　　　　　　　　　　　　　　　　　　81 833
　　制造费用　　　　　　　　　　　　　　　　　　　　8 183.3
　　管理费用　　　　　　　　　　　　　　　　　　　　8 183.7
　　贷：辅助生产成本——供电车间　　　　　　　　　　　98 200

（三）

【资料】某企业设有供水车间和运输队两个辅助生产部门，辅助生产部门的制造费用通过"制造费用"科目进行明细核算。该两个辅助生产部门的费用和提供的产品或劳务的数量见表 3-28。

表 3-28　辅助生产部门的费用和提供的产品或劳务的数量

（金额单位：元）

项目		供水车间	运输队
待分配费用	"辅助生产成本"科目	8 000	15 000
	"制造费用"科目	2 000	5 000
	小计	10 000	20 000
产品或劳务数量		10 000m³	16 000t·km
计划单位成本		1.1 元/m³	1.2 元/(t·km)
耗用产品或劳务的数量	供水车间		2 000t·km
	运输队	1 000m³	
	基本生产车间	8 000m³	10 000t·km
	行政管理部门	1 000m³	4 000t·km

要求：根据上述资料，采用计划成本分配法分配辅助生产费用，回答下列 1～5 题。

【知识点】费用在各种产品以及期间费用之间的归集和分配。

1.【不定项题】下列说法中正确的是（　　）。

A. 供水车间应分配的运输费用为 2 200 元

B．供水车间应分配的运输费用为 2 400 元

C．运输队应分配的水费为 1 100 元

D．运输队应分配的水费为 1 200 元

2．【不定项题】按计划成本分配法，下列说法中错误的是（　　）。

A．基本生产车间应分配的水费为 8 800 元

B．基本生产车间应分配的运费为 11 000 元

C．行政管理部门应分配的水费为 1 200 元

D．行政管理部门应分配的运费为 4 800 元

3．【不定项题】关于辅助生产实际成本，说法正确的是（　　）。

A．供水车间实际成本为 12 400 元　　　B．供水车间实际成本为 12 200 元

C．运输车间实际成本为 21 100 元　　　D．运输车间实际成本为 21 200 元

4．【不定项题】关于辅助生产成本差异，说法正确的是（　　）。

A．供水车间成本差异为 1 400 元　　　B．供水车间成本差异为 1 200 元

C．运输车间成本差异为 2 000 元　　　D．运输车间成本差异为 1 900 元

5．【不定项题】下列各项中，会计处理不正确的是（　　）。

A．按计划成本分配辅助生产费用

借：制造费用——供水车间　　　　　　　　　　　　　　　2 400

　　　　　　——运输队　　　　　　　　　　　　　　　　1 100

　　　　　　——基本生产车间　　　　　　　　　　　　　20 800

　　管理费用　　　　　　　　　　　　　　　　　　　　　5 900

　　贷：辅助生产成本——供水　　　　　　　　　　　　　　　　11 000

　　　　　　　　　　——运输　　　　　　　　　　　　　　　　19 200

B．结转辅助生产车间制造费用

借：制造费用——供水车间　　　　　　　　　　　　　　　4 400

　　贷：辅助生产成本——供水　　　　　　　　　　　　　　　　4 400

C．结转辅助生产车间制造费用

借：制造费用——运输队　　　　　　　　　　　　　　　　6 100

　　贷：辅助生产成本——运输　　　　　　　　　　　　　　　　6 100

D．结转辅助生产成本差异

借：管理费用　　　　　　　　　　　　　　　　　　　　　3 300

　　贷：辅助生产成本——供水　　　　　　　　　　　　　　　　1 400

　　　　　　　　　　——运输　　　　　　　　　　　　　　　　1 900

（四）

【资料】某工业企业设有一个基本生产车间、一个辅助生产车间。基本生产车间生产甲、乙两种产品，辅助生产车间提供一种劳务。9月份发生的有关经济业务如下。

（1）领用原材料：直接用于产品生产 60 000 元，用于基本生产车间机物料消耗 20 000 元；直接用于辅助生产 30 000 元，用于辅助生产车间机物料消耗 6 000 元；用于行政管理部门 4 000 元。原材料共计 120 000 元。

（2）工资分配：基本生产车间生产工人工资为 60 000 元，车间管理人员工资为 10 000 元；辅助生产车间生产工人工资为 20 000 元，车间管理人员工资为 5 000 元；行政管理人员工资为 5 000 元。工资共计 100 000 元。

（3）按工资的 40% 计提本月的各项其他职工薪酬费用。

（4）计提固定资产折旧：基本生产车间计提折旧 20 000 元；辅助生产车间计提折旧 10 000 元；行政管理部门计提折旧 10 000 元。固定资产折旧共计 40 000 元。

（5）用银行存款支付其他费用 20 000 元。其中，基本生产车间 10 000 元，辅助生产车间 5 000 元，行政管理部门 5 000 元。

（6）该企业辅助生产的制造费用要通过"制造费用"科目核算。基本生产车间的制造费用按产品生产工时比例分配，生产工时：甲产品为 2 500h，乙产品为 1 500h。辅助生产车间提供的劳务采用直接分配法分配，基本生产车间负担 70 000 元，行政管理部门负担 16 000 元。

要求：根据上述资料，回答下列 1～5 题。

【知识点】费用在各种产品以及期间费用之间的归集和分配。

1.【单选题】关于原材料费用分配的账务处理，下列说法中正确的是（　　）。

A. 借：基本生产成本　　　　　　　　　　　　　　　　　90 000
　　　　制造费用——基本生产车间　　　　　　　　　　 20 000
　　　　　　　　　——辅助生产车间　　　　　　　　　　 6 000
　　　　管理费用　　　　　　　　　　　　　　　　　　　4 000
　　　贷：原材料　　　　　　　　　　　　　　　　　　120 000

B. 借：基本生产成本　　　　　　　　　　　　　　　　　80 000
　　　　辅助生产成本　　　　　　　　　　　　　　　　 36 000
　　　　管理费用　　　　　　　　　　　　　　　　　　　4 000
　　　贷：原材料　　　　　　　　　　　　　　　　　　120 000

C. 借：基本生产成本　　　　　　　　　　　　　　　　　60 000
　　　　辅助生产成本　　　　　　　　　　　　　　　　 34 000
　　　　制造费用——基本生产车间　　　　　　　　　　 20 000
　　　　　　　　　——辅助生产车间　　　　　　　　　　 6 000
　　　贷：原材料　　　　　　　　　　　　　　　　　　120 000

D. 借：基本生产成本　　　　　　　　　　　　　　　　　60 000
　　　　辅助生产成本　　　　　　　　　　　　　　　　 30 000
　　　　制造费用——基本生产车间　　　　　　　　　　 20 000
　　　　　　　　　——辅助生产车间　　　　　　　　　　 6 000
　　　　管理费用　　　　　　　　　　　　　　　　　　　4 000
　　　贷：原材料　　　　　　　　　　　　　　　　　　120 000

2.【单选题】关于职工薪酬费用分配的账务处理，下列说法中正确的是（　　）。

A. 借：基本生产成本　　　　　　　　　　　　　　　　　80 000
　　　　制造费用——基本生产车间　　　　　　　　　　 10 000
　　　　　　　　　——辅助生产车间　　　　　　　　　　 5 000
　　　　管理费用　　　　　　　　　　　　　　　　　　　5 000

	贷：应付职工薪酬	100 000
B.	借：基本生产成本	70 000
	辅助生产成本	25 000
	管理费用	5 000
	贷：应付职工薪酬	100 000
C.	借：基本生产成本	60 000
	辅助生产成本	25 000
	制造费用——基本生产车间	10 000
	——辅助生产车间	5 000
	贷：应付职工薪酬	100 000
D.	借：基本生产成本	60 000
	辅助生产成本	20 000
	制造费用——基本生产车间	10 000
	——辅助生产车间	5 000
	管理费用	5 000
	贷：应付职工薪酬	100 000

3.【不定项题】下列账务处理不正确的是（　　　）。

A. 计提其他职工薪酬费用

借：基本生产成本	24 000
辅助生产成本	8 000
制造费用——基本生产车间	4 000
——辅助生产车间	2 000
管理费用	2 000
贷：应付职工薪酬	40 000

B. 计提固定资产折旧费用

借：基本生产成本	20 000
辅助生产成本	10 000
管理费用	10 000
贷：累计折旧	40 000

C. 使用银行存款支付其他费用

借：制造费用——基本生产车间	10 000
——辅助生产车间	5 000
管理费用	5 000
贷：累计折旧	20 000

D. 辅助生产费用的分配

借：基本生产成本	70 000
管理费用	16 000
贷：辅助生产成本	86 000

4.【不定项题】下列说法中不正确的是（　　）。
A. 基本生产车间制造费用总额为 124 000 元
B. 辅助生产车间制造费用总额为 28 000 元
C. 基本生产车间制造费用分配率为 33.5
D. 基本生产车间制造费用分配率为 35.5

5.【不定项题】关于甲、乙两种产品应分配的制造费用，下列说法中正确的是（　　）。
A. 甲产品应分配的制造费用为 83 750 元
B. 甲产品应分配的制造费用为 88 750 元
C. 乙产品应分配的制造费用为 50 250 元
D. 乙产品应分配的制造费用为 53 250 元

（五）

【资料】某企业基本生产车间本月生产甲产品 400 件，完工验收入库时发现废品 5 件；合格品生产工时 7 900h，废品生产工时 100h。乙产品生产成本明细账所记合格品和废品的全部生产费用：直接材料为 120 000 元，直接燃料和动力为 24 000 元，直接人工为 128 000 元，制造费用为 80 000 元。原材料在生产开始时一次投入。废品残料入库，作价 100 元。

要求：根据上述资料，回答下列 1～5 题。

【知识点】费用在各种产品以及期间费用之间的归集和分配。

1.【不定项题】下列关于费用分配率的说法中正确的是（　　）。
A. 直接材料费用的分配率是 300　　B. 直接燃料和动力的分配率是 3
C. 直接人工费用的分配率是 16　　D. 制造费用的分配率是 10

2.【不定项题】关于不可修复废品的生产成本，下列说法中不正确的是（　　）。
A. 直接材料成本 1 500 元　　B. 直接燃料和动力成本 200 元
C. 直接人工成本 1 600 元　　D. 制造费用成本 100 元

3.【单选题】结转不可修复废品成本的会计分录为（　　）。
A. 借：废品损失——甲产品　　　　　　　　　　　　　　　　4 400
　　　贷：原材料　　　　　　　　　　　　　　　　　　　　　1 500
　　　　　燃料　　　　　　　　　　　　　　　　　　　　　　　300
　　　　　应付职工薪酬　　　　　　　　　　　　　　　　　　1 600
　　　　　制造费用　　　　　　　　　　　　　　　　　　　　1 000
B. 借：营业外支出　　　　　　　　　　　　　　　　　　　　4 400
　　　贷：原材料　　　　　　　　　　　　　　　　　　　　　1 500
　　　　　燃料　　　　　　　　　　　　　　　　　　　　　　　300
　　　　　应付职工薪酬　　　　　　　　　　　　　　　　　　1 600
　　　　　制造费用　　　　　　　　　　　　　　　　　　　　1 000
C. 借：废品损失——甲产品　　　　　　　　　　　　　　　　3 300
　　　　其他应收款　　　　　　　　　　　　　　　　　　　　　100
　　　贷：原材料　　　　　　　　　　　　　　　　　　　　　1 500
　　　　　燃料　　　　　　　　　　　　　　　　　　　　　　　200

	应付职工薪酬	1 600
	制造费用	100
D.	借：废品损失——甲产品	4 400
	贷：基本生产成本——直接材料	1 500
	——直接燃料和动力	300
	——直接人工	1 600
	——制造费用	1 000

4.【单选题】结转废品净损失的会计分录为（　　）。

A.	借：制造费用	4 300
	贷：废品损失	4 300
B.	借：生产成本——基本生产成本——甲产品	4 300
	贷：废品损失——甲产品	4 300
C.	借：生产成本——基本生产成本——甲产品	3 300
	贷：废品损失——甲产品	3 300
D.	借：生产成本——基本生产成本——甲产品	3 300
	贷：营业外支出	3 300

5.【不定项题】下列关于废品损失的表述中正确的是（　　）。

A．废品损失分为可修复废品损失和不可修复废品损失

B．企业不设置"废品损失"科目的可将其体现在"营业外支出"科目中

C．结转废品损失应扣除责任人或保险公司的赔款

D．"废品损失"一般月末无余额

练习题参考答案

 扫描二维码可以查看练习题的参考答案。

第四章

生产费用在完工产品与在产品之间的归集与分配

学习目标

1. 理解在产品与完工产品的概念。
2. 理解在产品数量与产品成本计算的关系。
3. 理解在选择完工产品与在产品之间费用分配方法时应考虑的具体条件。
4. 掌握完工产品和在产品之间分配费用的各种方法的特点、适用情况、优缺点以及具体的分配计算过程。重点掌握约当产量比例法、在产品按定额成本计价法和定额比例法。

任务要求

1. 能够正确进行在产品收发结存的日常核算及在产品台账的填制。
2. 能够正确进行生产费用的归集并将相关数据填入产品成本计算单。
3. 能够根据企业的实际情况选择合适的费用分配方法。

第一节 在产品的核算

企业发生的各项生产费用经过在各种产品之间的分配和归集以后,应计入本月各种产品成本的生产费用,都已全部记入"基本生产成本"科目,并按成本项目记入其所属明细账中。在各种产品的成本明细账中,期初在产品费用加上本月计入的费用,就是该种产品的全部费用。如果某种产品本期既有完工产品,期末还有在产品,那么就需要采用适当的方法,将该种产品的全部生产费用在两者之间进行分配,分别计算出完工产品成本和期末在产品成本。

要正确进行本月完工产品与月末在产品的费用分配,就必须正确组织在产品的数量核算,取得在产品收发和结存的数量资料。在产品数量的核算,主要包括在产品收发结存的日常核算和在产品清查的核算两个方面的工作。通过这两个方面的工作可以取得账目核算资料和实际盘点资料。

一、在产品与完工产品

（一）在产品

在产品也称在制品，是指企业已经投入生产，但尚未最后完工、不能作为商品销售的产品。在产品有广义和狭义之分。

广义的在产品是就整个企业来说的，是指产品生产从投料开始到最终制成产成品交付验收入库前的一切未完工产品。它主要包括以下几种。

(1) 正在加工或装配中的零件、部件和半成品。
(2) 已经完成一个或几个生产步骤但还需要继续加工的存放在在产品仓库的半成品。
(3) 尚未验收入库的产成品。
(4) 正在返修和等待返修的废品等。

对外销售的自制半成品属于商品产品，不包括在在产品之内；不可修复废品也不包括在在产品之内。

狭义的在产品是就某一生产单位或某一生产步骤来说的，仅指正在加工或装配中的部分在产品及处在修复过程中的废品，不包括车间或生产步骤完工的半成品。本章讨论的在产品指的是狭义的在产品。

（二）完工产品

完工产品也有广义和狭义之分。狭义的完工产品是指已经完成全部生产过程并验收合格入库、随时可供销售的产品，即产成品。广义的完工产品不仅包括产成品，还包括完成部分生产过程、已由生产车间交半成品仓库验收，但是尚未完成全部生产过程、有待进一步加工的自制半成品。制造企业的本期完工产品一般只指最终完工的产成品。

（三）期末在产品与本期完工产品的关系

期末在产品与本期完工产品的关系是指期末在产品与本期完工产品在承担费用（划分产品成本）方面的关系。

月初在产品费用、本月费用、本月完工产品费用和月末在产品费用之间的关系，可从两个方面表示如下。

(1) 从数量上看，用公式表示如下：

月初在产品数量 + 本月投入数量 = 本月完工产品数量 + 月末在产品数量

在月初在产品数量和本月投产数量一定的情况下，本月完工数量越大，则月末在产品数量就越小，反之亦然。

(2) 从价值上看，用公式表示如下：

月初在产品成本 + 本月生产费用 = 本月完工产品成本 + 月末在产品成本

上式中前两项已知，需要将这两项在完工产品和月末在产品之间进行分配，以最终得出完工产品成本。在完工产品和月末在产品之间分配费用的方法通常有两种：一种是先确定月末在产品费用，再计算完工产品费用；另一种是将前两项之和在后两项之间按照一定的分配比例进行分配，同时算出完工产品费用和月末在产品费用。无论采用哪一种分配方法，都必须正确组织在产品数量的核算，取得在产品收入、发出和结存数量的资料。在产品的数量核算资料应同时具备账面核算和实际盘点的资料，因此，企业一方面要做好在产品收入、发出和结存的日常核算工作，另一方面要做好在产品定期清查工作。

二、在产品数量的核算

在产品收发结存的日常核算，一般是通过设置和登记可以提供车间各种在产品收发结存动态的在产品收发结存账（即在产品台账）进行的。各车间应做好在产品的计量、验收和交接等工作，并根据领料凭证、在产品内部转移凭证、产成品验收和交库凭证等，及时、正确地登记在产品收发结存账。在产品收发结存账的设置口径及内容见表 4-1。

表 4-1　在产品收发结存账

（在产品台账）

在产品名称或编号：1502　　　　　　　车间名称：第一车间　　　　　　　　（单位：件）

月	日	摘要	收入		发出			结存		备注
			凭证号	数量	凭证号	合格品	废品	完工	未完工	
7	1		701	70					70	
7	2			40		60	2	18	30	
7	7			20		26		7	35	
7	31	合计		980		934	11	15	20	

一般来说，企业应根据在产品的实际盘存数量计算在产品的成本。但是在产品品种多、数量大，每月都组织盘点确有困难的企业，也可以根据在产品日常业务核算的月末结存数量计算在产品成本。

三、在产品清查的核算

对在产品的管理与固定资产及其他存货一样，应定期或不定期地进行清查，做到在产品账实相符，保证在产品的安全、完整。如果车间没有建立在产品收发的日常核算，则每月月末都必须清查一次在产品，以便取得在产品的实际盘存资料，用来计算产品成本。清查后，应根据实际盘点数和账面资料编制在产品盘存表，列明在产品的账面数、实有数、盘盈盘亏数及其原因和处理意见等，对于报废和毁损的在产品还要登记残值。成本核算人员应对在产品盘存表进行认真审核，并报有关部门审批，同时对在产品盘盈、盘亏进行账务处理。

在产品发生盘盈时，按计划成本或定额成本借记"基本生产成本"科目，贷记"待处理财产损溢"科目；按管理权限报经批准进行处理时，则借记"待处理财产损溢"科目，贷记"管理费用"科目，冲减管理费用。

在产品发生盘亏或毁损时，在批准以前，也应先通过"待处理财产损溢"科目进行核算。在发现盘亏或毁损时，应按其成本，借记"待处理财产损溢"科目，贷记"基本生产成本"科目，冲减在产品的账面价值。毁损在产品的残值，借记"原材料""银行存款"等科目，贷记"待处理财产损溢"科目，冲减其损失。

需要指出的是，根据《中华人民共和国增值税暂行条例》的规定，企业发生的非正常损失的在产品所耗用的购进货物或应税劳务的进项税额不得从销项税额中扣除。因此，非正常损失的在产品的价值应包括其成本和应负担的进项税额两部分。在产品发生非正常损失时，应按非正常损失的价值借记"待处理财产损溢"科目，按非正常损失的成本贷记"基本生产成本"科目，按非正常损失在产品应负担的增值税进项税额贷记"应交税费——应交增值税（进项税额转出）"科目。

在产品盘亏或毁损的原因查明以后，应按不同的原因及处理决定进行账务处理，借记有关科目，贷记"待处理财产损溢"科目。其中，属于定额内的合理盘亏的，一般作为管理费用列支；属于一般经营性损失的，扣除残料价值以及可以收回的保险公司赔款和过失人赔款后的剩余净损失，经批准也可以作为管理费用处理；属于管理不善造成在产品被盗、发生霉烂变质等损失以及其他非正常损失的，扣除可以收回的保险赔偿及残料价值等后的净损失，作为营业外支出处理。

【例4-1】 某工业企业基本生产车间在产品清查结果：甲产品的在产品盘盈5件，单位定额成本为120元。经批准，盘盈的在产品按其定额成本冲减管理费用。编制的会计分录如下：

（1）发现盘盈时：
借：基本生产成本——甲产品（5×120） 600
　　贷：待处理财产损溢 600
（2）批准冲减管理费用时：
借：待处理财产损溢 600
　　贷：管理费用 600

【例4-2】 某企业乙产品的在产品盘亏20件，毁损10件，成本共计4 000元，毁损的在产品残料入库作价200元。乙产品在产品的盘亏和毁损是因管理不善造成的，其应负担的增值税进项税额为260元，材料成本为2 000元。该项损失已通知保险公司，并按保险条款相关内容开始申请理赔。

（1）根据上述在产品盘亏、毁损以及残料入库等情况编制的会计分录如下：
借：待处理财产损溢 4 060
　　原材料 200
　　贷：应交税费——应交增值税（进项税额转出） 260
　　　　基本生产成本 4 000
（2）财产理赔及在产品的盘亏和毁损损失批准的处理结果如下：保险公司已确认赔偿3 000元（款项尚未收到）；经批准非正常损失的乙产品的盘亏和毁损的净损失计入营业外支出。编制的会计分录如下：

借：营业外支出 1 060
　　其他应收款 3 000
　　贷：待处理财产损溢 4 060

第二节　完工产品与在产品之间分配费用的方法

完工产品和月末在产品之间分配费用是成本核算工作中一项重要而复杂的工作，在产品结构复杂、零件种类和加工工序较多的情况下更是这样。企业应该根据在产品数量的多少、各月在产品数量变化的大小、各项费用比重的大小以及定额管理基础的好坏等具体条件，选择既合理又简便的分配方法，在完工产品与月末在产品之间分配费用。完工产品和月末在产品之间分配费用时通常采用的具体方法包括：不计算在产品成本法、在产品成本按年初数固定计算法、在产品按所耗直接材料费用计价法、约当产量比例法、在产品按完工产品成本计算法、在产品按定额成本计价法和定额比例法。

一、不计算在产品成本法

不计算在产品成本法是指月末虽然有在产品，但不计算其成本，将各月的生产费用全部计入完工产品的一种方法。很显然，这是一种非常简化的费用分配方法。这种方法适用于各月末在产品数量很少的产品。例如，采煤企业月末在产品的数量很少，是否计算在产品费用对完工产品成本的影响很小，为了简化费用的分配工作就可以采用这种方法。

二、在产品成本按年初数固定计算法

在产品成本按年初数固定计算法是指年内各月末在产品成本固定不变地按年初数计算的一种方法。这种方法适用于在产品数量较少，或者在产品数量虽然较多但各月之间变化不大的产品。在月末在产品数量并不少的情况下，如果仍不计算在产品成本，会使账面反映的在产品资金占用不实，这不利于资金管理和对在产品实物的会计监督；而在在产品数量较少，或者在产品数量虽然较多但各月之间变化不大的情况下，是否计算月初、月末在产品之间的成本差额，对完工产品成本的影响不大，因此，为了简化核算工作，同时又反映在产品的资金占用，各月在产品成本可以按年初数固定计算。例如，钢铁企业的高炉和化工企业各种装置中的在产品的数量都比较稳定，为了简化核算就可以采用这种方法。

采用这种分配方法，某种产品本月发生的生产费用就是本月完工产品的成本。在这种分配方法下，年终应根据实际盘点的在产品数量重新计算确定在产品成本，以免按年初数固定计算的在产品成本与实际出入过大，影响成本计算的正确性。

三、在产品按所耗直接材料费用计价法

在产品按所耗直接材料费用计价法是指只将直接材料费用在完工产品与月末在产品之间进行分配，其他费用全部由完工产品负担的一种方法。也就是说，在这种方法下，某种产品的全部生产费用减去月末在产品直接材料费用，就是完工产品的成本。这种分配方法适用于各月末在产品数量较大，数量变化也较大，同时直接材料费用在成本中所占比重较大的产品，如造纸、

酿酒等行业的产品。

【例 4-3】 某企业生产甲产品,该产品直接材料费用在产品成本中所占比重较大,完工产品与在产品之间的费用分配采用在产品按所耗直接材料费用计价法。甲产品月初在产品直接材料费用(即月初在产品费用)为 40 000 元;本月发生直接材料费用 210 000 元,直接人工费用 8 000 元,制造费用 2 000 元;完工产品 850 件,月末在产品 150 件。该种产品的直接材料费用是生产开始时一次性投入的,直接材料费用按完工产品和在产品的数量比例分配。

直接材料费用分配及完工产品成本计算如下:

直接材料费用分配率 = $\dfrac{40\,000 + 210\,000}{850 + 150}$ = 250(元/件)

完工产品直接材料费用 = 850×250 = 212 500(元)

月末在产品直接材料费用(即月末在产品费用)= 150×250 = 37 500(元)

完工产品成本 = 212 500 + 8 000 + 2 000 = 222 500(元)

或

完工产品成本 = 40 000 +(210 000 + 8 000 + 2 000)− 37 500 = 222 500(元)

在这里需要说明的是,就一般情况而言,如果直接材料是在生产开始时一次性投入的,单位完工产品和单位月末在产品所消耗的直接材料费用是一样的。因此,应按照完工产品与月末在产品的实际数量比例进行直接材料费用的分配。但是,同样直接材料也是在生产开始时一次性投入的,如果产品在加工过程中有损耗,并且这种损耗对所加工的产品的数量有影响,那么在这种情况下,不仅单位完工产品与单位在产品所消耗的直接材料是不一样的,而且处于不同工序上的单位在产品之间,所消耗的直接材料也有可能是不一样的。因此,在这种情况下,就不能按完工产品和月末在产品的实际数量比例分配直接材料费用,而应当分别将各工序的在产品的直接材料消耗数量进行还原,折合成未经加工的直接材料数量以后,再乘以直接材料单价,计算月末在产品的直接材料费用。

【例 4-4】 假定某纺织企业纺纱的清花工序的计划损耗率为 4%,在产品数量为 12 000kg,原棉的单价为 12 元,则

月末在产品消耗的原棉的数量 = 12 000÷(1 − 4%)= 12 500(kg)

月末在产品直接材料费用 = 12 500×12 = 150 000(元)

四、约当产量比例法

约当产量比例法是指按完工产品的产量和在产品的约当产量的比例来分配生产费用,以确定完工产品成本和月末在产品成本的一种方法。其中,约当产量是指在产品相当于完工产品的产量,即将月末在产品的实际数量按其完工程度折算为相当于完工产品的产量。采用这种分配方法,在产品既要计算直接材料费用,又要计算直接人工、制造费用等其他加工费用。这种分配方法适用于月末在产品数量较大,各月末在产品数量变化也较大,产品成本中直接材料费用和加工费用比重相差不多的产品。

(一)产品完工程度的测定和约当产量的计算

在约当产量比例法下,约当产量的一般计算公式如下:

在产品约当产量 = 在产品数量 × 完工百分比（即完工率或投料率）

从以上计算公式可以看出，在约当产量比例法下，在产品完工程度的测定对于费用分配的正确性有着决定性的影响。从精细化分配费用的角度看，应针对不同成本项目的具体情况来确定其完工率及约当产量，并在此基础上分配各项费用。但一般来说，各项加工费用是按照生产工时进行分配和归集的，因此，采用约当产量比例法时，一般可以按照生产工时投入情况来确定在产品的加工进度，即完工程度，进而计算约当产量，分配各项加工费用。直接材料的投入方式可以有多种，因此，在采用约当产量比例法时，应根据直接材料投入方式的不同以及其他具体情况来确定投料率，进而计算约当产量，分配直接材料费用。

1. 在产品投料率的测定和约当产量的计算

如果直接材料是在生产开始时一次性投入的，可以参照上述在产品按所消耗的直接材料费用计价法中所采用的方法对直接材料费用进行分配。

如果直接材料是随加工进度陆续投入的，则可以分为以下三种情况。

（1）直接材料随加工进度陆续投入，且直接材料投入的程度与加工进度完全一致或基本一致，这时分配直接材料费用所依据的月末在产品约当产量可以与分配加工费用所采用的在产品约当产量一致，即月末在产品的投料率可以采用分配加工费用时的完工率。

（2）直接材料随加工进度陆续投入，其投料程度与加工进度不一致，则应按工序分别确定各工序在产品的投料率。在确定各工序的投料率时，一般以各工序的直接材料消耗定额为依据，投料程度按完成本工序投料的 50% 折算。

【例 4-5】 某种产品需经两道工序制成，直接材料消耗定额为 100kg，其中，第一道工序直接材料消耗定额为 40kg，第二道工序直接材料消耗定额为 60kg。月末在产品数量：第一道工序为 200 件，第二道工序为 300 件。完工产品为 750 件。

其计算过程和结果见表 4-2。

表 4-2　约当产量的计算（一）

工序	本工序直接材料消耗定额 /kg	完工率（投料率）	在产品约当产量 / 件	完工产品 / 件	合计 / 件
1	40	$\dfrac{40 \times 50\%}{100} \times 100\% = 20\%$	$200 \times 20\% = 40$	—	—
2	60	$\dfrac{40 + 60 \times 50\%}{100} \times 100\% = 70\%$	$300 \times 70\% = 210$	—	—
合计	100	—	250	750	1 000

直接材料在每道工序随加工进度陆续分次投料，因此每道工序投料程度按 50% 折算。

（3）直接材料随加工进度分工序投入，但在每一道工序则是在开始时一次性投入的，则也应按工序确定投料率，不过在确定各工序的投料率时，应以各工序的直接材料消耗定额为依据，投料程度按完成本工序投料的 100% 计算。

【例 4-6】 采用【例 4-5】中某产品在各工序的直接材料消耗定额，但直接材料在各工序开始时一次性投入。其计算过程和结果见表 4-3。

表 4-3　约当产量的计算（二）

工序	本工序直接材料消耗定额/kg	完工率（投料率）	在产品约当产量/件	完工产品/件	合计/件
1	40	$\frac{40}{100} \times 100\% = 40\%$	$200 \times 40\% = 80$	—	—
2	60	$\frac{40+60}{100} \times 100\% = 100\%$	$300 \times 100\% = 300$	—	—
合计	100	—	380	750	1 130

由于直接材料是在每道工序一开始就投入的，在同一工序中各件在产品直接材料的消耗定额就是该工序的消耗定额，不应按 50% 折算，最后一道工序在产品的消耗定额为完工产品的消耗定额，完工率为 100%。

2. 在产品完工率的测定和约当产量的计算

采用约当产量比例法分配加工费用时，首先要测定在产品的完工程度（完工率），在此基础上计算在产品的约当产量，进而进行费用的分配。测定在产品完工程度的方法一般有两种。

（1）平均计算。即一律按 50% 作为各工序在产品的完工程度。这种方法适用于各工序在产品数量和单位产品在各工序的加工量都相差不多的情况。在这种情况下，后面各工序在产品多加工的程度可以抵补前面各工序少加工的程度，这样，全部在产品完工程度均可按 50% 平均计算。

（2）各工序分别测定完工率。为了保证成本计算的准确性，加速成本的计算工作，可以按照各工序的累计工时定额占完工产品工时定额的比例计算，事前确定各工序在产品的完工率。其计算公式如下：

$$某工序在产品完工率 = \frac{前面各工序工时定额之和 + 本工序工时定额 \times 50\%}{产品工时定额}$$

式中，本工序即在产品所在工序，其工时定额乘以 50%，是因为该工序中各件在产品的完工程度不同，为了简化完工率的测算工作，在产品所在工序的加工程度一律按平均完工率 50% 计算。在产品从上道工序转入下一道工序时，因上道工序已经完工，所以前面各道工序的工时定额应按 100% 计算。

【例 4-7】某企业甲产品单位工时定额为 10h，经过三道工序制成。第一道工序工时定额为 4h，第二道工序工时定额为 4h，第三道工序工时定额为 2h。各道工序内各件在产品加工程度均按 50% 计算。各工序完工率计算如下：

第一道工序：$\frac{4 \times 50\%}{10} \times 100\% = 20\%$

第二道工序：$\frac{4 + 4 \times 50\%}{10} \times 100\% = 60\%$

第三道工序：$\frac{4 + 4 + 2 \times 50\%}{10} \times 100\% = 90\%$

根据各工序的月末在产品数量和各工序完工率，计算出月末各工序在产品的约当产量及其总数，据以分配费用。

【例 4-8】 假定【例 4-7】中的甲产品本月完工 200 件。第一道工序的在产品为 10 件，第二道工序的在产品为 20 件，第三道工序的在产品为 30 件。

根据各工序月末在产品的数量和各工序的完工率，分别计算各工序月末在产品的约当产量及其总数，见表 4-4。

表 4-4 约当产量的计算（三）

产品名称：甲产品　　　　　　　　　　20××年×月　　　　　　　　　　（单位：件）

在产品所在工序	完工率	在产品数量		完工产品数量	产品合计
		结存量	约当产量		
1	20%	10	2		
2	60%	20	12		
3	90%	30	27		
合计	—	60	41	200	241

（二）费用的具体分配方法

在约当产量比例法下，费用的具体分配方法有加权平均法和先进先出法两种。

1. 加权平均法

加权平均法是指不考虑生产费用的发生与产品实物流转的对应关系，而将生产费用按月末在产品的约当产量和本月完工产品数量的比例进行分配的一种方法。这种方法的基本计算公式如下：

$$某项费用分配率 = \frac{该项费用总额}{完工产品数量 + 在产品约当产量}$$

$$完工产品该项费用 = 完工产品数量 \times 费用分配率$$

$$在产品该项费用 = 在产品约当产量 \times 费用分配率$$

$$= 该项费用总额 - 完工产品该项费用$$

【例 4-9】 甲产品完工产品与在产品之间费用的分配采用约当产量比例法（加权平均法）进行。有关资料如下。

（1）本月完工产品 1 000 件。

（2）本月月初在产品 200 件，其中第一道工序为 50 件，第二道工序为 90 件，第三道工序为 60 件。

（3）本月月末在产品 240 件，其中第一道工序为 80 件，第二道工序为 60 件，第三道工序为 100 件。

（4）甲产品的原材料在各工序陆续投入，其投料程度与加工进度不一致。甲产品的原材料消耗定额为 120kg，其中第一道工序为 60kg，第二道工序为 30kg，第三道工序为 30kg。

（5）甲产品的工时消耗定额为 20h，其中第一道工序为 4h，第二道工序为 10h，第三道工序为 6h。

（6）月初在产品生产费用：直接材料费用为 6 000 元，直接人工费用为 2 400 元，制造费用为 3 000 元；本月生产费用：直接材料费用为 36 365 元，直接人工费用为 15 520 元，制造费用为 20 520 元。

采用加权平均法的计算分配结果如下。

（1）直接材料费用的计算分配过程。

1）计算直接材料投料率。

$$\frac{60 \times 50\%}{120} = 25\%$$

$$\frac{60 + 30 \times 50\%}{120} = 62.5\%$$

$$\frac{60 + 30 + 30 \times 50\%}{120} = 87.5\%$$

2）计算月末在产品约当产量。

$80 \times 25\% = 20$（件）

$60 \times 62.5\% = 37.5$（件）

$\underline{100 \times 87.5\% = 87.5（件）}$

合计　　145 件

3）直接材料费用的分配。

$$分配率 = \frac{6\,000 + 36\,365}{1\,000 + 145} = \frac{42\,365}{1\,145} = 37（元/件）$$

本月完工产品直接材料费用 = $1\,000 \times 37 = 37\,000$（元）

月末在产品直接材料费用 = $145 \times 37 = 5\,365$（元）

（2）直接人工和制造费用的计算分配过程。

1）完工率的计算。

$$\frac{4 \times 50\%}{20} = 10\%$$

$$\frac{4 + 10 \times 50\%}{20} = 45\%$$

$$\frac{4 + 10 + 6 \times 50\%}{20} = 85\%$$

2）计算月末在产品约当产量。

$80 \times 10\% = 8$（件）

$60 \times 45\% = 27$（件）

$\underline{100 \times 85\% = 85（件）}$

合计　　120 件

3）直接人工和制造费用的分配。

直接人工的分配：

$$分配率 = \frac{2\,400 + 15\,520}{1\,000 + 120} = 16（元/件）$$

本月完工产品直接人工费用 = $1\,000 \times 16 = 16\,000$（元）

月末在产品直接人工费用 = $120 \times 16 = 1\,920$（元）

制造费用的分配：

$$分配率 = \frac{3\,000 + 20\,520}{1\,000 + 120} = 21（元/件）$$

本月完工产品制造费用 = 1 000 × 21 = 21 000（元）

月末在产品制造费用 = 120 × 21 = 2 520（元）

（3）本月完工产品成本和月末在产品成本的计算。

本月完工产品成本 = 37 000 + 16 000 + 21 000 = 74 000（元）

月末在产品成本 = 5 365 + 1 920 + 2 520 = 9 805（元）

2．先进先出法

先进先出法是指假设先投产的产品先行完工并以此作为生产费用的流转顺序，将生产费用在完工产品与月末在产品之间进行分配的一种方法。这种方法的计算公式具体如下。

（1）直接材料费用的分配公式：

本月耗料产量 = 本月完工产品数量 + 月末在产品约当产量 − 月初在产品约当产量

$$本月直接材料分配率 = \frac{本月直接材料费用}{本月耗料产量}$$

月末在产品直接材料费用 = 月末在产品约当产量 × 本月直接材料分配率

完工产品直接材料费用 = 月初在产品直接材料费用 + 本月直接材料费用 − 月末在产品直接材料费用

（2）直接人工和制造费用的分配公式：

本月耗工时产量 = 本月完工产品数量 + 月末在产品约当产量 − 月初在产品约当产量

$$本月直接人工（制造费用）分配率 = \frac{本月直接人工费用（制造费用）}{本月耗工时产量}$$

月末在产品直接人工费用（制造费用） = 月末在产品约当产量 × 本月直接人工费用（制造费用）分配率

完工产品直接人工费用（制造费用） = 月初在产品直接人工费用（制造费用） + 本月直接人工费用（制造费用） − 月末在产品直接人工费用（制造费用）

【例 4-10】 沿用【例 4-9】的资料，采用先进先出法将生产费用在完工产品与在产品之间进行分配。

（1）直接材料费用的计算分配过程。

1）计算本期耗料产量。由于本月完工产品产量 1 000 件为已知，月末在产品分配直接材料费用的约当产量在上例中已经算出，为 145 件，这里可以借用，月初在产品分配直接材料费用的约当产量则需要计算。

月初在产品约当产量：

$$\frac{60 \times 50\%}{120} \times 50 = 25\% \times 50 = 12.5（件）$$

$$\frac{60 + 30 \times 50\%}{120} \times 90 = 62.5\% \times 90 = 56.25（件）$$

$$\frac{60+30+30\times50\%}{120}\times60=87.5\%\times60=52.5（件）$$

合计　　　　　　　　　　121.25 件

月末在产品约当产量：合计 145 件。

本期耗料产量 = 1 000 + 145 − 121.25 = 1 023.75（件）

2）本月直接材料费用分配率 = $\dfrac{36\,365}{1\,023.75}$ = 35.521 4（元/件）

3）月末在产品直接材料费用 = 145×35.521 4 = 5 150.6（元）

4）完工产品直接材料费用 = (6 000 + 36 365) − 5 150.6 = 37 214.4（元）

（2）直接人工费用和制造费用的计算分配过程。

1）计算本期耗工时产量。由于本期完工产品产量 1 000 件为已知，期末在产品分配直接人工费用和制造费用的约当产量在上例中已经算出，为 120 件，这里可以借用，月初在产品分配直接人工和制造费用的约当产量则需要计算。

月初在产品约当产量：

$$\frac{4\times50\%}{20}\times50=10\%\times50=5（件）$$

$$\frac{4+10\times50\%}{20}\times90=45\%\times90=40.5（件）$$

$$\frac{4+10+6\times50\%}{20}\times60=85\%\times60=51（件）$$

合计　　　　　　　　　　96.5 件

月末在产品约当产量：120 件。

本月耗工时产量 = 1 000 + 120 − 96.5 = 1 023.5（件）

2）直接人工费用分配。

本月生产工资分配率 = $\dfrac{15\,520}{1\,023.5}$ = 15.163 7（元/件）

月末在产品直接人工费用 = 120×15.163 7 = 1 819.64（元）

本月完工产品直接人工费用 = (2 400 + 15 520) − 1 819.64 = 16 100.36（元）

3）制造费用分配。

制造费用分配率 = $\dfrac{20\,520}{1\,023.5}$ = 20.048 9（元/件）

月末在产品制造费用 = 120×20.048 9 = 2 405.87（元）

本月完工产品制造费用 = (3 000 + 20 520) − 2 405.87 = 21 114.13（元）

加权平均法的优点是，生产费用的分配过程易于理解，生产费用的计算分配工作也比较简便；其缺点是，生产费用分配所依据的约当产量单位成本（费用分配率）是一种月初在产品生产费用与本月生产费用的"混合成本"，而不是本月成本水平的体现，在上月与本月成本水平相差较大的情况下，会使上月的成本水平对本月月末在产品成本产生一定的影响，这不便于对各月产品成本的分析和考核。先进先出法避免了加权平均法的缺点，但其生产费用的计算分配工作较为复杂。

五、在产品按完工产品成本计算法

在产品按完工产品成本计算法是指将在产品视同完工产品来分配费用的一种方法。这种方法适用于月末在产品已经接近完工，或者产品已经加工完毕，但尚未验收或包装入库的产品。在这种情况下，在产品成本已接近完工产品成本，为了简化核算工作，将月末在产品视同完工产品，按完工产品与在产品的数量分配费用。

【例 4-11】某产品月初在产品费用和本月发生费用累计数：直接材料费用为 35 000 元，直接人工费用为 15 000 元，制造费用为 5 000 元。完工产品 900 件，月末在产品 100 件，该产品已接近完工，月末在产品成本按完工产品成本计算。

其计算分配结果见表 4-5。

表 4-5　成本计算表

（金额单位：元）

成本项目	生产费用合计	费用分配率	完工产品		月末在产品	
			数量/件	费用	数量/件	费用
①	②	③=②/(④+⑥)	④	⑤=④×③	⑥	⑦
直接材料	35 000	35	900	31 500	100	3 500
直接人工	15 000	15	900	13 500	100	1 500
制造费用	5 000	5	900	4 500	100	500
合计	55 000	—	—	49 500	—	5 500

表 4-5 中各项费用的分配率是根据各生产费用的累计数除以完工产品数量与月末在产品数量之和计算得出的；各费用分配率分别乘以完工产品数量和月末在产品数量，即求出完工产品与月末在产品分配的各项费用。

六、在产品按定额成本计价法

在产品按定额成本计价法是指将月末在产品按照其定额成本计价，然后从某种产品全部生产费用（月初在产品费用加本月生产费用）中减去月末在产品的定额成本，从而得出完工产品成本的一种方法。也就是说，在这种方法下，每月月末在产品实际生产费用脱离定额的差异，全部计入当月完工产品成本。这种方法虽然简化了费用的分配工作，但将月末在产品脱离定额的差异全部由完工产品负担的处理方式不尽合理。为了较为准确地进行费用分配，这种方法适用于定额管理基础比较好，各项消耗定额或费用定额比较准确、稳定，而且各月在产品数量变动不大的产品。

采用这种分配方法时，应根据各种在产品有关定额资料以及在产品月末结存数量，计算各种月末在产品的定额成本。

【例 4-12】假设长金公司生产甲、乙两种产品。两种产品完工产品与月末在产品费用的分配均采用在产品按定额成本计价法。甲产品月末在产品 50 件，单件直接材料费用定额为 390 元

（原材料在生产开始时一次性投入），在产品定额机器工时（简称"机时"）200h，定额人工工时500h；乙产品月末在产品150件，单件直接材料费用定额为320元（原材料在生产开始时一次性投入），在产品机时500h，定额人工工时1 200h。其他有关资料及月末在产品定额成本的计算结果见表4-6（长金公司甲、乙两种产品的成本计算结果见表4-9、表4-10）。

表4-6 月末在产品定额成本的计算结果

车间名称：基本生产车间　　　　　　　　　20××年6月

产品名称	在产品数量/件	直接材料定额费用/元	定额工时 机器工时/h	定额工时 人工工时/h	直接燃料和动力/元（每机时2.1元）	直接人工/元（每工时22元）	制造费用/元（每工时12元）	定额成本合计/元
甲产品	50	19 500	200	500	420	11 000	6 000	36 920
乙产品	150	48 000	500	1 200	1 050	26 400	14 400	89 850
合计		67 500			1 470	37 400	20 400	126 770

七、定额比例法

定额比例法是指产品的生产费用按照完工产品和月末在产品的定额消耗量或定额费用的比例，分配计算完工产品成本和月末在产品成本的一种方法。其中，直接材料费用按照直接材料定额消耗量或直接材料定额费用比例分配；直接人工费用、制造费用等各项加工费，可以按定额工时的比例分配，也可以按定额费用的比例分配。

这种分配方法适用于定额管理基础较好，各项消耗定额和费用定额比较准确、稳定，各月末在产品数量变动较大的产品。

定额比例法计算公式如下。

公式1：

$$消耗量分配率 = \frac{月初在产品实际消耗量 + 本月实际消耗量}{完工产品定额消耗量 + 月末在产品定额消耗量}$$

完工产品实际消耗量 = 完工产品定额消耗量 × 消耗量分配率

完工产品费用 = 完工产品实际消耗量 × 原材料单价

（或单位工时的直接人工费用、单位工时的制造费用）

月末在产品实际消耗量 = 月末在产品定额消耗量 × 消耗量分配率

月末在产品费用 = 月末在产品实际消耗量 × 原材料单价

（或单位工时的直接人工费用、单位工时的制造费用）

按照公式1分配，既可以提供完工产品和月末在产品的实际费用资料，又可以提供实际消耗量资料，便于考核和分析各项消耗定额的执行情况。但是，在各产品所耗原材料的品种较多的情况下，采用这种分配方法的工作量较大。为了简化核算工作，也可以采用下列公式计算分配。

公式2：

$$直接材料费用分配率 = \frac{月初在产品实际直接材料费用 + 本月实际直接材料费用}{完工产品定额直接材料费用 + 月末在产品定额直接材料费用}$$

完工产品实际直接材料费用 = 完工产品定额直接材料费用 × 直接材料费用分配率

月末在产品实际直接材料费用 = 月末在产品定额直接材料费用 × 直接材料费用分配率

或

月末在产品实际直接材料费用 = 月初在产品实际直接材料费用 + 本月实际直接材料费用 − 完工产品实际直接材料费用

$$某项加工费用分配率 = \frac{月初在产品该项加工费用的实际金额 + 本月该项加工费用的实际金额}{完工产品定额工时 + 月末在产品定额工时}$$

完工产品应负担的某项加工费用实际金额 = 完工产品定额工时 × 该项加工费用分配率

月末在产品应负担的某项加工费用实际金额 = 月末在产品定额工时 × 该项加工费用分配率

或

月末在产品应负担的某项加工费用实际金额 = 月初在产品该项实际加工费用 + 本月该项实际加工费用 − 完工产品应负担的该项实际加工费用

【例 4-13】 某产品月初在产品费用：直接材料为 1 400 元；直接人工为 6 000 元；制造费用为 40 000 元。本月生产费用：直接材料为 8 200 元；直接人工为 30 000 元；制造费用为 20 000 元。完工产品为 4 000 件，直接材料定额费用为 8 000 元；定额工时为 5 000h。月末在产品为 1 000 件，直接材料定额费用为 2 000 元；定额工时为 1 000h。完工产品与月末在产品之间，直接材料费用按直接材料定额费用比例分配，其他费用按定额工时比例分配。

各项费用分配计算结果见表 4-7。

表 4-7　产品成本明细账

产品名称：某产品　　　　　　　　　20×× 年 × 月　　　　　　　　　（金额单位：元）

成本项目	月初在产品费用	本月费用	生产费用合计	费用分配率	完工产品费用		月末在产品费用	
					定额	实际费用	定额	实际费用
①	②	③	④=②+③	⑤=$\frac{④}{⑥+⑧}$	⑥	⑦=⑥×⑤	⑧	⑨=⑧×⑤
直接材料	1 400	8 200	9 600	0.96	8 000	7 680	2 000	1 920
直接人工	6 000	30 000	36 000	6	5 000①	30 000	1 000①	6 000
制造费用	40 000	20 000	60 000	10	5 000①	50 000	1 000①	10 000
合计	47 400	58 200	105 600	—	—	87 680		17 920

① 为工时（单位：h）。

按照上述公式计算分配费用，必须取得完工产品和月末在产品的定额消耗量或定额费用资料。完工产品的直接材料定额消耗量和工时定额消耗量，可以根据完工产品的实际数量分别乘以单位产品直接材料消耗定额和工时消耗定额计算求得，在此基础上，再乘以相应的计划单价就可以计算完工产品的各项定额费用。月末在产品的直接材料定额消耗量和工时定额消耗量，可以根据月末在产品盘存表或账面所记录的在产品的结存数量，以及相应的消耗定额具体计算，在此基础上，再乘以相应的计划单价，就可以得到月末在产品的各项定额费用。但当在产品的种类和生产工序繁多时，核算工作量繁重。因此，在产品定额消耗量可采用简化的方法计算（即倒轧方法）。其计算公式如下：

月末在产品定额消耗量 = 月初在产品定额消耗量 + 本月投入的定额消耗量 -
本月完工产品定额消耗量

上述公式中的月初在产品定额消耗量根据上月成本计算资料取得。本月投入的定额消耗量中的直接材料定额消耗量，根据领料凭证所列直接材料定额消耗量等数据计算求得；本月投入的工时定额消耗量，根据有关定额工时的原始记录计算求得。按照倒轧方法计算月末在产品的定额数据，可以简化计算工作，但是，在发生在产品盘盈、盘亏的情况下，计算求得的成本资料不能如实反映产品成本的水平。为了提高成本计算的准确性，必须每隔一定时期对在产品进行一次实地盘点，根据在产品的实存数计算一次定额消耗量。

【例 4-14】 沿用【例 4-13】的资料。某产品月初在产品定额原材料费用为 1 500 元，定额工时为 1 500h。本月投入生产定额直接材料费用为 8 500 元，定额工时为 4 500h。本月实际发生的费用和完工产品定额资料同【例 4-13】。

各项费用分配计算结果见表 4-8。

表 4-8 产品成本明细账

产品名称：某产品　　　　　　　　　　20×× 年 × 月　　　　　　　　　　（金额单位：元）

成本项目	月初在产品		本月投入		合计		费用分配率	完工产品		月末在产品	
	定额	实际	定额	实际	定额	实际		定额	实际	定额	实际
①	②	③	④	⑤	⑥=②+④	⑦=③+⑤	⑧=⑦/(⑨+⑪)	⑨	⑩=⑨×⑧	⑪=⑥-⑨	⑫=⑪×⑧
直接材料	1 500	1 400	8 500	8 200	10 000	9 600	0.96	8 000	7 680	2 000	1 920
直接人工	1 500①	6 000	4 500①	30 000	6 000①	36 000	6	5 000①	30 000	1 000①	6 000
制造费用	1 500①	40 000	4 500①	20 000	6 000①	60 000	10	5 000①	50 000	1 000①	10 000
合计	—	47 400	—	58 200	—	105 600	—	—	87 680	—	17 920

① 为工时（单位：h）。

月末在产品原材料定额费用 = 1 500 + 8 500 - 8 000 = 2 000（元）

月末在产品定额工时 = 1 500 + 4 500 - 5 000 = 1 000（h）

采用定额比例法分配完工产品与月末在产品费用，分配结果比较准确，同时还便于将实际费用与定额费用进行比较，考核和分析定额的执行情况。

通过以上所述生产费用在各种产品之间，以及在同种产品的完工产品与月末在产品之间分配和归集以后，分别计算出各种产品的总成本和单位成本，借以考核和分析各种产品成本计划的执行情况。

根据第三章、第四章中长金公司的各种费用分配表及有关凭证，登记基本生产成本明细账，详见表 4-9 和表 4-10。

表 4-9 产品成本明细账

车间名称：基本生产车间　　　　　（基本生产成本明细账）　　　　　产量：1 210 件
产品名称：甲产品　　　　　　　　　　20××年 6 月　　　　　　　　　　（单位：元）

成本项目	月初在产品成本	本月费用	生产费用累计	月末在产品成本	产成品成本 总成本	产成品成本 单位成本
直接材料	23 400	465 200	488 600	19 500	469 100	387.69
直接燃料和动力	525	11 100	11 625	420	11 205	9.26
直接人工	13 200	280 000	293 200	11 000	282 200	233.22
制造费用	7 200	147 500	154 700	6 000	148 700	122.89
合计	44 325	903 800	948 125	36 920	911 205	753.06

表 4-10 产品成本明细账

车间名称：基本生产车间　　　　　（基本生产成本明细账）　　　　　产量：830 件
产品名称：乙产品　　　　　　　　　　20××年 6 月　　　　　　　　　　（单位：元）

成本项目	月初在产品成本	本月费用	不可修复废品成本	生产费用净额	月末在产品成本	产成品成本 总成本	产成品成本 单位成本
直接材料	57 600	267 400	[9 600]	315 400	48 000	267 400	322.17
直接燃料和动力	1 260	6 000	[220.5]	7 039.5	1 050	5 989.5	7.22
直接人工	33 000	168 000	[5 940]	195 060	26 400	168 660	203.2
制造费用	18 000	88 500	[3 240]	103 260	14 400	88 860	107.06
废品损失		18 000.5		18 000.5		18 000.5	21.69
合计	109 860	547 900.5	[19 000.5]	638 760	89 850	548 910	661.34

注：□ 表示红字。

第三节　完工产品成本的结转

工业企业生产产品发生的各项生产费用，已在各种产品之间进行了分配，在此基础上又在同种产品的完工产品和月末在产品之间进行了分配，计算出各种完工产品的成本，从"基本生产成本"科目及所属明细科目贷方转出，记入有关科目的借方。完工入库产成品的成本，借记"库存商品"科目；完工的自制材料、工具和模具等的成本，分别借记"原材料""低值易耗品"等科目，贷记"基本生产成本"科目。"基本生产成本"科目月末借方余额就是基本生产在产品的成本，即占用在基本生产过程中的生产资金。

【例 4-15】 工业企业的完工产品，包括产成品、自制材料、工具和模具等。根据表 4-9 和表 4-10，即甲、乙产品成本明细账（基本生产成本明细账），汇总编制产成品成本汇总表，见表 4-11。

表 4-11　产成品成本汇总表

20××年×月　　　　　　　　　　　　　　　　　　　　　　（单位：元）

产品名称	直接材料	直接燃料和动力	直接人工	制造费用	废品损失	合计
甲产品	469 100	11 205	282 200	148 700	—	911 205
乙产品	267 400	5 989.5	168 660	88 860	18 000.5	548 910
合计	736 500	17 194.5	450 860	237 560	18 000.5	1 460 115

根据完工验收入库产成品的入库单及产成品成本汇总表等，编制会计分录如下：

借：库存商品　　　　　　　　　　　　　　　　　　1 460 115
　　贷：基本生产成本　　　　　　　　　　　　　　　　　　1 460 115

复习思考题

1．什么是在产品？广义在产品和狭义在产品各自的含义是什么？

2．月末在产品成本的确定方式有哪几种？各适用于什么样的情况？确定分配方法时，应考虑哪些因素？

3．在不同的投料方式下，如何确定在产品的投料率？

4．简述约当产量比例法的特点及适用范围。

5．在产品按定额成本计价法与定额比例法有何异同？

6．如何对入库的完工产品进行核算？

练　习　题

一、单项选择题

1．完工产品与在产品之间分配费用的不计算在产品成本法，适用的产品是（　　）。

A．各月末在产品数量很小　　　　　B．各月末在产品数量较大

C．各月末在产品数量变动较大　　　D．各月末在产品数量变动较小

2．完工产品与在产品之间分配费用的按年初数固定计算在产品成本法，适用的产品是（　　）。

A．各月末在产品数量很小　　　　　B．各月末在产品数量较大

C．各月末在产品数量变动较大　　　D．各月末在产品数量较小

3．某种产品月末在产品数量较大，各月在产品数量变动也较大，直接材料占成本的比重较大，为了简化费用的分配工作，其完工产品与在产品之间费用的分配，可采用（　　）。

A．不计算在产品成本法　　　　　　B．在产品按定额成本计价法

C．在产品按完工产品成本计算法　　D．在产品按所耗直接材料费用计价法

4．某种产品月末在产品数量较大，各月在产品数量变动也较大，产品成本中直接材料费用与加工费用的比重相差不多的产品，其完工产品与在产品之间费用的分配，应采用（　　）。

A．约当产量比例法　　　　　　　B．在产品按定额成本计价法
C．在产品按完工产品成本计算法　　D．在产品按所耗直接材料费用计价法

5．完工产品与在产品之间分配费用的定额比例法适用的产品是（　　）。

A．月末在产品数量较少
B．各项费用的比重相差不多
C．消耗定额或费用定额比较准确、稳定，各月末在产品数量变动不大
D．消耗定额或费用定额比较准确、稳定，各月末在产品数量变动较大

6．月末在产品接近完工，或者已经加工完毕尚未验收的产品，其完工产品与月末在产品之间费用的分配可以采用（　　）。

A．不计算在产品成本法　　　　　B．在产品按所耗直接材料费用计价法
C．在产品按定额成本计价法　　　D．在产品按完工产品成本计算法

7．某种产品耗用的 A 材料是分工序投入的，各工序的投料方式为一次性投入，各工序的 A 材料的消耗定额：第一道工序为 20kg，第二道工序为 20kg，第三道工序为 10kg。该产品第二道工序在产品的投料率为（　　）。

A．80%　　　　B．40%　　　　C．60%　　　　D．50%

8．某工序在产品完工率为（　　）与完工产品工时定额的比率。

A．所在工序工时定额
B．所在工序工时定额的 50%
C．所在工序累计工时定额
D．前面各工序累计工时定额与所在工序工时定额的 50% 的合计数

二、多项选择题

1．选择完工产品与在产品之间费用分配方法时，应考虑的条件包括（　　）。

A．在产品数量的多少　　　　　B．各月在产品数量变化的大小
C．各项费用比重的大小　　　　D．定额管理基础的好坏

2．完工产品与在产品之间分配费用的按年初数固定计算在产品成本法，适用的产品有（　　）。

A．各月末在产品数量较小
B．各月末在产品数量虽大，但各月之间在产品数量变动不大
C．各月末在产品数量变动较大
D．直接材料在产品成本中比重较大

3．本月发生的加工费用，不计入月末在产品成本的方法有（　　）。

A．定额比例法　　　　　　　　　　B．不计算在产品成本法
C．在产品按所耗直接材料费用计价法　D．在产品按完工产品成本计算法

4．计算在产品约当产量时，各工序在产品的完工率一律按 50% 计算，应具备的条件有（　　）。

A．各工序在产品的数量相差较多

B．各工序在产品的数量相差不多

C．单位在产品在各工序的加工量相差较多

D．单位在产品在各工序的加工量相差不多

5．采用在产品按定额成本计价法分配完工产品与在产品费用，应具备的条件有（　　）。

A．各项消耗定额或费用定额比较准确

B．各项消耗定额或费用定额比较稳定

C．各月末在产品数量变动不大

D．直接材料在产品成本中比重较大

6．在产品按完工产品成本计算法适用的情况有（　　）。

A．月末在产品已经接近完工　　　　B．产品已加工完毕，但尚未验收

C．产品已加工完毕，但尚未包装入库　D．各月末在产品数量变动不大

7．在下列完工产品与在产品分配费用的方法中，它的采用与简化费用的分配工作有关的有（　　）。

A．不计算在产品成本法　　　　　　B．在产品按所耗直接材料费用计价法

C．在产品按定额成本计价法　　　　D．在产品按完工产品成本计算法

三、判断说明题（正确的画"√"，错误的画"×"，并说明理由）

1．为了计算完工产品成本，在任何情况下都需要将生产费用在完工产品与月末在产品之间进行分配。（　　）

2．在产品发生盘盈时，为了保证账实相符，应按计划成本或定额成本借记"基本生产成本"科目，贷记"待处理财产损溢"科目。（　　）

3．如果在产品品种多、数量大，每月都组织实地盘点确有困难的，也可以根据在产品业务核算资料的期末结存量来计算在产品成本。（　　）

4．经批准核销在产品盘盈时，应借记"待处理财产损溢"科目，贷记"管理费用"科目，冲减管理费用。（　　）

5．对于各月末在产品数量虽大但各月之间在产品数量变化不大的产品，为了简化核算，可以不计算月末在产品的成本。（　　）

6．在按年初数固定计算在产品成本法下，某种产品本月发生的生产费用就是本月完工产品的成本。（　　）

7．在产品按所耗直接材料费用计价法下，某种产品的加工费用全部计入当月的完工产品成本。（　　）

8．在约当产量比例法下，从精细化分配费用的角度来看，应针对不同成本项目的具体情况来确定约当产量，进而进行费用的分配。（　　）

9．约当产量比例法适用于月末在产品数量较大，各月末在产品数量变化也较大，产品成本中的直接材料费用与加工费用的比重相差不多的产品。（　　）

10．在约当产量比例法下，采用先进先出法进行费用的分配，所计算出的分配率体现了产品的本月耗费水平。（　　）

11．在约当产量比例法下，采用先进先出法进行费用的分配，不仅计算工作比较简便，提供的分配数据也便于各月的成本分析和考核。（　　）

12．只要在产品在各工序的分布均衡，就可以不分工序计算完工率，即完工率一律按 50% 计算。（　　）

13．在分工序计算完工率的情况下，某工序的完工率为截至本工序累计的工时定额占完工产品工时定额的比率。（　　）

14．在直接材料随加工进度分工序投入，各工序的投料方式为一次性投入，需要分工序计算投料率的情况下，某工序的投料率为截至本工序累计的直接材料消耗定额占完工产品材料消耗定额的比率。（　　）

15．在产品按定额成本计价法适用于定额管理基础比较好，各项消耗定额或费用定额比较准确、稳定，各月在产品数量变动较大的产品。（　　）

16．与定额比例法相比较，月末在产品的定额成本计价法的费用分配结果更为合理。（　　）

四、计算题

1．乙产品由两道生产经加工制成，原材料是在生产开始时一次性投入的，其工时消耗定额为 20h，其中第一道工序为 12h，第二道工序为 8h（各工序在产品在本工序的加工程度，按完成本工序所需加工量的 50% 计算）。本月完工产品为 450 件，各工序在产品数量：第一道工序为 20 件，第二道工序为 30 件。月初在产品生产费用与本月生产费用累计：直接材料费用为 12 500 元，直接人工费用为 9 600 元，制造费用为 12 000 元。

要求：采用约当产量比例法（加权平均法）。

（1）分工序计算完工率及约当产量。

（2）计算完工产品成本和月末在产品成本。

（3）编制完工入库会计分录。

2．甲产品的完工产品和在产品之间的费用分配采用约当产量比例法。有关资料如下。

（1）甲产品的原材料分工序投入（在各道工序生产开始后陆续投入）。甲产品的原材料消耗定额为 100kg，其中第一道工序为 50kg，第二道工序为 30kg，第三道工序为 20kg。

（2）甲产品的工时消耗定额为 50h，其中第一道工序为 20h，第二道工序为 20h，第三道工序为 10h（各道工序在产品在本道工序的加工程度，按完成本道工序所需加工量的 50% 计算）。

（3）本月完工产品为 2 000 件。

（4）本月末在产品为 300 件，其中第一道工序为 90 件，第二道工序为 100 件，第三道工序为 110 件。

（5）月初在产品生产费用：直接材料费用为 11 785 元，直接人工费用为 10 350 元，制造费用为 13 620 元。本月生产费用：直接材料费用为 185 000 元，直接人工费用为 98 500 元，制造费用为 117 000 元。

要求：

（1）分工序计算完工率及约当产量。

（2）计算月末在产品约当产量。

（3）用加权平均法将生产费用在完工产品与月末在产品之间进行分配。

3．假定 B 产品完工产品与在产品费用的分配采用定额比例法。该产品月初和本月发生的制造费用共计 51 600 元。本月完工产品 400 件。单位产品的工时定额为 15h，其中第一道工序为

9h，第二道工序为 6h。月末在产品为 50 件，其中第一道工序为 20 件，第二道工序为 30 件。各道工序在产品的加工量按其所在工序所需加工量（定额工时）的 50% 计算。

要求：

（1）分别计算各道工序在产品的累计工时定额。

（2）计算完工产品的定额工时以及各道工序在产品的定额工时。

（3）采用定额比例法（按定额工时比例）分配完工产品和在产品应负担的制造费用。

练习题参考答案

 扫描二维码可以查看练习题的参考答案。

第五章

成本计算方法

> **学习目标**
>
> 1. 了解制造企业的生产类型。
> 2. 理解生产类型和管理要求对产品成本计算方法的影响。
> 3. 熟悉各种成本计算方法的特点及适用范围。
> 4. 掌握品种法、分批法和分步法的核算程序。
> 5. 掌握逐步结转分步法下各种步骤间成本结转的方法,以及成本还原的必要性和还原的方法;掌握平行结转分步法下广义在产品的含义,以及生产费用在最终完工产品与广义在产品之间分配的方法。

> **任务要求**
>
> 1. 能够根据企业的生产特点和管理要求合理选择不同的产品成本计算方法。
> 2. 能够正确运用各种成本计算方法核算产品成本,并编制成本计算单。
> 3. 在运用逐步结转分步法核算成本时,能够对综合成本进行成本还原。

第一节 产品成本计算方法概述

一、生产特点和管理要求对产品成本计算的影响

产品成本是在生产过程中形成的,因此生产的特点在很大程度上影响着成本计算;成本计算是为成本管理提供资料的,因此采用什么方法、提供哪些资料,必须考虑成本管理的要求。当然,成本管理的要求也脱离不开生产的特点,以上两个方面的关系说明,企业在确定产品成本计算方法时,必须从具体情况出发,同时考虑企业的生产特点和进行成本管理的要求。不同部门、行业的生产特点千差万别,但按照工业生产的一般特点,可做如下分类。

（一）生产按工艺过程特点分类

产品生产的工艺过程是指从原材料投入生产直到产成品产出所顺序经过的各个生产阶段和环节的一系列技术过程。工业企业的生产，按其生产工艺过程的特点，可以分为单步骤生产和多步骤生产两种类型。

1. 单步骤生产

单步骤生产也称简单生产，是指生产工艺过程不能间断，不可能或不需要划分为几个生产步骤的生产。如发电、采掘等工业生产，由于技术上的不可中断（如发电），或由于工作地点上的限制（如采煤），通常只能由一个企业整体进行，而不能由几个企业协作进行。

2. 多步骤生产

多步骤生产也称复杂生产，是指生产工艺过程由若干个可以间断的、分散在不同地点、分别在不同时间进行的生产步骤所组成的生产，如纺织、钢铁、机械、造纸、服装等工业生产。多步骤生产按其产品的加工方式，又可分为连续式生产和装配式生产。连续式生产又称连续加工式生产，是指原材料投入生产后要依次经过若干个生产步骤连续加工才能成为产品的生产，如纺织、钢铁等；装配式生产又称平行加工式生产，是指先将原材料分别在各个加工车间平行加工为零件、部件，然后再将零件、部件装配成产品的生产，如机械、车辆、仪表制造等生产。

（二）生产按生产组织特点分类

生产组织方式主要是指企业生产产品品种的多少，同种产品产量的大小及其生产的重复程度。工业企业的生产按其生产组织的特点可以分为大量生产、成批生产、单件生产三种类型。

1. 大量生产

大量生产是指不断地重复生产相同产品的生产。在进行这种生产的企业或车间中，产品的品种较少而且比较稳定，如采掘、纺织、面粉、化肥行业的生产。

2. 成批生产

成批生产是指按照事先规定的产品批别和数量进行的生产。在进行这种生产的企业，生产车间中产品品种较多，而且具有一定的重复性，如服装、机械的生产。按照产品批量的大小，成批生产又可以分为大批生产和小批生产。大批生产，由于生产产品的批量大，往往在几个月内不断地重复生产一种或几种产品，因而其性质近似于大量生产；小批生产，由于生产产品的批量小，一批产品一般可以同时完工，因而其性质近似于单件生产。

3. 单件生产

单件生产类似于小批生产，是指根据订货单位的要求，进行个别的、特殊产品的生产，如重型机械制造和船舶制造等。在进行这种生产的企业或车间中，产品的品种多，而且很少重复。

一般而言，一个企业各生产车间的生产并非都是同一种生产类型，可能具有不同的工艺过程特点和不同的生产组织方式。如汽车制造厂，从整个工厂的产品生产来看，应属于装配加工式的多步骤大量生产，但其内部各车间的产品生产可能是连续式的多步骤成批生产。另外，车间的组织形式，既可以有按工艺专业化建立的生产车间，也可以有按对象专业化建立的生产车间。在一个车间内部，也可以将两种专业化形式结合运用。所以，在具体划分一个企业的生产类型时，不仅要结合企业的整体情况，而且要考虑其内部的特殊情况。

（三）生产特点和成本管理要求对产品成本计算的影响

生产特点不同，对成本进行管理的要求也不一样，生产特点和管理要求又必然对产品成本计算产生影响，这一影响主要表现在以下几个方面。

1. 对成本计算对象的影响

成本计算对象就是生产费用归集的对象，生产的特点和管理的要求对成本计算的影响集中地表现在对成本计算对象确定上的影响。

（1）产品的生产特点为大量、大批单步骤生产，企业连续不断地（或在较长时间内）重复生产一种或几种产品，而且产品的生产工艺过程不能间断，则只能按照产品的品种计算成本。

（2）产品的生产特点为大量、大批多步骤生产，企业连续不断地（或在较长时间内）重复生产一种或几种产品，生产工艺过程分为若干个步骤，则管理上往往不仅要求按照产品品种计算成本，而且要求按照产品的生产步骤计算成本。

（3）如果在产品的生产特点为小批、单件生产，由于其生产的产品批量小，一批产品一般可以同时完工，则可按照产品的批别或件别归集生产费用，计算产品成本。

综上所述，在产品成本计算工作中有产品品种、产品批别、产品生产步骤三种不同的成本计算对象。

2. 对产品成本计算期的影响

成本计算期是指每隔多长时间计算一次成本。产品成本计算期的确定主要取决于生产组织的特点。

（1）在大量、大批生产中，每月都有产品完工并销售，为了计算各月的销售成本和利润，就要求定期按月计算产品成本，在这种情况下成本计算期往往与产品生产周期不一致。

（2）在小批、单件生产中，各批或各件产品的生产周期是不一致的，每月也不一定都有完工产品，各批（或各件）产品的成本计算工作的最终完成有赖于各批（或各件）产品的最终完工，因此，在分批法下，产品成本的计算是不定期的，即成本计算期与产品的生产周期基本一致，而与核算报告期不一致。

3. 对完工产品与在产品之间费用分配的影响

由于生产特点与月末在产品的数量有着密切的联系，因而它会对完工产品与在产品之间的费用分配产生重要影响。

（1）在单步骤生产中，生产过程不能间断，生产周期也短，一般没有在产品，或者在产品数量很少，因而计算产品成本时，生产费用不必在完工产品与在产品之间进行分配。

（2）在多步骤生产中，是否需要在完工产品与在产品之间分配费用，在很大程度上取决于生产组织的特点。

在大量、大批生产中，由于原材料不断投入，产品不断完工，月末经常存在为数不少的在产品，因而在计算成本时，就需要采用适当的方法，将生产费用在完工产品与在产品之间进行分配。

在小批、单件生产中，在每批、每件产品完工前，产品成本明细账中所记录的生产费用就是在产品的成本，完工后，其所记费用就是完工产品的成本，因而一般不存在在完工产品与在产品之间分配费用的问题。

二、产品成本计算的方法

产品成本计算是指按照成本计算对象归集和分配生产费用，计算各成本计算对象的总成本和单位成本的过程。这也进一步说明了成本计算对象的确定是产品成本计算的核心。

（一）产品成本计算的基本方法

为了适应不同类型生产特点和成本管理的要求，在产品成本计算工作中有三种不同的成本计算对象：产品品种、产品批别和产品的生产步骤。因而以成本计算对象为主要标志（或以其命名）的产品成本计算的基本方法也有三种。

1. 品种法

品种法也称简单法，是以产品品种归集生产费用，计算产品成本的一种方法。它适用于单步骤的大量生产，如发电、采掘等作业，也可用于不需要分步骤计算成本的多步骤的大量、大批生产，如小型造纸厂、水泥厂等。

2. 分批法

分批法是以产品的批别归集生产费用，计算产品成本的一种方法。它适用于单件、小批的单步骤生产或管理上不要求分步骤计算成本的多步骤生产，如修理作业、专用工具模具制造、重型机械制造、船舶制造等。

3. 分步法

分步法是以产品的生产步骤归集生产费用，计算产品成本的一种方法。它适用于大量、大批，且管理上要求分步计算成本的多步骤生产，如纺织、冶金、机械制造等。

以上三种方法之所以称为产品成本计算的基本方法，是因为这三种方法与不同生产类型的特点有着直接联系，而且涉及成本计算对象的确定，因而是计算产品实际成本必不可少的方法，概括所有工业企业。不论哪一种生产类型，进行成本计算所采用的基本方法都不外乎这三种。

需要特别说明的是，在这三种基本方法中，品种法是最基本的方法，不论什么生产类型的企业，也不论采用什么样的成本计算方法，最终都必须按照产品品种算出产品成本，也就是说，按照产品品种计算成本是对成本计算最起码的要求。

（二）产品计算的辅助方法

除上述成本计算的三种基本方法外，在产品品种、规格繁多的制造企业，如制鞋、灯泡厂等企业，为了简化成本计算工作或加强成本管理，还应采用以下几种简便的产品成本计算方法。

1. 分类法

分类法是以产品的类别作为成本计算对象来归集费用，计算出各类产品的实际成本，再在类内产品之间进行成本分配，计算出类内各种产品生产成本的方法。它是品种法的延伸。分类法适用于产品品种、规格繁多，但可以按某一标准对产品进行分类的生产企业。

2. 定额法

定额法是以产品的定额成本为基础，加减实际脱离现行定额的差异、材料成本差异和定额变动差异，计算产品实际成本的一种方法。定额法适用于定额管理基础工作较好、定额管理制度比较健全、产品生产定型、消耗定额制定合理且稳定的企业。

定额法有利于加强成本控制，有效地发挥定额管理对成本的分析和监督作用。与其他成本计算方法相比，定额法的适用范围较窄，要求企业必须具备健全的定额管理制度、定型的产品和稳定的消耗定额。

成本计算的辅助方法与生产的特点没有直接联系，不涉及成本计算对象。它们的应用或者是为了简化成本计算工作，或者是为了加强成本管理，只要具备条件，在各种生产类型的企业都能应用。只是这两种方法必须与基本方法结合起来运用，而不能单独运用，因此将它们称为辅助方法。

第二节　产品成本计算的品种法

一、品种法的适用范围

品种法主要适用于大量、大批的单步骤生产，如发电、采掘等生产。在这种类型的生产中，产品的生产工艺过程不可能或者不需要划分为几个生产步骤，因而也就不可能或者不需要按照生产步骤计算产品成本。在大量、大批的多步骤生产中，如果企业或车间的规模较小，或者车间是封闭式的（即从原材料投入到产品产出的全过程，都是在一个车间内进行的），或者生产是按流水线组织的，管理上不要求按照生产步骤计算产品成本，也可以采用品种法计算产品成本，如小型水泥厂、织布厂等。此外，辅助生产的供水、供气、供电等单步骤的大量生产，也可以采用品种法计算成本。

二、品种法的特点

（一）成本计算对象

在采用品种法计算产品成本的企业或车间里，成本计算对象就是产品品种。在品种法下，成本计算对象是产品的品种。因此，采用品种法计算产品成本，要以产品的品种为对象来设置产品成本明细账；同时应以某种产品单独耗用还是几种产品共同耗用为标准来区分是直接计入费用还是间接计入费用。如果只生产一种产品，计算产品成本时，只需要为这种产品开设一本产品成本明细账。在这种情况下，所发生的全部生产费用都是直接计入费用，可以直接记入该产品成本明细账的有关成本项目。如果是生产多种产品，产品成本明细账就要按照产品品种分别设置，发生的生产费用中，能分得清是哪种产品耗用的，可以直接记入各该产品成本明细账的有关成本项目，分不清的则要采用适当的分配方法，在各成本计算对象之间进行分配，然后分别记入各产品成本明细账的有关成本项目。

（二）成本计算期

在大量、大批生产的企业中，由于是重复生产一种或几种产品，原材料不断投入、产成品不断产出，每月都有产品完工，因而成本计算一般定期于每月月末进行。

（三）费用在完工产品与在产品之间的分配

在单步骤生产企业中，由于生产不能间断、生产周期短，月末计算成本时，一般不存在尚未完工的在产品，或者在产品数量很少，因而可以不计算在产品成本。在这种情况下，产品成本明细账中按成本项目归集的生产费用，就是该产品的总成本，用该产品的产量去除，即可求得该产品的平均单位成本。

在一些规模较小，而且管理上又不要求按照生产步骤计算成本的大量、大批的多步骤生产企业中，月末一般都有在产品，而且数量较多，这就需要将产品成本明细账中归集的生产费用，选择适当的分配方法，在完工产品与月末在产品之间进行分配，以便计算完工产品成本和月末在产品成本。

三、品种法的计算程序和账务处理举例

品种法是产品成本计算方法中最基本的方法，品种法的计算程序体现了产品成本计算的一般程序。下面通过一个具体的例子，把品种法所用的各种费用分配表和明细账都串联起来，不仅便于从中系统、全面、具体地掌握品种法的特点，而且有利于深入理解产品成本计算的基本原理。

【例 5-1】 假定某工业企业设有一个基本生产车间，大量生产甲、乙两种产品，其生产工艺过程属于单步骤生产。根据生产特点和管理要求，该企业确定采用品种法计算产品成本。该企业还设有供水和运输两个辅助生产车间，辅助生产车间的制造费用通过"制造费用"科目核算。该企业不单独核算成品损失，产品成本包括"直接材料""直接燃料和动力""直接人工""制造费用"四个成本项目。

下面以该企业 20×× 年 6 月各项费用资料为例，说明产品成本计算的程序和相应的账务处理（本例中涉及增值税的内容从略）。

1. 根据各项费用的原始凭证和其他有关资料，编制各种费用分配表，分配各种要素费用

（1）根据 6 月银行存款付款凭证汇总编制各项货币支出（假定全部用银行存款支付）汇总表，详见表 5-1。

表 5-1　各项货币支出汇总表

（单位：元）

应借科目			金额
总账科目	明细科目	成本或费用项目	
辅助生产成本	运输车间	直接燃料和动力	15 000
制造费用	基本生产车间	办公费	7 000
		劳动保护费	4 000
		其他	950
	供水车间	办公费	1 500
		劳动保护费	2 000
		其他	400
	运输车间	办公费	1 500
		劳动保护费	1 500
		其他	1 200
		小计	20 050
管理费用		办公费	8 000
		差旅费	5 000
		其他	3 000
		小计	16 000
合计			51 050

为了简化核算，本例均汇总编制会计分录，只列出应借、应贷的总账科目。

编制会计分录①如下：

借：辅助生产成本　　　　　　　　　　　　　　　　　　15 000
　　制造费用　　　　　　　　　　　　　　　　　　　　20 050
　　管理费用　　　　　　　　　　　　　　　　　　　　16 000
　　贷：银行存款　　　　　　　　　　　　　　　　　　　　　51 050

（2）根据按原材料用途归类的领退料凭证和有关的费用分配标准，编制原材料费用分配表，详见表 5-2。

表 5-2　原材料费用分配表（分配表 1）

（单位：元）

应借科目			原料及主要材料	其他材料	合计
总账科目	明细科目	成本或费用项目			
基本生产成本	甲产品	直接材料	80 000	2 500	82 500
	乙产品	直接材料	73 000	1 500	74 500
	小计		153 000	4 000	157 000
辅助生产成本	供水车间	直接材料	1 800	600	2 400
	运输车间	直接材料	1 500	300	1 800
	小计		3 300	900	4 200

（续）

总账科目	应借科目		原料及主要材料	其他材料	合计
	明细科目	成本或费用项目			
制造费用	基本生产车间	机物料消耗		1 200	1 200
	供水车间	机物料消耗		700	700
	运输车间	机物料消耗		2 100	2 100
	小计			4 000	4 000
管理费用	物料消耗			1 800	1 800
	合计		156 300	10 700	167 000

编制会计分录②如下：

借：基本生产成本　　　　　　　　　　　　　　　　　　　　157 000
　　辅助生产成本　　　　　　　　　　　　　　　　　　　　　4 200
　　制造费用　　　　　　　　　　　　　　　　　　　　　　　4 000
　　管理费用　　　　　　　　　　　　　　　　　　　　　　　1 800
　　贷：原材料　　　　　　　　　　　　　　　　　　　　　167 000

（3）根据各车间、部门耗电数量、电价和有关的费用分配标准（各种产品耗用的机器工时）编制外购动力费（电费）分配表，详见表5-3。

表5-3　外购动力费（电费）分配表（分配表2）

（单位：元）

应借科目			数量		金额
总账科目	明细科目	成本或费用项目	机器工时（分配率为2.5元/h）	耗电数量（单价为0.4元）	
基本生产成本	甲产品	直接燃料和动力	2 400		6 000
	乙产品	直接燃料和动力	1 600		4 000
	小计		4 000	25 000	10 000
辅助生产成本	供水车间	直接燃料和动力		5 000	2 000
	运输车间	直接燃料和动力		4 000	1 600
	小计			9 000	3 600
制造费用	基本生产车间	水电费		1 500	600
	供水车间	水电费		1 000	400
	运输车间	水电费		1 000	400
	小计			3 500	1 400
管理费用	水电费			500	200
	合计			38 000	15 200

编制会计分录③如下：

借：基本生产成本　　　　　　　　　　　　　　　　　　　　10 000

辅助生产成本		3 600
制造费用		1 400
管理费用		200
贷：应付账款		15 200

（4）根据各车间、部门的职工薪酬结算凭证等资料，编制职工薪酬费用分配表，详见表5-4。

表 5-4　职工薪酬费用分配表（分配表3）

（单位：元）

应借科目			金额
总账科目	明细科目	成本或费用项目	
基本生产成本	甲产品	直接人工	112 000
	乙产品	直接人工	56 000
	小计		168 000
辅助生产成本	供水车间	直接人工	21 000
	运输车间	直接人工	16 800
	小计		37 800
制造费用	基本生产车间	职工薪酬	14 000
	供水车间	职工薪酬	5 600
	运输车间	职工薪酬	5 600
	小计		25 200
管理费用			21 000
合计			252 000

编制会计分录④如下：

借：基本生产成本　　　　　　　　　　　　　　　　　　168 000
　　辅助生产成本　　　　　　　　　　　　　　　　　　 37 800
　　制造费用　　　　　　　　　　　　　　　　　　　　 25 200
　　管理费用　　　　　　　　　　　　　　　　　　　　 21 000
　　贷：应付职工薪酬　　　　　　　　　　　　　　　　252 000

（5）根据本月应计提折旧固定资产原价和月折旧率，计算本月应计提固定资产折旧额，编制固定资产折旧费用分配表，详见表5-5。

表 5-5　固定资产折旧费用分配表（分配表4）

（单位：元）

项目	生产车间				行政管理部门	合计
	基本生产车间	供水车间	运输车间	小计		
折旧费用	24 000	12 000	9 000	45 000	5 000	50 000

编制会计分录⑤如下：

借：制造费用　　　　　　　　　　　　　　　　　　　　 45 000

		5 000
管理费用		
贷：累计折旧		50 000

2. 计算在产品盘盈、盘亏或毁损价值

根据在产品盘存表和其他有关资料，计算在产品盘盈、盘亏或毁损价值，并从有关费用中冲减盘盈价值，将盘亏或毁损损失计入管理费用。

乙产品的在产品毁损6件，按定额成本计价。在产品的单位直接材料费用定额为400元；毁损在产品的定额工时为120h，每小时直接人工费用为8.5元；定额机器工时为22.5h，每机时直接燃料和动力费用为2.4元，每机时制造费用为40元。毁损在产品的定额成本和净损失计算详见表5-6。

表5-6 毁损在产品的定额成本和净损失计算表（分配表5）

（按定额成本计算）

产品名称：乙产品
毁损数量：6件 （单位：元）

项目	直接材料	直接燃料和动力	直接人工	制造费用	合计
单件（或小时、机时）费用定额	400	2.4	8.5	40	—
毁损在产品成本（6件）	2 400	54	1 020	900	4 374
减：回收残料价值	274				274
在产品毁损损失	2 126	54	1 020	900	4 100
向过失人索赔					100
基本生产车间在产品毁损净损失					4 000

编制会计分录⑥（清查中发现在产品损毁4 374元）：
借：待处理财产损溢　　　　　　　　　　　　　　　　　　4 374
　　贷：基本生产成本　　　　　　　　　　　　　　　　　　4 374

编制会计分录⑦（回收残料274元，向过失人索赔100元；经审批，将净损失转入当月管理费用）：
借：原材料　　　　　　　　　　　　　　　　　　　　　　274
　　其他应收款　　　　　　　　　　　　　　　　　　　　100
　　管理费用　　　　　　　　　　　　　　　　　　　　　4 000
　　贷：待处理财产损溢　　　　　　　　　　　　　　　　4 374

3. 对跨期摊提费用编制费用分配表进行分配

本月基本生产车间领用低值易耗品3 600元，经审批采用分次摊销法进行摊销，从本月起分3个月平均摊入产品成本。

编制会计分录⑧（本月基本生产车间领用低值易耗品3 600元）：
借：低值易耗品——在用　　　　　　　　　　　　　　　3 600
　　贷：低值易耗品——在库　　　　　　　　　　　　　3 600

采用分次摊销法对本月基本生产车间领用的低值易耗品进行摊销（假设本月需要摊销的费用仅此一项）。低值易耗品摊销分配表见表 5-7。

表 5-7　低值易耗品摊销分配表（分配表 6）

（单位：元）

费用种类	应借科目		应贷（摊销）金额
	总账科目	明细科目	
低值易耗品摊销	制造费用	基本生产车间——低值易耗品摊销	1 200

编制会计分录⑨（分月摊销时）：
  借：制造费用　　　　　　　　　　　　　　　　　　　　　　　　　1 200
　　　贷：低值易耗品——摊销　　　　　　　　　　　　　　　　　　1 200

4．归集和分配辅助生产费用

（1）根据上述各种费用分配表，登记辅助生产成本明细账和辅助生产车间制造费用明细账，详见表 5-8～表 5-11。

表 5-8　辅助生产成本明细账

车间名称：供水车间　　　　　　　　　　　　　　　　　　　　　　（单位：元）

月	日	摘要	直接材料	直接燃料和动力	直接人工	制造费用	合计	转出	余额
6	30	根据分配表 1	2 400				2 400		
6	30	根据分配表 2		2 000			2 000		
6	30	根据分配表 3			21 000		21 000		
6	30	待分配费用小计	2 400	2 000	21 000		25 400		25 400
6	30	根据分配表 7						48 000	
6	30	根据分配表 8				22 600	22 600		
6	30	合计	2 400	2 000	21 000	22 600	48 000	48 000	0

表 5-9　辅助生产成本明细账

车间名称：运输车间　　　　　　　　　　　　　　　　　　　　　　（单位：元）

月	日	摘要	直接材料	直接燃料和动力	直接人工	制造费用	合计	转出	余额
6	30	根据付款凭证汇总表		15 000			15 000		
6	30	根据分配表 1	1 800				1 800		
6	30	根据分配表 2		1 600			1 600		
6	30	根据分配表 3			16 800		16 800		
6	30	待分配费用小计	1 800	16 600	16 800		35 200		35 200
6	30	根据分配表 7						56 500	
6	30	根据分配表 8				21 300	21 300		
6	30	合计	1 800	16 600	16 800	21 300	56 500	56 500	0

表 5-10　辅助生产车间制造费用明细账

车间名称：供水车间　　　　　　　　　　　　　　　　　　　　　　　　　　　　（单位：元）

月	日	摘要	职工薪酬	机物料消耗	水电费	折旧费	劳动保护费	办公费	其他	合计	转出	余额
6	30	根据付款凭证汇总表					2 000	1 500	400	3 900		
6	30	根据分配表1		700						700		
6	30	根据分配表2			400					400		
6	30	根据分配表3	5 600							5 600		
6	30	根据分配表4				12 000				12 000		
6	30	待分配费用小计	5 600	700	400	12 000	2 000	1 500	400	22 600		22 600
6	30	根据分配表8									22 600	
6	30	合计	5 600	700	400	12 000	2 000	1 500	400	22 600	22 600	0

表 5-11　辅助生产车间制造费用明细账

车间名称：运输车间　　　　　　　　　　　　　　　　　　　　　　　　　　　　（单位：元）

月	日	摘要	职工薪酬	机物料消耗	水电费	折旧费	劳动保护费	办公费	其他	合计	转出	余额
6	30	根据付款凭证汇总表					1 500	1 500	1 200	4 200		
6	30	根据分配表1		2 100						2 100		
6	30	根据分配表2			400					400		
6	30	根据分配表3	5 600							5 600		
6	30	根据分配表4				9 000				9 000		
6	30	待分配费用小计	5 600	2 100	400	9 000	1 500	1 500	1 200	21 300		21 300
6	30	根据分配表8									21 300	
6	30	合计	5 600	2 100	400	9 000	1 500	1 500	1 200	21 300	21 300	0

（2）该企业采用直接分配法分配辅助生产费用。本月供水车间提供水 42 000m³，其中为运输车间供水 2 000m³，为基本生产车间供水 36 000m³，为行政管理部门供水 4 000m³。本月运输车间提供运输劳务 51 000t·km，其中为供水车间运输 1 000t·km，为基本生产车间运输 45 000t·km，为行政管理部门运输 5 000t·km。

根据辅助生产成本明细账和辅助生产车间制造费用明细账中的待分配费用、供水和运输车间提供的劳务数量，编制辅助生产费用分配表分配辅助生产费用，见表 5-12。

表 5-12　辅助生产费用分配表（分配表 7）

（直接分配法）

（金额单位：元）

项目			供水车间	运输车间	合计
待分配费用	"辅助生产成本"科目发生额		25 400	35 200	60 600
	"制造费用"科目发生额		22 600	21 300	43 900
	小计		48 000	56 500	104 500
供应辅助生产以外单位的劳务数量			40 000m³	50 000t·km	
费用分配率（单位成本）			1.2 元/m³	1.13 元/(t·km)	
应借"制造费用"科目	基本生产车间	耗用数量	36 000m³	45 000t·km	
		分配金额	43 200	50 850	94 050
应借"管理费用"科目		耗用数量	4 000m³	5 000t·km	
		分配金额	4 800	5 650	10 450
合计			48 000	56 500	104 500

表 5-12 中费用分配率计算如下：

供水费用分配率 = $\dfrac{48\,000}{40\,000}$ = 1.2（元/m³）

运输费用分配率 = $\dfrac{56\,500}{50\,000}$ = 1.13 [元/(t·km)]

编制会计分录⑩如下：

借：制造费用——基本生产车间　　　　　　　　　　　　　　94 050
　　管理费用　　　　　　　　　　　　　　　　　　　　　　10 450
　　贷：辅助生产成本　　　　　　　　　　　　　　　　　　　　104 500

（3）将辅助生产费用分配表的各项分配数记入各有关明细账后，结算辅助生产车间制造费用明细账，并编制辅助生产车间制造费用分配表，将各辅助生产车间的制造费用分配转入辅助生产成本明细账，归集辅助生产费用。辅助生产车间制造费用分配表见表 5-13。

表 5-13　辅助生产车间制造费用分配表（分配表 8）

（单位：元）

应借科目		供水车间 制造费用	运输车间 制造费用	合计
总账科目	明细科目			
辅助生产成本	供水车间	22 600		22 600
	运输车间		21 300	21 300
合计		22 600	21 300	43 900

编制会计分录⑪如下：

借：辅助生产成本——供水车间　　　　　　　　　　　　　　22 600
　　　　　　　　——供电车间　　　　　　　　　　　　　　21 300
　　贷：制造费用——供水车间　　　　　　　　　　　　　　　22 600
　　　　　　　　——供电车间　　　　　　　　　　　　　　　21 300

5．归集和分配基本生产车间的制造费用

（1）根据上述各种费用分配表，登记基本生产车间制造费用明细账，见表 5-14。

表 5-14　基本生产车间制造费用明细账

车间名称：基本生产车间　　　　　　　　　　　　　　　　　　　　　　　　　（单位：元）

月	日	摘要	职工薪酬	机物料消耗	低值易耗品摊销	折旧费	水电费	运费	办公费	劳动保护费	其他	合计	转出	余额
6	30	根据付款凭证汇总表							7 000	4 000	950	11 950		
6	30	根据分配表 1		1 200								1 200		
6	30	根据分配表 2				600						600		
6	30	根据分配表 3	14 000									14 000		
6	30	根据分配表 4				24 000						24 000		
6	30	根据分配表 6			1 200							1 200		
6	30	根据分配表 7					43 200	50 850				94 050		
6	30	根据分配表 9											147 000	
6	30	合计	14 000	1 200	1 200	24 000	43 800	50 850	7 000	4 000	950	147 000	147 000	0

（2）根据基本生产车间制造费用明细账归集的制造费用和甲、乙产品的机器工时，编制基本生产车间制造费用分配表，详见表 5-15。

表 5-15　基本生产车间制造费用分配表（分配表 9）

应借科目		机器工时 /h	分配金额 / 元（分配率为 36.75 元 /h）
总账科目	明细科目		
基本生产成本	甲产品	2 400	88 200
	乙产品	1 600	58 800
合计		4 000	147 000

分配率：$\dfrac{147\,000}{4\,000} = 36.75$（元 /h）

编制会计分录⑫如下：

| 借：基本生产成本 | 147 000 |
| 贷：制造费用——基本生产车间 | 147 000 |

6. 登记管理费用明细账

根据上述各种费用分配表，登记管理费用明细账，归集和结转管理费用（此处从略）。

7. 登记产品成本明细账并计算产品成本

根据上述各种费用分配表和其他有关资料，登记产品成本明细账，分别归集甲、乙两种产品的生产费用，并采用适当的分配方法，分配计算甲、乙产品的完工产品成本和月末在产品成本。

（1）该企业产品的消耗定额比较准确、稳定，甲、乙产品各月在产品数量变动不大，采用在产品按定额成本计价法进行完工产品与在产品之间的费用分配。根据在产品的盘存资料和费用定额资料编制月末在产品定额成本计算表，作为分配费用的依据，详见表 5-16。

表 5-16　月末在产品定额成本计算表

（金额单位：元）

产品名称	在产品数量/件	直接材料费用		定额工时		直接燃料和动力费用（每机时 2.4 元）	直接人工费用（每工时 8.5 元）	制造费用（每机时 40 元）	定额成本合计
		费用定额	定额费用	机器工时/h	人工工时/h				
甲产品	40	500	20 000	262.5	1 400	630	11 900	10 500	43 030
乙产品	25	400	10 000	93.75	500	225	4 250	3 750	18 225

（2）根据上月产品成本明细账和本月各种费用分配表，登记产品成本明细账的上月末即本月初在产品成本和本月生产费用发生额。甲、乙产品成本明细账详见表 5-17 和表 5-18。

表 5-17　产品成本明细账

产品名称：甲产品　　　　　　　　　　　　　　　　　　　　　　　　　（金额单位：元）

月	日	摘要		产量/件	直接材料	直接燃料和动力	直接人工	制造费用	成本合计
5	31	在产品成本（定额成本）			18 000	567	10 710	9 450	38 727
6	30	根据分配表1			82 500				82 500
6	30	根据分配表2				6 000			6 000
6	30	根据分配表3					112 000		112 000
6	30	根据分配表9						88 200	88 200
6	30	本月生产费用合计			82 500	6 000	112 000	88 200	288 700
		生产费用累计			100 500	6 567	122 710	97 650	327 427
6	30	产成品成本	总成本	160	80 500	5 937	110 810	87 150	284 397
			单位成本		503.13	37.1	692.56	544.69	1 777.48
6	30	在产品成本（定额成本）			20 000	630	11 900	10 500	43 030

表 5-18　产品成本明细账

产品名称：乙产品　　　　　　　　　　　　　　　　　　　　　　　　　　　　（金额单位：元）

月	日	摘要		产量/件	直接材料	直接燃料和动力	直接人工	制造费用	成本合计
5	31	在产品成本（定额成本）			12 000	270	5 100	4 500	21 870
6	30	根据分配表 1			74 500				74 500
6	30	根据分配表 2				4 000			4 000
6	30	根据分配表 3					56 000		56 000
6	30	根据分配表 9						58 800	58 800
6	30	本月生产费用合计			74 500	4 000	56 000	58 800	193 300
6	30	生产费用累计			86 500	4 270	61 100	63 300	215 170
6	30	毁损在产品成本（分配表 5）			2 400	54	1 020	900	4 374
6	30	生产费用净额			84 100	4 216	60 080	62 400	210 796
6	30	产成品成本	总成本	190	74 100	3 991	55 830	58 650	192 571
			单位成本		390	21.01	293.84	308.68	1 013.53
6	30	在产品成本（定额成本）			10 000	225	4 250	3 750	18 225

（3）计算完工产品的实际生产成本。将月末在产品的定额成本记入产品成本明细账，并从生产费用累计数（或净额）中减去月末在产品定额成本，即可计算出完工产品（产成品）的实际总成本。本月甲产品完工 160 件，乙产品完工 190 件，各种产品的总成本除以各该产品产量，即可计算出各种完工产品的单位成本。

8．结转产成品成本

根据甲、乙产品成本明细账中的产成品成本，汇总编制产成品成本汇总表，结转产成品成本。产成品成本汇总表详见表 5-19。

表 5-19　产成品成本汇总表

（金额单位：元）

产成品名称	单位	产品数量	直接材料	直接燃料和动力	直接人工	制造费用	成本合计
甲产品	件	160	80 500	5 937	110 810	87 150	284 397
乙产品	件	190	74 100	3 991	55 830	58 650	192 571
合计			154 600	9 928	166 640	145 800	476 968

编制会计分录⑬如下：

借：库存商品　　　　　　　　　　　　　　　　　　　　　476 968
　　贷：基本生产成本　　　　　　　　　　　　　　　　　　　476 968

综上所述，产品成本计算的品种法账务处理的基本程序如图 5-1 所示。

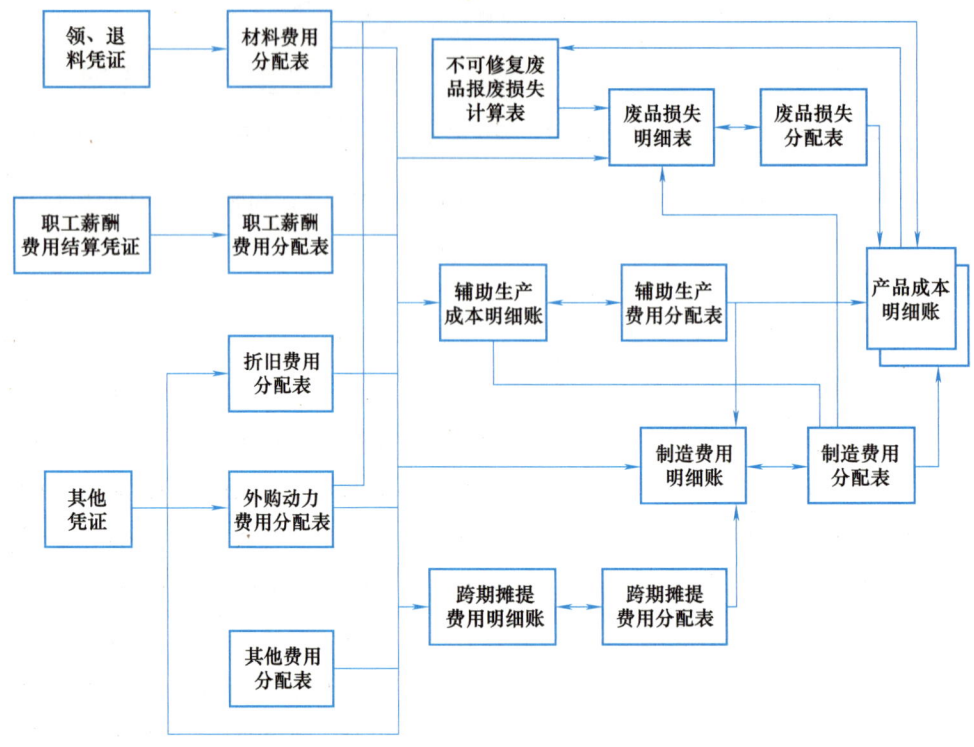

图 5-1　产品成本计算的品种法账务处理的基本程序

说明：

（1）为了计算产品成本，应按照成本计算对象——产品品种设置产品成本明细账，账内按成本项目设立专栏或专行，用以归集费用和计算成本。

（2）设置长期待摊费用、辅助生产成本、制造费用、废品损失等明细账。根据各项要素费用分配表，按费用的经济用途、成本项目和费用项目在明细账中进行登记。

（3）生产费用在各种产品之间的归集和分配，是通过编制各种费用分配表进行的。根据费用分配表编制会计分录，登记总账和明细账，既登记应借科目，又登记本科目及明细账的贷方转出数。

（4）将记入产品成本明细账的各项生产费用汇总，如果月末有未完工在产品，还要将归集的全部费用在完工产品与在产品之间进行纵向分配，计算完工产品成本和月末在产品成本。

从上述例题中可以看出，品种法的计算程序体现了产品成本计算的一般程序。这一程序与第二章所列成本核算账务处理程序图之间的区别是：在学习第二章时，尚未学习成本计算具体账表的名称、结构和登记方法，因而成本计算程序只能用会计科目的对应关系来表示；本章已经学习了这些账表的名称、结构和登记方法，因而可以用这些账表之间的关系来表示。学习时，应将两者联系起来，以加深对产品成本计算一般程序、品种法以及产品成本计算与一般会计核算关系的理解。

上述例题还表明，产品成本计算实际上就是会计核算中成本费用科目的明细核算。为了正确计算各种产品成本，必须正确编制各种费用分配表和归集、分配各项费用的会计分录，并且按照平行登记的规则，既登记有关的总账科目，又登记各该总账科目所属的明细账。最后，将各种生产费用归集、分配到基本生产成本科目及其所属的各种产品成本明细账中，计算各种产品的总成本和单位成本。

第三节 产品成本计算的分批法

一、分批法的适用范围

分批法主要适用于小批、单件,管理上不要求分步骤计算成本的多步骤生产,如重型机械、船舶、精密工具仪器制造业以及服装业、印刷业等。

二、分批法的特点

(一)成本计算对象

在分批法下,成本计算对象是产品的批别(单件生产为件别),因此,采用分批法计算产品成本时,要以产品的批别(或件别)为对象来设置产品成本明细账。在小批和单件生产中,产品的种类和每批产品的数量大多是根据购买单位的订单规定的,因而按批、按件计算产品成本,往往也就是按照订单计算产品成本,因此,分批法也称订单法。但是,在有些情况下,企业需要考虑产品订单的具体情况、生产组织的合理性以及成本考核、分析的要求,并据此来决定生产组织和成本计算的批别。比如,在下列情况下,企业就不是完全按照订单来组织生产和进行产品成本计算的。

1. 在一张订单中规定有几种产品

在这种情况下,为了考核和分析各种产品的成本计划的执行情况,便于加强生产管理,应将这一订单按产品品种划分批别来组织生产和进行成本计算。

2. 在一张订单中虽然只有一种产品,但其数量较多而且要求分批交货

在这种情况下,为了便于生产上的一次集中投料,并满足用户分批交货的要求,也可以分为几批组织生产和进行成本计算。

3. 同一时期的不同订单中有相同的产品,而且数量都不多

在这种情况下,为了经济、合理地组织生产,几张订单可以合为一批来组织生产和进行成本计算。

4. 大型、复杂的单件产品

对于大型、复杂的单件产品(如大型船舶),由于其价值大、生产周期长,可以按照产品的组成部分分批组织生产和进行成本计算。

在上述情况下,成本计算的对象就不是购货单位的订单,而是企业生产计划部门签发下达的生产任务通知单。在生产任务通知单中应对该批生产任务进行编号,称为产品批号或生产令号。会计部门应根据产品批号设立产品成本明细账,进行成本计算。

在分批法下，应以某批产品单独耗用还是几批产品共同耗用为标准，来区分是直接计入费用还是间接计入费用。对于直接计入费用，应直接记入有关产品成本明细账的相关成本项目；对于间接计入费用，应选择适当的分配标准在有关批别之间进行分配，将分配结果分别记入有关成本明细账的相关成本项目。由于分批法下可能存在多个成本计算对象，间接计入费用多，为了提高成本计算的正确性，应合理选择间接计入费用的分配标准。

（二）成本计算期

在分批法下，由于每批产品的生产成本总额只有在其全部完工后（完工月份的月末）才能最终计算确定，因而完工产品的成本计算是不定期的，即其成本计算期与产品的生产周期基本一致，而与会计报告期不一致。

（三）费用在完工产品与在产品之间的分配

在单件生产中，产品完工前，产品成本明细账中所记录的生产费用都是在产品成本；产品完工时，产品成本明细账中所记录的生产费用就是完工产品的成本。因而在月末计算成本时，不存在完工产品与在产品之间费用分配的问题。

在小批量生产中，由于产品批量较小，批内产品一般都能同时完工，因而一般不存在完工产品与月末在产品之间的费用分配问题。但是，如果批内产品存在跨月陆续完工的情况，在月末计算产品成本时，就有必要在完工产品与在产品之间分配费用。如果批内产品跨月陆续完工的情况不多，完工产品数量占批量比重较小时，可以按计划单位成本、定额单位成本或近期相同产品的实际单位成本计算本月完工产品的成本，并据以将其从成本账中转出；如果批内产品跨月陆续完工的情况较多，完工产品数量占批量比重较大时，为了提高成本计算的准确性，应采用适当的方法（如约当产量比例法等），进行完工产品与月末在产品之间的费用分配。

在批内产品跨月陆续完工的情况下，不论采用上述哪一种方法计算部分完工产品的成本，都应当在该批产品全部完工时，计算全部产品的实际总成本和单位成本。但对已经转账的完工产品成本，不再作账面调整。

为了使同一批产品尽可能同时完工，避免或减少由于跨月陆续完工而带来的完工产品与月末在产品的费用分配工作，在合理组织生产的前提下，可适当缩小产品的批量。

（四）分批法计算程序举例

【例 5-2】 某工业企业根据购买单位订单小批生产 A、B 两种产品，采用分批法计算产品成本。20×× 年 7 月生产情况和生产费用支出情况的资料如下。

（1）本月生产成品的批号。

3020：A 产品 10 台，5 月投产，本月全部完工。

3040：A 产品 15 台，6 月投产，本月完工 10 台。

4021：B 产品 10 台，本月投产，计划 8 月完工，本月提前完工 2 台。

（2）生产费用支出情况。

1）各批产品的月初在产品费用详见表 5-20。

2）根据费用分配表，汇总各批产品本月发生的生产费用，详见表 5-21。

表 5-20　月初在产品费用

（单位：元）

批号	直接材料	直接燃料和动力	直接人工	制造费用	合计
3020	45 000	3 500	24 000	21 000	93 500
3040	87 000	4 220	30 040	23 000	144 260

表 5-21　本月生产费用汇总

（单位：元）

批号	直接材料	直接燃料和动力	直接人工	制造费用	合计
3020		1 500	15 000	13 000	29 500
3040		1 600	17 000	14 500	33 100
4021	35 000	2 000	20 000	15 000	72 000

（3）计算本月各批别产品的成本。

1）3020 批 A 产品，本月已全部完工，产品成本明细账中所归集的全部费用即为该批产品的总成本。

2）3040 批 A 产品，本月完工数量较大，其完工产品与月末在产品之间的费用分配采用约当产量比例法。由于原材料是在生产开始时一次性投入的，其费用按照完工产品和在产品实际数量分配；其他费用按约当产量比例分配。在产品的完工程度为 40%。

3）4021 批 B 产品，本月完工数量为 2 台。为简化核算，这 2 台 B 产品的成本按计划成本转出。每台计划成本：直接材料费用为 3 510 元，直接燃料费用为 300 元，直接人工费用为 2 800 元，制造费用为 2 100 元，合计 8 710 元。

根据上述各项资料，登记各批产品成本明细账，详见表 5-22～表 5-24。

表 5-22　产品成本明细账

投资日期：5 月
完工日期：7 月

产品批号：3020　　　　　　　购货单位：先锋公司
产品名称：A 产品　　　　　　批量：10 台

（单位：元）

摘要	直接材料	直接燃料和动力	直接人工	制造费用	合计
月初在产品费用	45 000	3 500	24 000	21 000	93 500
本月费用		1 500	15 000	13 000	29 500
累计	45 000	5 000	39 000	34 000	123 000
完工产品成本					
完工产品单位成本	4 500	500	3 900	3 400	12 300

表 5-23 中有关数据计算如下：

完工产品直接材料费用 = 87 000 ÷（10 + 5）× 10 = 58 000（元）

月末在产品直接材料费用 = 87 000 ÷（10 + 5）× 5 = 29 000（元）

月末在产品约当产量 = 5 × 40% = 2（台）

完工产品直接燃料和动力费用 = 5 820 ÷（10 + 2）× 10 = 4 850（元）

月末在产品直接燃料和动力费用 = 5 820 ÷ (10 + 2) × 2 = 970（元）
完工产品直接人工费用 = 47 040 ÷ (10 + 2) × 10 = 39 200（元）
月末在产品直接人工费用 = 47 040 ÷ (10 + 2) × 2 = 7 840（元）
完工产品制造费用 = 37 500 ÷ (10 + 2) × 10 = 31 250（元）
月末在产品制造费用 = 37 500 ÷ (10 + 2) × 2 = 6 250（元）

表 5-23　产品成本明细账

投资日期：6 月

产品批号：3040　　　　购货单位：江北公司　　　完工日期：8 月（本月完工 10 台）
产品名称：A 产品　　　批量：15 台　　　　　　　（单位：元）

摘要	直接材料	直接燃料和动力	直接人工	制造费用	合计
月初在产品费用	87 000	4 220	30 040	23 000	144 260
本月费用		1 600	17 000	14 500	33 100
累计	87 000	5 820	47 040	37 500	177 360
完工产品成本	58 000	4 850	39 200	31 250	133 300
完工产品单位成本	5 800	485	3 920	3 125	13 330
月末在产品费用	29 000	970	7 840	6 250	44 060

表 5-24　产品成本明细账

投资日期：7 月

产品批号：4021　　　　购货单位：江南公司　　　完工日期：8 月（本月完工 2 台）
产品名称：B 产品　　　批量：10 台　　　　　　　（单位：元）

摘要	直接材料	直接燃料和动力	直接人工	制造费用	合计
本月费用	35 000	2 000	20 000	15 000	72 000
单台成本	3 510	300	2 800	2 100	8 710
完工 2 台成本	7 020	600	5 600	4 200	17 420
月末在产品费用	27 980	1 400	14 400	10 800	54 580

（五）简化的分批法

在某些小批、单件生产的企业或车间中，同一月份投产的产品批数很多，且月末未完工的批数也较多，如果将当月发生的间接计入费用全部分配给各批产品，而不论其是否完工，费用分配的工作量将会非常大。在这种情况下，为了简化间接计入费用的分配工作，可以采用简化的分批法。

较一般的分批法，简化的分批法具有以下几个特点。

（1）在简化的分批法下，必须设置基本生产二级账，用以登记各批产品的全部生产费用（包括直接计入费用和间接计入费用）以及各批产品的生产工时；而各批产品的成本明细账，平时（没有完工产品的月份）只登记直接计入费用和生产工时。

（2）在有产品完工的月份，根据基本生产二级账提供的资料（全部各批产品的累计间接计入费用和累计工时),计算累计间接计入费用分配率,并根据累计间接计入费用分配率和各批产品的完工产品所耗用的生产工时向各批产品的完工产品分配间接计入费用。这样,根据各批产品的完工产品应分担的直接计入费用和由上述向其分配来的间接计入费用即可计算出各批完工产品的成本。

(3)对于各批产品的在产品,则不分别向它们分配间接计入费用,它们应负担的间接计入费用只以总数反映在基本生产二级账中,即不分批计算在产品成本。因此,这种方法也可称为不分批计算在产品成本的分批法。可见,采用这种方法时,可以简化费用的分配和登记工作,月末未完工的批数越多,核算工作就越简化。

计算分配各批完工产品应负担的间接计入费用的有关计算公式如下:

$$全部产品累计间接计入费用分配率 = \frac{全部产品累计间接计入费用}{全部产品累计工时}$$

$$某批完工产品应负担的间接计入费用 = 该批完工产品累计工时 \times 全部产品累计间接计入费用分配率$$

需要特别指出的是,当月发生的费用应分配给当月受益的产品,这是费用分配的一般原则,但在简化的分批法下,各月采用累计间接计入费用分配率向本月各批产品中的完工产品分配间接计入费用,这就使得简化的分批法的采用必须符合这样一个条件:各月的间接计入费用的水平相差不多。也就是说,在各月间接计入费用水平相差悬殊的情况下,不宜采用简化的分批法;否则,就会影响成本计算的正确性。比如,前几个月的间接计入费用水平低,而本月高,某批产品本月投产本月完工,这时按照累计间接计入费用分配率分配计算该批完工产品的成本,就会导致其成本偏低。

【例 5-3】 某工业企业小批生产多种产品,由于产品批数多,为了简化成本计算工作,采用简化的分批法——不分批计算在产品成本的分批法计算成本。该企业 9 月的产品批号如下。

2010:甲产品 6 件,7 月投产,本月完工。
2011:甲产品 8 件,8 月投产,尚未完工。
2041:乙产品 12 件,8 月投产,本月完工 2 件。
2061:丙产品 4 件,9 月投产,尚未完工。

该企业设立的基本生产成本二级账见表 5-25。

表 5-25 基本生产成本二级账

(各批产品总成本)

(金额单位:元)

月	日	摘要	直接材料	生产工时/h	直接人工	制造费用	合计
8	31	在产品	30 120	62 000	596 250	901 500	1 527 870
9	30	本月发生	24 100	101 500	1 038 750	1 142 250	2 205 100
	30	累计数	54 220	163 500	1 635 000	2 043 750	3 732 970
	30	全部产品累计间接计入费用分配率	—	—	10 元/h	12.5 元/h	—
	30	本月完工产品转出	10 365	41 460	414 600	518 250	943 215
	30	在产品	43 855	122 040	1 220 400	1 525 500	2 789 755

在表 5-25 基本生产成本二级账中，8 月 31 日在产品的生产工时和各项费用系上月末根据上月的生产工时和生产费用资料计算登记；本月发生的原材料费用和生产工时，应根据本月原材料费用分配表、生产工时记录，与各批产品成本明细账平行登记；本月发生的各项间接计入费用，应根据各该费用分配表汇总登记。全部产品累计间接计入费用分配率计算如下：

$$直接人工费用累计分配率 = \frac{1\,635\,000}{163\,500} = 10（元/h）$$

$$制造费用累计分配率 = \frac{2\,043\,750}{163\,500} = 12.5（元/h）$$

本月完工转出产品的直接材料费用和生产工时，应根据各批产品的产品成本明细账中完工产品的直接材料费用和生产工时汇总登记；完工产品的各项间接计入费用，可以根据账中完工产品工时分别乘以各项费用的累计分配率计算登记，也可以根据各批产品成本明细账中完工产品的各该费用分别汇总登记。以账中累计行的各栏数字分别减去本月完工产品转出数，即为 9 月末在产品的直接材料费用、生产工时和各项间接计入费用。月末在产品的直接材料费用和生产工时，也可以根据各批产品成本明细账中月末在产品的直接材料费用和生产工时分别汇总登记；各项间接计入费用也可以根据其生产工时分别乘以各项费用累计分配率计算登记。两者计算结果应该相符。

该企业设立的各批产品成本明细账详见表 5-26 ～表 5-29。

表 5-26　产品成本明细账

产品批号：2010　　　购货单位：万里工厂　　　投资日期：7 月
产品名称：甲产品　　　批量：6 件　　　完工日期：9 月
（金额单位：元）

月	日	摘要	直接材料	生产工时/h	直接人工	制造费用	合计
7	31	本月发生	5 800	5 430			
8	31	本月发生	1 130	8 870			
9	30	本月发生	1 210	16 700			
	30	累计数及累计间接计入费用分配率	8 140	31 000	10 元/h	12.5 元/h	
	30	本月完工产品转出	8 140	31 000	310 000	387 500	705 640
	30	完工产品单位成本	1 356.67		51 666.67	64 583.33	117 606.67

表 5-27　产品成本明细账

产品批号：2011　　　购货单位：兴华公司　　　投资日期：8 月
产品名称：甲产品　　　批量：8 件　　　完工日期：
（金额单位：元）

月	日	摘要	直接材料	生产工时/h	直接人工	制造费用	合计
8	31	本月发生	9 840	19 070			
9	30	本月发生	2 980	42 080			

表 5-28　产品成本明细账

产品批号：2041　　　　　　购货单位：大恒公司　　　　　投资日期：8 月
产品名称：乙产品　　　　　　批量：12 件　　　　　　　　完工日期：9 月完成 2 件
　　　　　　　　　　　　　　　　　　　　　　　　　　　（金额单位：元）

月	日	摘要	直接材料	生产工时/h	直接人工	制造费用	合计
8	31	本月发生	13 350	28 630			
9	30	本月发生		14 140			
	30	累计数及累计间接计入费用分配率	13 350	42 770	10 元/h	12.5 元/h	
	30	本月完工产品（2 件）转出	2 225	10 460	104 600	130 750	237 575
	30	完工产品单位成本	1 112.5		52 300	65 375	118 787.5
	30	在产品	11 125	32 310			

表 5-29　产品成本明细账

产品批号：2061　　　　　　购货单位：东方集团　　　　　投资日期：9 月
产品名称：丙产品　　　　　　批量：4 件　　　　　　　　　完工日期：
　　　　　　　　　　　　　　　　　　　　　　　　　　　（金额单位：元）

月	日	摘要	直接材料	生产工时/h	直接人工	制造费用	合计
9	30	本月发生	19 910	28 580			

在上述各批产品成本明细账中，对于没有完工产品的月份，只登记直接材料费用（直接计入费用）和生产工时，如 2011 批、2061 批两批产品；对于有完工产品的月份，包括批内产品全部完工或部分完工，除登记本月发生的直接材料费用和生产工时及其累计数外，还应根据基本生产成本二级账登记各项累计间接计入费用的分配率以及完工产品转出成本等内容。2010 批产品，月末全部完工，因而其产品成本明细账中累计的直接材料费用和生产工时，就是完工产品的直接材料费用和生产工时，以其生产工时分别乘以各项累计间接计入费用分配率，即为完工产品应分配的各项间接计入费用。2041 批产品，月末部分完工、部分在产，因而还应在完工产品与在产品之间分配费用。该种产品所耗原材料在生产开始时一次性投入，因而直接材料费用按完工产品与在产品的数量比例分配，完工产品直接材料费用为 2 225 元［(13 350/12)×2］；完工产品工时 10 460h 系按工时定额计算。

由上述可以看出，在简化的分批法下，各批产品之间分配间接计入费用的工作与完工产品和在产品之间分配间接计入费用的工作，即生成费用的横向分配和纵向分配工作，都是利用累计间接计入费用分配率，到产品完工时合并在一起进行的，也就是说，各项累计间接计入费用分配率是各批完工产品之间、全部完工产品与全部在产品之间以及某批产品的完工产品与其在产品之间，分配各该项间接计入费用的依据。

第四节　产品成本计算的分步法

一、分步法的适用范围

分步法适用于大量、大批管理上要求分步计算成本的多步骤生产。在多步骤生产的企业中，例如，纺织企业的生产可分为纺纱、织布等步骤，冶金企业的生产可分为炼铁、炼钢、轧钢等步骤，机械制造企业的生产可分为铸造、加工、装配等步骤。为了加强成本管理，往往不仅要求按照产品品种归集生产费用，计算产品成本，而且还要求按照产品的生产步骤归集生产费用，计算各步骤产品成本，提供反映各种产品及其各生产步骤成本计划执行情况的资料。

二、分步法的特点

（一）成本计算对象

在分步法下，成本计算对象是产品的生产步骤。因此，采用分步法计算产品成本，要以产品的生产步骤为对象来设置产品成本明细账。具体来说，如果只生产一种产品，成本计算对象就是该种产成品及其所经过的各生产步骤，产品成本明细账应该按照产品的生产步骤设立；如果生产多种产品，成本计算对象则应是各种产成品及其经历的各生产步骤，产品成本明细账应该按照每种产品的各个生产步骤设立。

（二）成本计算期

在大量、大批多步骤生产中，由于生产过程较长，可以间断，而且往往都是跨月陆续完工的，因此，成本计算一般都是按月、定期进行，即在分步法下，成本计算期与会计报告期一致，而与产品的生产周期不一致。

（三）费用在完工产品与在产品之间的分配

由于大量、大批多步骤生产的产品往往跨月陆续完工，月末各步骤一般都存在未完工的在产品，因此，在计算成本时，还需要采用适当的分配方法，将汇集在各种产品、各生产步骤产品成本明细账中的生产费用，在完工产品与在产品之间进行分配，计算各产品、各生产步骤的完工产品成本和在产品成本。

（四）各步骤之间成本的结转

由于产品生产是分步骤进行的，上一步骤生产的半成品是下一步骤的加工对象，因此，为了计算各种产品的产成品成本，还需要按照产品品种，结转各步骤成本。也就是说，与其他成本计算方法不同，在采用分步法计算产品成本时，在各步骤之间还有个成本结转问题。这是分步法的一个重要特点。

由于各个企业生产工艺过程的特点和成本管理对各步骤成本资料的要求（要不要计算半成品成本）不同，以及对简化成本计算工作的考虑，各生产步骤成本的计算和结转采用两种不同的方法：逐步结转法和平行结转法。因而，产品成本计算的分步法也就相应地分为逐步结转分步法和平行结转分步法两种。

三、逐步结转分步法

逐步结转分步法也称计列半成品成本的分步法，是指按照产品的生产步骤逐步计算并结转半成品成本，最后算出产成品成本的一种分步法。

逐步结转分步法主要适应于管理上需要计算各生产步骤半成品成本的情况。例如，在大量、大批多步骤生产的企业中，有的半成品不仅供本企业进一步加工成为最终产成品，而且经常直接对外销售（如钢铁企业生产的生铁），为了满足半成品定价、计算盈亏以及成本考核和分析的需要，就必须计算半成品的成本；又如，有的半成品为本企业几种产品所耗用（如造纸企业生产的纸浆），为了计算各种产品的成本，就需要计算它们所消耗的半成品的成本。此外，在实行内部经济责任制的企业，为了考核和分析内部有关单位的生产耗费与资金占用水平，也需要计算各生产步骤半成品的成本。

综上所述，逐步结转分步法是在大量、大批多步骤生产的企业中为了计算半成品成本而采用的一种分步法。

在逐步结转分步法下，各步骤所耗用的上一步骤半成品的成本要随着半成品实物的转移，从上一步骤的产品成本明细账转入下一步骤相同产品的产品成本明细账中，以便逐步计算各步骤的半成品成本和最后步骤的产成品成本。这一计算程序如图5-2所示。

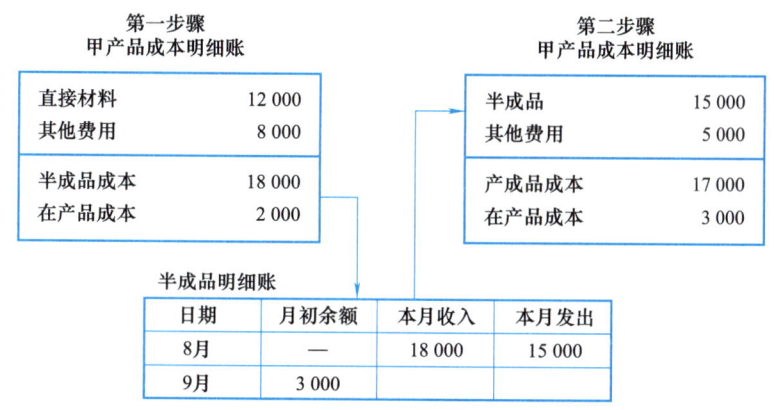

图 5-2　逐步结转分步法计算程序

在图 5-2 中，第一步骤完工半成品在验收入库时应根据完工转出的半成品成本编制借记"自制半成品"科目，贷记"基本生产成本"科目的会计分录；第二步骤领用时，再编制相反的会计分录。如果半成品完工后不通过半成品库收发，而直接转入下一步骤，半成品成本应在各步骤的产品成本明细账之间直接结转，不编制上述会计分录。

从图 5-2 的计算程序中可以看出，采用这种分步法，每月月末，各项生产费用（包括所耗上一步骤半成品成本）在各步骤产品成本明细账中归集以后，如果该步骤既有完工的半成品（最后步骤为产成品),又有正在加工中的在产品,为了计算完工的半成品(最后步骤为产成品)和正在加工中的在产品成本,还应将各步骤产品成本明细账中归集的生产费用,采用适当的分配方法,在完工半成品(最后步骤为产成品)与正在加工中的在产品之间进行分配,然后通过半成品的逐步结转,在最后一个步骤的产品成本明细账中,计算出完工产成品成本。

上述计算程序表明,每一个步骤都是一个品种法,逐步结转分步法实际上是品种法的多次连续应用。

逐步结转分步法按照结转的半成品成本在下一步骤产品成本明细账中的反映方式,又可以分为综合结转和分项结转两种方法。

(一)综合结转法

综合结转法的特点是将各步骤所耗用的上一步骤半成品成本,综合记入各该步骤的产品成本明细账"直接材料"或专设的"半成品"项目中。

综合结转,可以按照半成品的实际成本结转,也可以按照半成品的计划成本(或定额成本)结转。

1. 半成品按实际成本综合结转

采用这种结转方法,各步骤所耗上一步骤的半成品费用,应根据所耗半成品的实际数量乘以半成品的实际单位成本计算。

由于各月所产半成品的实际单位成本不同,因而所耗半成品实际单位成本的计算,可根据企业的实际情况,选择适当的存货计价方法(如先进先出法、全月一次加权平均法等)对半成品进行计价结转。

为了提高各步骤成本计算的及时性,在半成品月初余额较大,本月所耗半成品全部或者大部分是以前月份所生产的情况下,本月所耗半成品费用也可按上月末半成品的单位成本计算。

【例 5-4】 假定甲产品生产分三个步骤,在第一车间、第二车间、第三车间分别进行。三个车间产品所耗的原材料或半成品均是在生产开始时一次性投入的。半成品通过半成品库收发。第二车间、第三车间所耗半成品费用按全月一次加权平均单位成本计算。三个车间的完工产品与月末在产品之间的费用分配采用约当产量比例法。各步骤之间的成本结转采用综合逐步结转分步法计算产品成本。根据半成品和产成品交库单以及在产品盘点、统计资料汇总的产品的有关实物量和在产品的完工程度资料见表 5-30。

表 5-30 产品的有关实物量和在产品的完工程度资料

项目	第一车间	第二车间	第三车间
月初在产品数量 / 件	400	300	300
本月投产数量 / 件	1 800	1 700	1 700
本月完工产品数量 / 件	2 000	1 800	1 800
月末在产品数量 / 件	200	200	200
在产品完工程度	50%	50%	50%

(1)根据上月第一车间产品成本明细账所记录的月末在产品成本和本月的各种生产费用分配表登记第一车间产品成本明细账中"本月费用"一行的有关数据,根据表 5-30 所提供的有关

第一车间的资料,将第一车间的月初在产品成本与本月费用的合计,采用约当产量比例法进行分配,计算出本月完工半成品成本和月末在产品成本,并据以登记产品成本明细账。第一车间产品成本明细账见表 5-31。

表 5-31　第一车间产品成本明细账

(金额单位:元)

项目		直接材料	直接人工	制造费用	合计
月初在产品成本		48 000	10 200	15 000	73 200
本月费用		227 000	78 000	96 300	401 300
合计		275 000	88 200	111 300	474 500
产品产量/件	完工产品产量	2 000	2 000	2 000	—
	在产品约当产量	200	100	100	—
	合计	2 200	2 100	2 100	—
单位成本(费用分配率)/(元/件)		125	42	53	220
转出半成品成本		250 000	84 000	106 000	440 000
在产品成本		25 000	4 200	5 300	34 500

第一车间成本明细账中有关完工半成品与月末在产品费用分配的数据计算如下:

直接材料费用分配率 = $\dfrac{275\,000}{2\,000+200}$ = 125(元/件)

完工半成品应分配的直接材料费用 = 2 000 × 125 = 250 000(元)
在产品应分配的直接材料费用 = 200 × 125 = 25 000(元)
分配直接人工费用和制造费用的在产品约当产量:
200 × 50% = 100(件)

直接人工费用分配率 = $\dfrac{88\,200}{2\,000+100}$ = 42(元/件)

完工半成品应分配的直接人工费用 = 2 000 × 42 = 84 000(元)
在产品应分配的直接人工费用 = 100 × 42 = 4 200(元)

制造费用分配率 = $\dfrac{111\,300}{2\,000+100}$ = 53(元/件)

完工半成品应分配的制造费用 = 2 000 × 53 = 106 000(元)
在产品应分配的制造费用 = 100 × 53 = 5 300(元)

根据第一车间的半成品交库单所列交库数量和甲产品成本明细账中完工转出的半成品成本,编制下列会计分录:

　　借:自制半成品　　　　　　　　　　　　　　　　　　　　440 000
　　　　贷:基本生产成本　　　　　　　　　　　　　　　　　　440 000

根据计价后的第一车间的半成品交库单和第二车间领用单,登记自制半成品明细账,详见表 5-32。

表 5-32 自制半成品明细账

甲半成品（1） （金额单位：元）

月份	月初余额 数量/件	月初余额 实际成本	本月增加 数量/件	本月增加 实际成本	合计 数量/件	合计 实际成本	单位成本/（元/件）	本月减少 数量/件	本月减少 实际成本
1	200	46 200	2 000	440 000	2 200	486 200	221	1 700	375 700
2	500	110 500							

加权平均单位成本 $= \dfrac{46\,200 + 440\,000}{200 + 2\,000} = 221$（元/件）

本月减少成本 $= 1\,700 \times 221 = 375\,700$（元）

根据第二车间半成品领用单（单中按所列领用数量和自制半成品明细账中单位成本计价），编制下列会计分录：

借：基本生产成本　　　　　　　　　　　　　　　　　　　　375 700
　　贷：自制半成品　　　　　　　　　　　　　　　　　　　　375 700

（2）根据各种生产费用分配表、半成品领用单登记第二车间甲产品成本明细账中"本月费用"一行的有关数据；根据表 5-30 所提供的有关资料，将第二车间的月初在产品成本与本月费用的合计数，采用约当产量比例法进行分配，计算出完工半成品成本与月末在产品成本，并据以登记产品成本明细账。第二车间产品成本明细账详见表 5-33。

表 5-33 第二车间产品成本明细账

（金额单位：元）

项目		直接材料	直接人工	制造费用	合计
月初在产品成本		70 300	7 940	8 420	86 660
本月费用		375 700	64 260	82 780	522 740
合计		446 000	72 200	91 200	609 400
产品产量/件	完工产品产量	1 800	1 800	1 800	—
	在产品约当产量	200	100	100	—
	合计	2 000	1 900	1 900	—
单位成本（分配率）/（元/件）		223	38	48	309
转出半成品成本		401 400	68 400	86 400	556 200
月末在产品成本		44 600	3 800	4 800	53 200

第二车间成本明细账中其他有关完工半成品与月末在产品费用分配的数据计算如下：

半成品费用分配率 $= \dfrac{446\,000}{1\,800 + 200} = 223$（元/件）

完工半成品应用分配的半成品费用 $= 1\,800 \times 223 = 401\,400$（元）

在产品应用分配的半成品费用 $= 200 \times 223 = 44\,600$（元）

分配直接人工费用和制造费用的在产品约当产量：

$200 \times 50\% = 100$（件）

直接人工费用分配率 = $\dfrac{72\,200}{1\,800+100}$ = 38（元/件）

完工半成品应分配的直接人工费用 = 1 800 × 38 = 68 400（元）

在产品应分配的直接人工费用 = 100 × 38 = 3 800（元）

制造费用分配率 = $\dfrac{91\,200}{1\,800+100}$ = 48（元/件）

完工半成品应分配的制造费用 = 1 800 × 48 = 86 400（元）

在产品应分配的制造费用 = 100 × 48 = 4 800（元）

根据第二车间的半成品交库单所列交库数量和第二车间甲产品成本明细账中完工转出的半成品成本，编制下列会计分录：

借：自制半成品　　　　　　　　　　　　　　　　　　　　556 200
　　贷：基本生产成本　　　　　　　　　　　　　　　　　　　　556 200

根据第二车间计价后的半成品交库单和第三车间领用半成品的领用单，登记自制半成品明细账，详见表 5-34。

表 5-34　自制半成品明细账

甲半成品（2）　　　　　　　　　　　　　　　　　　　　　　　　　　　　（金额单位：元）

月份	月初余额		本月增加		合计			本月减少	
	数量/件	实际成本	数量/件	实际成本	数量/件	实际成本	单位成本/（元/件）	数量/件	实际成本
1	300	94 800	1 800	556 200	2 100	651 000	310	1 700	527 000
2	400	124 000							

加权平均单位成本 = $\dfrac{94\,800+556\,200}{300+1\,800}$ = 310（元/件）

本月减少成本 = 1 700 × 310 = 527 000（元）

根据第三车间半成品领用单（单中按所列领用数量和自制半成品明细账中单位成本计价），编制下列会计分录：

借：基本生产成本　　　　　　　　　　　　　　　　　　　　527 000
　　贷：自制半成品　　　　　　　　　　　　　　　　　　　　　527 000

（3）根据各种生产费用分配表、半成品领用单登记第三车间甲产品成本明细账中"本月费用"一行的有关数据；根据表 5-30 所提供的有关资料，将第三车间的月初在产品成本与本月费用的合计数，采用约当产量比例法进行分配，计算出本月完工产品成本和月末在产品成本，并据以登记产品成本明细账。第三车间产品成本明细账详见表 5-35。

表 5-35　第三车间产品成本明细账

（金额单位：元）

项目	半成品	直接人工	制造费用	合计
月初在产品成本	95 000	7 200	8 640	110 840
本月费用	527 000	63 100	78 760	668 860

（续）

项目		半成品	直接人工	制造费用	合计
合计		622 000	70 300	87 400	779 700
产品产量/件	完工产品产量	1 800	1 800	1 800	—
	在产品约当产量	200	100	100	—
	合计	2 000	1 900	1 900	—
单位成本/（元/件）		311	37	46	394
完工产品成本		559 800	66 600	82 800	709 200
月末在产品成本		62 200	3 700	4 600	70 500

第三车间成本明细账中其他有关完工产品与月末在产品费用分配的数据计算如下：

半成品费用分配率 = $\dfrac{622\,000}{1\,800+200}$ = 311（元/件）

完工半成品应分配的直接材料半成品费用 = 1 800×311 = 559 800（元）

在产品应分配的半成品费用 = 200×311 = 62 200（元）

分配直接人工费用和制造费用的在产品约当产量：

200×50% = 100（件）

直接人工费用分配率 = $\dfrac{70\,300}{1\,800+200}$ = 37（元/件）

完工半成品应分配的直接人工费用 = 1 800×37 = 66 600（元）

在产品应分配的直接人工费用 = 100×37 = 3 700（元）

制造费用分配率 = $\dfrac{87\,400}{1\,800+100}$ = 46（元/件）

完工半成品应分配的制造费用 = 1 800×46 = 82 800（元）

在产品应分配的制造费用 = 100×46 = 4 600（元）

根据第三车间的产成品交库单编制下列会计分录：

借：库存商品　　　　　　　　　　　　　　　　　　　　　　　709 200
　　贷：基本生产成本　　　　　　　　　　　　　　　　　　　　709 200

2．半成品按计划成本综合结转

采用这种结转方法，半成品日常收发的明细核算均按计划成本计价；在半成品实际成本计算出来后，再计算半成品成本差异率和差异额，调整领用半成品的计划成本。半成品收发的总分类核算则按实际成本计价。

半成品按计划成本综合结转所用账表的特点如下。

（1）自制半成品明细账不仅要反映半成品收发和结存的数量和实际成本，而且要反映其计划成本，以及成本差异率和成本差异额。其格式详见表 5-37。

（2）在产品成本明细账中，对于所耗用半成品的成本，既可以直接按照调整成本差异后的实际成本登记，也可以按照计划成本和成本差异分别登记，以便分析上一步骤半成品成本差异对本步骤成本的影响。如采用后一种方法，产品成本明细账中的"半成品"项目应分设"计划成本""成本差异""实际成本"三栏。其格式详见表 5-38。

【例 5-5】 假定乙产品的生产分两个步骤，分别由第一车间、第二车间进行，采用逐步结转分步法计算产品成本。两个车间产品所耗的原材料或半成品均是在生产开始时一次性投入的。半成品通过半成品库收发、第二车间所耗半成品费用按计划成本综合结转。两个车间的完工产品与月末在产品之间的费用分配采用在产品按定额成本计价法。

乙产品的成本计算过程如下。

1）根据各种生产费用分配表登记第一车间乙产品成本明细账"本月费用"一行的有关数据；将第一车间月初在产品成本与本月费用的合计数，采用在产品按定额成本计价法进行分配，计算出月末在产品成本和本月完工半成品成本，并据以登记产品成本明细账（分配计算过程从略）。第一车间乙产品成本明细账见表 5-36。

表 5-36　产品成本明细账

第一车间：乙产品　　　　　　　　　　　　　　　　　　　　　　　　　　　　　（金额单位：元）

摘要	产量/件	直接材料	直接人工	制造费用	成本合计
月初在产品（定额成本）		45 000	14 400	18 000	77 400
本月费用		455 500	236 440	296 800	988 740
合计		500 500	250 840	314 800	1 066 140
完工转出半成品	1 000	451 000	235 000	295 000	981 000
单位成本/（元/件）		451	235	295	981
月末在产品（定额成本）		49 500	15 840	19 800	85 140

2）根据第一车间的半成品交库单所列交库数量和乙产品成本明细账中完工转出的半成品成本，编制下列会计分录：

借：自制半成品　　　　　　　　　　　　　　　　　　　　981 000
　　贷：基本生产成本　　　　　　　　　　　　　　　　　　　　　981 000

3）根据本月交库乙半成品的实际成本、乙半成品的计划单位成本、第一车间半成品交库单记录的乙半成品交库数量、第二车间半成品领用单记录的乙半成品领用数量以及月初乙半成品的数量、计划成本和实际成本等资料计算本月乙半成品的成本差异率，并据以计算第二车间领用乙半成品应负担的成本差异。乙半成品明细账的格式详见表 5-37。

表 5-37　自制半成品明细账

　　　　　　　　　　　　　　　　　　　　　　　　　　　　　　　　　　　　计划单位成本：970 元
乙半成品　　　　　　　　　　　　　　　　　　　　　　　　　　　　　　　　（金额单位：元）

	项目		1月	2月
月初余额	数量/件	①	50	50
	计划成本	②	48 500	48 500
	实际成本	③	47 685	47 985
本月增加	数量/件	④	1 000	
	计划成本	⑤	970 000	
	实际成本	⑥	981 000	

(续)

项目			1月	2月
合计	数量/件	⑦=①+④	1 050	
	计划成本	⑧=②+⑤	1 018 500	
	实际成本	⑨=③+⑥	1 028 685	
	成本差异	⑩=⑨-⑧	10 185	
	成本差异率	⑪=(⑩/⑧)×100%	+1%	
本月减少	数量/件	⑫	1 000	
	计划成本	⑬	970 000	
	实际成本	⑭=⑬+⑬×⑪	979 700	

$$半成品成本差异率 = \frac{月初结存半成品成本差异 + 本月入库半成品成本差异}{月初结存半成品计划成本 + 本月入库半成品计划成本} \times 100\%$$

$$= \frac{-815 + 11\,000}{48\,500 + 970\,000} \times 100\% = \frac{10\,185}{1\,018\,500} \times 100\% = +1\%$$

发出半成品成本差异 = 发出半成品计划成本×半成品成本差异率
= 970 000×1% = 9 700（元）

发出半成品实际成本 = 发出半成品机会成本 + 发出半成品成本差异
= 970 000 + 9 700 = 979 700（元）

4）根据各种生产费用分配表、半成品领用单（包括领用的数量、计划成本、成本差异和实际成本等数据）登记第二车间乙产品成本明细账"本月费用"一行的有关数据；将第二车间月初在产品成本与本月费用的合计数，采用在产品按定额成本计价法进行分配，计算月末在产品成本和本月完工产成品成本，并据以登记产品成本明细账（分配计算过程从略）。第二车间乙产品成本明细账见表5-38。

表5-38 产品成本明细账

第二车间：乙产品 （金额单位：元）

摘要	产量/件	半成品			直接人工	制造费用	成本合计
		计划成本	成本差异	实际成本			
月初在产品（定额成本）		97 000	—	97 000	18 000	22 500	137 500
本月费用		970 000	9 700	979 700	295 000	370 000	1 644 700
合计		1 067 000	9 700	1 076 700	313 000	392 500	1 782 200
完工转出半成品	1 000	970 000	9 700	979 700	292 000	366 250	1 637 950
单位成本/(元/件)		970	9.7	979.7	292	366.25	1 637.95
月末在产品（定额成本）		97 000	—	97 000	21 000	26 250	144 250

与按实际成本综合结转半成品成本方法相比较，按计划成本综合结转半成品成本具有以下优点。

第一,可以简化和加速成本计算工作。由于各步骤之间半成品成本的结转按照计划单位成本进行,不仅计价工作简便,而且各步骤的成本计算工作可以同时进行,从而可以加速成本计算工作。尤其是在下述情况下,成本计算的简化和加速效果更为明显:①半成品种类较多,半成品成本差异的调整按照类别进行;②月初半成品存量较大,本月耗用的半成品大部分甚至全部是以前月份所生产本月所耗用半成品成本差异的调整按上月半成品成本差异率计算;③各步骤所耗半成品的成本差异,不调整计入各步骤的产品成本,直接调整计入产成品成本。

第二,便于各步骤进行成本的考核和分析。在半成品按计划成本结转的情况下,在各步骤的成本明细账中,可以清晰地反映出所耗用半成品的计划成本、成本差异和实际成本,从而便于在进行各步骤成本分析时,剔除上一步骤半成品成本的变动对本步骤产品成本的影响,分清经济责任,正确进行成本考核。

3. 综合结转的成本还原

采用综合结转法结转半成品成本,各步骤所耗的上一步骤生产的半成品的成本是以综合成本的形式在"半成品"或"直接材料"成本项目中反映的。在这种半成品成本结转方法下,最终计算出来的产成品成本,不能提供按原始成本项目反映的成本资料,而且在成本计算步骤较多的情况下,表现在产成品成本中的绝大部分费用是最后一个步骤所消耗的半成品费用。而其他费用只是耗费的最后一个步骤的费用。显然,这不能据以从整个企业角度分析和考核产品成本的构成及其水平。因此,在管理上要求从整个企业角度分析和考核产品成本的构成及其水平时,还应将综合结转算出的产成品成本进行成本还原,计算出按原始成本项目反映的产成品成本。所谓成本还原,就是将产成品耗用各步骤半成品的综合成本,逐步分解还原为"直接材料""直接人工""制造费用"等原始成本项目,以求得按原始成本项目反映的产成品成本,以恢复产品成本的真实构成。

【例 5-6】 假定甲产品由两个生产步骤组成,第一生产步骤生产的半成品,不通过半成品库收发,而直接由第二生产步骤领用,半成品成本在各步骤的产品成本明细账之间直接结转。其各步骤的逐步结转如图 5-3 所示。

```
        第一步骤                           第二步骤
    甲产品成本明细账                    甲产品成本明细账

                                    半成品         2 000
    直接材料      1 000
    直接人工        600              直接人工         400
    制造费用        400              制造费用         200
    半成品成本    2 000              产成品成本     2 600
```

图 5-3 半成品成本的直接结转

图 5-3 中甲产品第二步骤所耗半成品费用,恰好是第一步骤生产的半成品成本,两者可以抵销。如要进行成本还原,方法很简单,只要将所耗半成品成本忽略不计,而将两个步骤的直接材料、直接人工和制造费用分别汇总即可。这样,还原后的成本构成如下:直接材料为 1 000 元,直接人工为 1 000 元(600 + 400),制造费用为 600 元(400 + 200),合计 2 600 元。但在实际工作中,各步骤半成品的结转往往通过半成品库收发,而且上一步骤所产半成品数量与下一步骤所耗半成品数量往往不相等,因而上一步骤所产半成品成本与下一步骤所耗半成品费用不能抵

销，这就需要进行专门的成本还原。

要进行成本还原，必须首先确定按照怎样的成本结构进行还原。通常采用的成本还原方法是按照本月所产半成品的成本结构进行还原。成本还原的具体方法有以下两种。

（1）计算半成品各成本项目占其总成本的比重，并按该比重进行成本还原。采用这种方法时，还原分配率的基本计算公式如下：

$$还原分配率 = \frac{上一步骤完工半成品各成本项目的金额}{上一步骤完工半成品的成本合计}$$

【例 5-7】 沿用【例 5-4】的资料。对第三车间甲产品成本明细账中算出的本月产成品成本中所耗上一车间半成品费用 559 800 元进行成本还原。本例需要进行两次成本还原：第一次成本还原按照第二车间产品成本明细账中算出的本月所产该种半成品成本 556 200 元的成本构成对 559 800 元进行成本还原；第二次成本还原，针对第一次成本还原中所计算出的综合性成本项目，按照第一车间本月所产的半成品的成本结构，即 440 000 元的成本结构进行成本还原，直至求出按原始成本项目反映的甲产品的产成品成本资料。

根据三个车间产品成本明细账的有关资料，编制产品成本还原计算表，见表 5-39。

表 5-39　产品成本还原计算表

产量：1 800 件
（金额单位：元）

项目	成本项目	还原前产品成本	本月生产半成品成本	还原分配率	半成品成本还原	还原后总成本	还原后单位成本/（元/件）
按第二步骤半成品成本结构进行还原	直接材料						
	半成品	559 800	401 400	0.721 683	403 998	403 998	224.44
	直接人工	66 600	68 400	0.122 977	68 843	135 443	75.25
	制造费用	82 800	86 400	0.155 34	86 959	169 759	94.31
	合计	709 200	556 200			709 200	394
按第一步骤半成品成本结构进行还原	直接材料		250 000	0.568 182	229 544	229 544	127.53
	半成品	403 998					
	直接人工	135 443	84 000	0.190 909	77 127	212 570	118.09
	制造费用	169 759	106 000	0.240 909	97 327	267 086	148.38
	合计	709 200	440 000			709 200	394

（2）计算需要还原的半成品综合成本占本月所产该种半成品总成本的比例，并按此比例进行成本还原。其成本还原分配率的计算公式如下：

$$还原分配率 = \frac{需要还原的半成品综合成本}{上一步骤本月所产该种半成品的成本合计}$$

在这里需要指出的是，以上公式中所称的需要还原的半成品综合成本，如果只需要进行一次成本还原，则其是指产成品成本中所耗用的上一步骤的半成品成本；如果需要进行两次成本还原，则除上述含义外，还指经过第一次成本还原后需要继续进行成本还原的半成品综合成本；如果需要进行两次以上的成本还原，以此类推。

【例 5-8】 沿用【例 5-4】的资料，求出半成品综合成本占本月所产该种半成品总成本的比例，并按此比例进行成本还原。

产品成本还原过程和还原结果见表 5-40。

表 5-40　产品成本还原计算表

产量：1 800 件
（金额单位：元）

项目	成本项目	还原前产品成本	本月生产半成品成本	还原分配率	半成品成本还原	还原后总成本	还原后单位成本/（元/件）
按第二步骤半成品成本结构进行还原	直接材料			559 800 ÷ 556 200 = 1.006 472 5			
	半成品	559 800	401 400		403 998	403 998	224.44
	直接人工	66 600	68 400		68 843	135 443	75.25
	制造费用	82 800	86 400		86 959	169 759	94.31
	合计	709 200	556 200			709 200	394
按第一步骤半成品成本结构进行还原	直接材料		250 000	403 998 ÷ 440 000 = 0.918 177 3	229 544	229 544	127.53
	半成品	403 998					
	直接人工	135 443	84 000		77 127	212 570	118.09
	制造费用	169 759	106 000		97 327	267 086	148.38
	合计	709 200	440 000		403 998	709 200	394

说明：在以上两个成本还原计算表中，有些数字不完全相符，是由计算过程中尾差造成的。

以上两种成本还原方法所得到的结果是一样的，因为成本还原所采用的条件是一样的，只是计算的方法有所不同。

需要指出的是，由于以前月份所产半成品的成本构成与本月所产半成品的成本构成不可能完全一致，因此，在各月所产半成品的成本构成变动较大的情况下，按照上述方法进行成本还原时，对还原结果的准确性就会有较大的影响。在这种情况下，如果半成品的定额成本或计划成本比较准确，为了提高还原结果的准确性，产成品所耗半成品费用可以按定额成本或计划成本的成本构成进行还原。

综上可以看出，采用综合结转法逐步结转半成品成本，从各步骤的产品成本明细账中可以看出各步骤产品所耗上一步骤半成品费用的水平和本步骤加工费用的水平，从而有利于各生产步骤的管理。但如果管理上要求提供按原始成本项目反映的产成品成本资料，就需要进行成本还原。如果生产多种产品，则成本还原工作繁重。因此，这种结转方法只在管理上要求计算各步骤完工产品所耗半成品费用，而不要求在进行成本还原的情况下采用。

（二）分项结转法

分项结转法的特点是将各步骤所耗用的上一步骤半成品成本，按照成本项目分项转入各该步骤产品成本明细账的各个成本项目中。如果半成品通过半成品库收发，在自制半成品明细账中登记半成品成本时也要按照成本项目分别登记。

分项结转既可以按照半成品的实际成本结转，也可以按照半成品的计划成本结转，然后按成本项目分项调整成本差异。由于后一种做法计算工作量较大,因而一般多采用按实际成本分项结转的方法。

【例 5-9】 假定甲产品生产分两个步骤,分别在第一、第二两个车间进行。第一车间生产的半成品,交半成品库验收;第二车间按所需数量从半成品库领用,所耗半成品费用按全月一次加权平均法计算的单位成本计算。两个车间的月末在产品均按定额成本计价。

成本计算程序如下。

第一,根据各种生产费用分配表、半成品交库单和第一车间月初和月末在产品定额成本资料,登记第一车间甲产品成本明细账,见表 5-41。

表 5-41 产品成本明细账

第一车间:甲半成品 （金额单位:元）

摘要	产量/件	直接材料	直接人工	制造费用	成本合计
月初在产品成本（定额成本）		36 000	16 000	20 000	72 000
本月费用		270 600	178 500	223 500	672 600
合计		306 600	194 500	243 500	744 600
完工转出半成品	900	269 700	177 900	222 750	670 350
月末在产品成本		36 900	16 600	20 750	74 250

根据第一车间的半成品交库单所列交库数量和甲产品成本明细账中完工转出的半成品成本,编制下列会计分录:

借:自制半成品　　　　　　　　　　　　　　　　　　　　　670 350
　　贷:基本生产成本　　　　　　　　　　　　　　　　　　　　　　670 350

第二,根据计价后的半成品交库单和第二车间领用半成品的领用单,登记自制半成品明细账,见表 5-42。

表 5-42 自制半成品明细账

甲半成品 （金额单位:元）

月份	摘要	数量/件	实际成本			
			直接材料	直接人工	制造费用	成本合计
1	月初余额	450	136 650	92 100	108 000	336 750
	本月增加	900	269 700	177 900	222 750	670 350
	合计	1 350	406 350	270 000	330 750	1 007 100
	单位成本/（元/件）		301	200	245	746
	本月减少	870	261 870	174 000	213 150	649 020
	月末余额	480	144 480	96 000	117 600	358 080

表 5-42 中甲半成品单位成本的各成本项目都是按全月一次加权平均法计算的。根据第二车间半成品领用单（单中按所列领用数量和自制半成品明细账中单位成本计价）,编制下列会计分录:

借:基本生产成本　　　　　　　　　　　　　　　　　　　　　649 020
　　贷:自制半成品　　　　　　　　　　　　　　　　　　　　　　　649 020

第三，根据各种生产费用分配表、第二车间半成品领用单、自制半成品明细账、第二车间产成品交库单、第二车间在产品定额成本等资料，登记第二车间甲产品成本明细账，见表 5-43。

表 5-43 产品成本明细账

第二车间：甲产成品 （金额单位：元）

摘要	产量/件	直接材料	直接人工	制造费用	成本合计
月初在产品成本（定额成本）		40 500	51 660	61 500	153 660
本月本步骤生产费用			144 500	180 300	324 800
本月耗用半成品费用		261 870	174 000	213 150	649 020
合计		302 370	370 160	454 950	1 127 480
完工转出产成品成本	875	263 370	323 750	398 125	985 245
产成品单位成本/（元/件）		300.994	370	455	1 125.994
月末在产品成本（定额成本）		39 000	46 410	56 825	142 235

根据第二车间的产成品交库单所列产成品交库数量和以上第二车间产品成本明细账中完工转出产成品成本，编制下列会计分录：

借：库存商品　　　　　　　　　　　　　　　　　　　985 245
　　贷：基本生产成本　　　　　　　　　　　　　　　　　　985 245

采用分项结转法逐步结转半成品成本，可以较直接、准确地提供按原始成本项目反映的产成品成本资料，便于从整个企业角度考核和分析产品成本计划的执行情况，不需要进行成本还原。但是，这种方法的成本结转工作比较复杂，而且在各步骤完工产品成本中看不出所耗上一步骤半成品的费用和本步骤加工费用的水平，不便于进行完工产品成本分析。因此，这种结转方法一般适用于管理上不要求分别提供各步骤完工产品所耗半成品费用和本步骤加工费用资料，但要求按原始成本项目反映产品成本的企业。

四、平行结转分步法

在采用分步法计算成本的大量、大批多步骤生产的企业中，如果各生产步骤所生产的半成品种类较多，但又不需要计算半成品的成本，为了简化和加速成本计算工作，可以采用平行结转分步法计算产品成本。

平行结转分步法也称不计列半成品成本的分步法。在这种方法下，产品生产的各步骤不计算半成品成本，只计算本步骤发生的费用以及这些费用中应计入最终产成品的"份额"，将各生产步骤这一"份额"平行结转、汇总，即可计算出该种产品的产成品成本。

平行结转分步法的特点如下。

（1）除第一生产步骤费用中包括耗用的直接材料和各项加工费用外，其他各步骤不计算所耗用上一生产步骤的半成品成本，而只计算本步骤发生的其他各项费用。

（2）不论半成品实物在各步骤之间是直接转移，还是通过半成品库收发，半成品的成本都不随实物转移而结转。也就是说，在平行结转分步法下，无论半成品实物如何转移，只要半成品没有被最终加工成为产成品，其在各生产步骤所消耗的费用均还保留在各生产步骤的成本明细账中。

（3）为了计算最终完工产成品的成本，必须将每一生产步骤的费用划分为耗用于产成品的部分和耗用于尚未最后制成的在产品部分。这里的在产品是指广义的在产品，它包括：①尚在本步骤加工中的在产品；②本步骤已经完工，转入半成品库的半成品；③已从半成品库转到以后各生产步骤进一步加工，尚未最后制成的半成品。

（4）将某一种产品的各生产步骤应计入产成品的份额平行结转、汇总，即可计算出该种产品的产成品成本。

平行结转分步法的成本计算程序如图 5-4 所示。

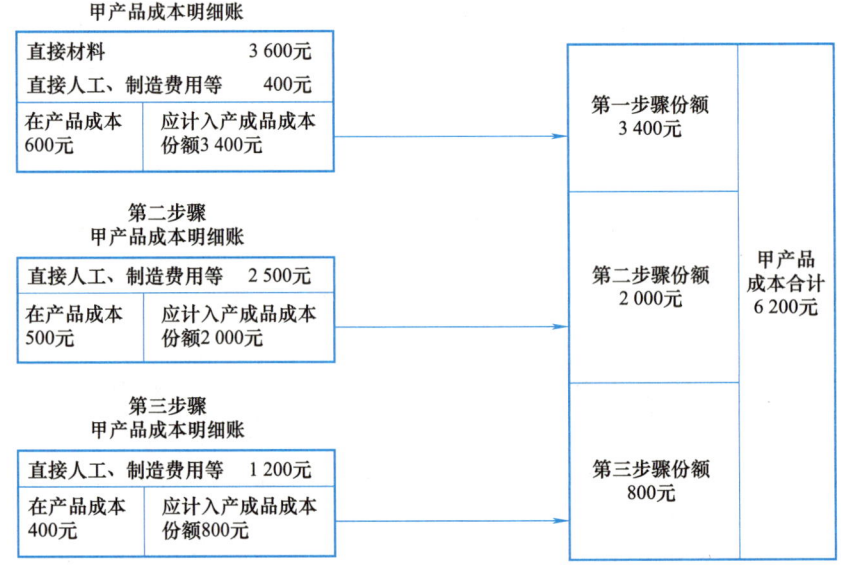

图 5-4　平行结转分步法计算程序

在平行结转分步法下，如何将各生产步骤的生产费用正确地在完工产成品和广义在产品之间进行分配，是能否正确计算产成品成本的关键。在实际工作中，一般采用在产品按定额成本计价法、定额比例法或者约当产量比例法来进行完工产成品和广义在产品之间的费用分配。

【例 5-10】　某企业生产乙产品，生产费用在完工产品与在产品之间的分配采用定额比例法。其中，直接材料费用按定额直接材料费用比例分配，其他各项费用均按定额工时比例分配。

其成本核算程序如下。

第一，有关乙产品的定额资料详见表 5-44。

表 5-44　乙产品定额资料

项目	月初在产品		本月投入		本月产成品				
	定额直接材料费用/元	定额工时/h	定额直接材料费用/元	定额工时/h	单件定额		产量/件	定额直接材料费用/元	定额工时/h
					直接材料费用/元	工时/h			
第一车间	80 000	6 000	400 000	54 000	400	50	1 100	440 000	55 000
第二车间		5 000		42 000		40			44 000
合计	80 000	11 000	400 000	96 000	400	90	1 100	440 000	99 000

第二，根据乙产品的定额资料、各种生产费用分配表和产成品交库单，登记第一车间、第二车间的产品成本明细账，详见表 5-45 和表 5-46。

表 5-45　产品成本明细账

第一车间：乙产品　　　　　　　　　　　　　　　　　　　　　　　　　　　　（金额单位：元）

摘要	产成品产量/件	直接材料		定额工时/h	直接人工	制造费用	成本合计
		定额	实际				
月初在产品		80 000	79 800	6 000	54 000	49 000	182 800
本月生产费用		400 000	424 200	54 000	516 000	401 000	1 341 200
合计		480 000	504 000	60 000	570 000	450 000	1 524 000
费用分配率			1.05		9.5 元/h	7.5 元/h	
产成品成本中本步骤份额	1 100	440 000	462 000	55 000	522 500	412 500	1 397 000
月末在产品		40 000	42 000	5 000	47 500	37 500	127 000

表 5-46　产品成本明细账

第二车间：乙产品　　　　　　　　　　　　　　　　　　　　　　　　　　　　（金额单位：元）

摘要	产成品产量/件	直接材料		定额工时/h	直接人工	制造费用	成本合计
		定额	实际				
月初在产品				5 000	45 000	36 000	81 000
本月生产费用				42 000	401 500	340 000	741 500
合计				47 000	446 500	376 000	822 500
费用分配率					9.5 元/h	8 元/h	—
产成品成本中本步骤份额	1 100			44 000	418 000	352 000	770 000
月末在产品				3 000	28 500	24 000	52 500

明细账中数字计算及登记方法如下。

（1）直接材料定额费用和定额工时根据前例乙产品定额资料计算登记。月末没有盘点在产品，月末在产品定额资料是根据月初在产品定额资料、本月投入产品定额资料和产成品定额资料，采用倒轧的方法计算求得的。其计算公式如下：

月末在产品定额直接材料费用 = 月初在产品直接材料定额费用 +
　　　　　　　　本月投入产品的直接材料定额费用 −
　　　　　　　　本月完工产品的直接材料定额费用
月末在产品定额工时 = 月初在产品定额工时 + 本月投入产品的定额工时 −
　　　　　　　　本月完工产品的定额工时

以第一车间直接材料定额费用和定额工时计算为例：

月末在产品定额直接材料费用 = 80 000 + 400 000 − 440 000 = 40 000（元）
月末在产品定额工时 = 6 000 + 54 000 − 55 000 = 5 000（h）

（2）本月生产费用，即本月各步骤为生产乙产品所发生的各项生产费用，应根据各种生产费用分配表登记。由于原材料是在生产开始时一次投入的，采用平行结转分步法在各生产步骤间不结转半成品成本，因而只有第一车间有直接材料费用（定额和实际），第二车间则没有本月耗用的直接材料费用。

（3）费用分配率的计算。采用定额比例法在完工产品与在产品之间分配费用，应首先计算费用分配率。其中，直接材料费用按直接材料定额费用比例分配，其他各项费用均按定额工时比例分配。本例各项费用分配率及产成品成本中各步骤份额的计算如下。

以第一车间为例：

直接材料费用分配率 $= \dfrac{79\,800 + 424\,200}{440\,000 + 40\,000} = 1.05$

产成品成本中第一车间直接材料费用份额 = 440 000×1.05 = 462 000（元）

月末在产品直接材料费用 = 40 000×1.05 = 42 000（元）

或

月末在产品直接材料费用 = 79 800 + 424 200 − 462 000 = 42 000（元）

直接人工分配率 $= \dfrac{54\,000 + 516\,000}{55\,000 + 5\,000} = 9.5$（元/h）

产成品成本中第一车间直接人工费用份额 = 55 000×9.5 = 522 500（元）

月末在产品直接人工费用 = 5 000×9.5 = 47 500（元）

或

月末在产品直接人工费用 = 54 000 + 516 000 − 522 500 = 47 500（元）

制造费用分配率 $= \dfrac{49\,000 + 401\,000}{55\,000 + 5\,000} = 7.5$（元/h）

产成品成本中第一车间制造费用份额 = 55 000×7.5 = 412 500（元）

月末在产品制造费用 = 5 000×7.5 = 37 500（元）

或

月末在产品制造费用 = 49 000 + 401 000 − 412 500 = 37 500（元）

第三，将第一车间、第二车间产品成本明细账中应计入产成品成本的份额，平行结转、汇总记入乙产品成本汇总表，详见表 5-47。

表 5-47　乙产品成本汇总表

20××年×月　　　　　　　　　　　　　　　　（单位：元）

项目	产量/件	直接材料	直接人工	制造费用	成本合计
第一车间成本份额	1 100	462 000	522 500	412 500	1 397 000
第二车间成本份额	1 100		418 000	352 000	770 000
合计		462 000	940 500	764 500	2 167 000
单位成本/（元/件）		420	855	695	1 970

生产费用在最终完工产品与广义在产品之间的分配，在实际工作中也常常采用约当产量比例法。下面举例说明在平行结转分步法下，采用约当产量比例法（加权平均法）将生产费用在最终完工产品与广义在产品之间进行分配的计算过程。

第五章 成本计算方法

【例 5-11】 A 产品的生产分两个步骤进行,第一生产步骤将原材料加工成半成品,第二生产步骤将第一生产步骤生产的半成品加工成产成品。其成本计算采用平行结转分步法。6 月份有关 A 产品的资料如下。

(1) A 产品实物量及在产品完工程度资料见表 5-48。

表 5-48　A 产品实物量及在产品完工程度资料

(单位:件)

项目	第一生产步骤	第二生产步骤
月初在产品结存	150	250
本月投入或转入	1 000	1 050
本月完工并转出	1 050	1 000
月末在产品结存	100	300
完工程度	40%	50%

(2) 第一生产步骤所需要的原材料及第二生产步骤所需要的半成品均在每个生产步骤开始时一次性投入,两个生产步骤的直接人工费用和制造费用随加工进度发生。上述各项费用在完工产品(应计入产成品份额)和月末在产品(广义在产品)之间的分配均采用约当产量比例法。

(3) 各步骤月初在产品成本和本月生产费用分别见表 5-49 和表 5-50。

表 5-49　月初在产品成本摘录表

产品名称: A 产品　　　　　　　　　　　　　　　　　　　　　　　　　　　　　　　　(单位:元)

项目	直接材料	直接人工	制造费用	合计
第一生产步骤	204 000	126 750	133 250	464 000
第二生产步骤		58 500	61 500	120 000

表 5-50　本月生产费用摘录表

产品名称: A 产品　　　　　　　　　　　　　　　　　　　　　　　　　　　　　　　　(单位:元)

项目	直接材料	直接人工	制造费用	合计
第一生产步骤	496 000	382 450	402 750	1 281 200
第二生产步骤		384 250	392 750	777 000

根据以上资料,生产费用在完工产品与广义在产品之间的分配计算过程如下。

第一生产步骤的费用分配如下。

(1) 直接材料费用的分配。

$$分配率 = \frac{204\,000 + 496\,000}{1\,000 + (100 + 300)} = 500（元/件）$$

应计入产成品成本份额 = 1 000 × 500 = 500 000（元）

月末在产品成本 = 400 × 500 = 200 000（元）

(2) 直接人工费用的分配。

$$分配率 = \frac{126\,750 + 382\,450}{1\,000 + (100 × 40\% + 300)} = 380（元/件）$$

应计入产成品成本份额 = 1 000×380 = 380 000（元）

月末在产品成本 = 340×380 = 129 200（元）

（3）制造费用的分配。

$$分配率 = \frac{133\ 250 + 402\ 750}{1\ 000 + (100 \times 40\% + 300)} = 400（元/件）$$

应计入产成品成本份额 = 1 000×400 = 400 000（元）

月末在产品成本 = 340×400 = 136 000（元）

第二生产步骤的费用分配如下。

（1）直接人工费用的分配。

$$分配率 = \frac{58\ 500 + 384\ 250}{1\ 000 + 300 \times 50\%} = 385（元/件）$$

应计入产成品成本份额 = 1 000×385 = 385 000（元）

月末在产品成本 = 150×385 = 57 750（元）

（2）制造费用的分配。

$$分配率 = \frac{61\ 500 + 392\ 750}{1\ 000 + 300 \times 50\%} = 395（元/件）$$

应计入产成品成本份额 = 1 000×395 = 395 000（元）

月末在产品成本 = 150×395 = 59 250（元）

根据以上资料和分配计算结果登记各生产步骤产品成本明细账，见表 5-51、表 5-52。

表 5-51　产品成本明细账

第一生产步骤　　　　　　　　　　　　　　　　　　　　　　　　　　　　　（单位：元）

项目	直接材料	直接人工	制造费用	合计
月初在产品成本	204 000	126 750	133 250	464 000
本月费用	496 000	382 450	402 750	1 281 200
合计	700 000	509 200	536 000	1 745 200
应计入产成品成本份额	500 000	380 000	400 000	1 280 000
月末在产品成本	200 000	129 200	136 000	465 200

表 5-52　产品成本明细账

第二生产步骤　　　　　　　　　　　　　　　　　　　　　　　　　　　　　（单位：元）

项目	直接人工	制造费用	合计
月初在产品成本	58 500	61 500	120 000
本月费用	384 250	392 750	777 000
合计	442 750	454 250	897 000
应计入产成品成本份额	385 000	395 000	780 000
月末在产品成本	57 750	59 250	117 000

根据第一生产步骤和第二生产步骤的产品成本明细账汇总计算、平行登记 A 产成品成本汇总表，见表 5-53。

表 5-53　产成品成本汇总表

产品名称：A 产品　　　　　　　　　　　　　　　　　　　　　　　产量：1 000 件
（单位：元）

项目	直接材料	直接人工	制造费用	合计
第一生产步骤成本份额	500 000	380 000	400 000	1 280 000
第二生产步骤成本份额	—	385 000	395 000	780 000
产成品总成本	500 000	765 000	795 000	2 060 000
单位成本	500	765	795	2 060

逐步结转分步法与平行结转分步法各自的优缺点如下。

（1）逐步结转分步法可以提供产成品和各步骤半成品的成本资料，从而有利于对产品成本进行全面的考核和分析；而平行结转分步法不能提供各步骤的半成品成本资料。

（2）逐步结转分步法下，半成品成本都是随着半成品实物的转移而结转，能为在产品的实物管理和资金管理提供资料；在平行结转分步法下，由于不计算也不结转半成品成本，从而使实物的转移与其费用的结转脱节，这不利于半成品实物和资金的管理。

（3）逐步结转分步法下，如果采用综合结转法，在各步骤的产品成本明细账中可以全面、清晰地反映费用的耗用情况，有利于各步骤的成本管理；而平行结转分步法下，在各步骤的生产费用中均不包括所消耗的其他步骤的半成品费用，即除第一步骤外，其他步骤不能全面、清晰地反映生产费用的耗用情况，这不利于各步骤的成本管理。

（4）在平行结转分步法下，各步骤不计算也不结转半成品成本，可以同时计算成本，而且产成品成本是按照成本项目平行汇总得到的，也不需要进行成本还原。因此，相对于逐步结转分步法来说，平行结转分步法可以简化和加速成本计算工作。

复习思考题

1．按照生产工艺过程的特点分类，企业的生产可以分为几种类型？
2．企业产品成本计算的基本方法和辅助方法各有哪些？
3．什么是品种法？为什么品种法是产品成本计算的最基本方法？
4．简述品种法的适用范围与特点。
5．简述品种法的计算程序。
6．简述分批法的适用范围、特点及核算程序。
7．采用分批法时，可以用产品成本明细账代替产品成本计算单归集、计算不同批别产品发生的费用吗？简述理由。
8．谈谈简化分批法的特点及应用条件。
9．简述分步法的适用范围、特点、种类和核算程序。
10．简述综合结转分步法的特点和计算程序。
11．简述分项结转分步法的特点和核算程序。
12．采用综合结转分步法为什么要进行成本还原？应该如何进行成本还原？

13. 与逐步结转分步法相比较，平行结转分步法具有哪些特点？

14. 逐步结转分步法与平行结转分步法在计算产品成本程序上有哪些不同？采用两种计算方法得到的产品成本相同吗？

练 习 题

一、单项选择题

1. 计算产品成本，首先要确定（　　）。
   A．成本计算对象　　　　　　　　　B．产品成本计算期
   C．完工产品与在产品之间的费用分配方法　　D．间接计入费用的分配方法

2. 生产特点和管理要求对成本计算的影响，集中地表现在（　　）。
   A．成本计算对象　　　　　　　　　B．产品成本计算期
   C．完工产品与在产品之间的费用分配方法　　D．产品成本项目

3. 在下列产品成本计算方法中，可以单独应用的是（　　）。
   A．分类法　　　　　　　　　　　　B．定额法
   C．标准成本法　　　　　　　　　　D．分批法

4. 在下列成本计算方法中，属于为了简化成本计算工作而采用的是（　　）。
   A．品种法　　　　　　　　　　　　B．定额法
   C．分类法　　　　　　　　　　　　D．分步法

5. 划分产品成本计算的基本方法和辅助方法的标准是（　　）。
   A．成本计算工作是否简化
   B．是否需要进行完工产品与在产品的费用分配
   C．是不是计算产品成本必不可少的
   D．应用是否广泛

6. 大量、大批的单步骤生产，其成本计算对象只能是（　　）。
   A．产品生产步骤　　　　　　　　　B．产品品种
   C．产品件别　　　　　　　　　　　D．产品类别

7. 将某些产品成本计算方法归为基本方法，是因为它们（　　）。
   A．成本计算工作较为简化　　　　　B．成本计算程序较为严谨
   C．对成本管理最为重要　　　　　　D．是计算产品成本必不可少的

8. 区分产品成本计算的各种基本方法的主要标志是（　　）。
   A．所采用的间接计入费用的分配方法
   B．成本计算对象
   C．所采用的完工产品与在产品之间的费用分配方法
   D．成本计算期

9. 将品种法看作成本计算最基本的方法，是因为（　　）。
   A．按照产品品种计算成本，是对成本计算最起码的要求

B. 计算最简化

C. 对成本管理最为重要

D. 应用最广泛

10. 在品种法下，产品成本明细账的设立应按（　　）。

A. 产品品种　　　B. 产品批别　　　C. 产品生产步骤　　　D. 产品类别

11. 在下列产品成本计算法中，必须设置基本生产成本二级账的是（　　）。

A. 品种法　　　B. 分步法　　　C. 分类法　　　D. 简化分批法

12. 在下列产品成本计算方法中，对间接计入费用进行累计分配的是（　　）。

A. 品种法　　　B. 分步法　　　C. 分类法　　　D. 简化分批法

13. 在简化分批法下，累计间接费用分配率（　　）。

A. 只是横向分配的依据

B. 既是横向分配的依据，也是纵向分配的依据

C. 只是纵向分配的依据

D. 只是在各批在产品之间分配费用的依据

14. 某企业采用分批法计算产品成本。3月份投产的产品情况如下：1日，投产甲产品4件、乙产品3件；16日，投产甲产品5件、丙产品3件；25日，投产甲产品4件、丁产品5件。该企业3月份应开设的产品成本明细账的张数是（　　）。

A. 3张　　　B. 4张　　　C. 5张　　　D. 6张

15. 在逐步结转分步法下，完工产品与在产品之间的费用分配是指（　　）。

A. 产成品与月末在产品之间的费用分配

B. 完工半成品与月末在产品之间的费用分配

C. 产成品与广义在产品之间的费用分配

D. 前面步骤的完工半成品与加工中的在产品及最后步骤的产成品与加工中的在产品之间的费用分配

16. 在平行结转分步法下，完工产品与在产品之间的费用分配是指（　　）。

A. 产成品与狭义在产品之间的费用分配

B. 各步骤完工半成品与月末加工中在产品之间的费用分配

C. 产成品与广义在产品之间的费用分配

D. 各步骤完工半成品与广义在产品之间的费用分配

17. 成本还原的对象是（　　）。

A. 产成品成本

B. 产成品成本中的直接人工费用

C. 产成品成本中所耗上一步骤半成品的综合成本

D. 产成品成本中的制造费用

18. 在大量、大批的多步骤生产的企业中，采用平行结转分步法计算产品成本的决定性条件是（　　）。

A. 不需要计算半成品成本

B. 必须是连续式多步骤生产

C. 必须是装配式多步骤生产

D. 需要提供按原始成本项目反映的产成品成本资料

19. 逐步结转分步法适用于（　　）。

A. 大量、大批，管理上不需要计算半成品成本的多步骤生产

B. 大量、大批连续式多步骤生产

C. 大量、大批装配式多步骤生产

D. 大量、大批，管理上需要计算半成品成本的多步骤生产

20. 采用平行结转分步法计算产品成本时（　　）。

A. 不能提供所有步骤半成品的成本资料　　B. 只能提供第二步骤半成品成本资料

C. 只能提供第一步骤半成品成本资料　　D. 只能提供最后步骤半成品成本资料

二、多项选择题

1. 工业企业的生产，按其生产工艺的特点，可以分为（　　）。

A. 单步骤生产　　　　　　　　　　　B. 大量、大批生产

C. 多步骤生产　　　　　　　　　　　D. 小批、单件生产

2. 工业企业的生产，按其生产组织的特点，可以分为（　　）。

A. 大量生产　　　　　　　　　　　　B. 成批生产

C. 单件生产　　　　　　　　　　　　D. 简单生产和复杂生产

3. 企业在确定成本计算方法时，应该适应（　　），采用适当的成本计算法。

A. 企业生产规模的大小　　　　　　　B. 企业生产的特点

C. 成本管理的要求　　　　　　　　　D. 月末在产品有无

4. 受生产特点和管理的影响，工业企业产品成本计算的对象有（　　）。

A. 产品品种　　　　　　　　　　　　B. 产品批别

C. 产品生产步骤　　　　　　　　　　D. 产品类别

5. 在大量、大批多步骤生产的情况下，可能作为成本计算对象的有（　　）。

A. 产品品种　　　　　　　　　　　　B. 产品批别

C. 产品生产步骤　　　　　　　　　　D. 产品类别

6. 产品成本计算的基本方法包括（　　）。

A. 品种法　　　　　　　　　　　　　B. 分步法

C. 分类法　　　　　　　　　　　　　D. 分批法

7. 产品成本计算的辅助方法包括（　　）。

A. 分批法　　　　　　　　　　　　　B. 标准成本法

C. 分类法　　　　　　　　　　　　　D. 定额法

8. 将某些产品成本计算方法归为辅助方法，是因为这些方法（　　）。

A. 与生产类型的特点没有直接联系

B. 不涉及成本计算对象的确定

C. 从计算产品实际成本角度来说，不是必不可少的

D. 对于成本管理不太重要

9. 品种法适用于（　　）。

A．大量、大批的单步骤生产

B．大量、大批连续式多步骤生产

C．大量、大批装配式多步骤生产

D．大量、大批，管理上不要求分步计算成本的多步骤生产

10. 分批法适用于（　　）。

A．小批生产　　　　B．单件生产　　　　C．大量生产　　　　D．大批生产

11. 采用简化分批法计算产品成本，必须同时具备的条件有（　　）。

A．同一月份投产的批数很多，且月末未完工的批数也较多

B．同一月份投产的批数很多，但月末未完工的批数不多

C．各月间接计入费用的水平相差不多

D．各月间接计入费用的水平相差较多

12. 在简化分批法下，累计间接费用分配率是（　　）。

A．各批完工产品之间分配间接计入费用的依据

B．全部完工产品批别与全部月末在产品批别之间分配间接计入费用的依据

C．某批产品的完工产品与月末在产品之间分配间接计入费用的依据

D．各批月末在产品之间分配间接计入费用的依据

13. 在简化分批法下，在产品完工前，产品成本明细账中需要登记的内容有（　　）。

A．直接计入费用　　　　　　　　　B．生产工时

C．间接计入费用　　　　　　　　　D．间接生产费用

14. 成本管理需要提供各生产步骤半成品成本资料的原因有（　　）。

A．计算外销半成品的损益

B．全面考核和分析商品产品成本计划的执行情况以及企业内部单位的生产耗费水平和资金占用水平

C．进行同行业半成品成本指标的比较

D．为计算各种产成品成本提供所耗同一种半成品费用的数据

15. 按计划成本综合结转半成品成本的优点有（　　）。

A．可以简化和加速成本计算工作

B．便于各步骤进行成本的考核和分析

C．不必进行成本还原

D．便于从整个企业角度考核和分析产品成本计划的执行情况

16. 采用分项结转法结转半成品成本的缺点有（　　）。

A．不便于各步骤完工产品的成本分析

B．成本结转工作比较复杂

C．需要进行成本还原

D．不便于从整个企业角度考核和分析产品成本计划的执行情况

17. 平行结转分步法的特点有（　　）。

A．各步骤不计算半成品成本

B．各步骤不结转半成品成本

C. 可以全面反映各步骤生产耗费水平

D. 必须将各步骤发生的费用在产成品与广义在产品之间进行分配

18. 某一生产步骤的广义在产品包括（　　）。

A. 尚在本步骤加工的在产品

B. 本步骤已完工转入半成品库的半成品

C. 已从半成品库转到以后各步骤进一步加工，尚未最后制成的半成品

D. 尚在本步骤之前的生产步骤加工的在产品

19. 与逐步结转分步法相比较，平行结转分步法的缺点有（　　）。

A. 成本计算的及时性较差

B. 不能使各步骤的生产耗费情况均得到全面的反映

C. 不能为各步骤在产品的实物管理和资金管理提供核算资料

D. 不能直接提供按原始成本项目反映的产成品成本资料

20. 采用平行结转分步法计算产品成本的原因是（　　）。

A. 管理上不需要计算半成品成本
B. 为了加速和简化成本计算工作
C. 为了加强成本管理上的经济责任制
D. 为了全面分析各步骤生产耗费水平

三、判断说明题（正确的画"√"，错误的画"×"，并说明理由）

1. 生产特点是决定产品成本计算对象的唯一因素。（　　）

2. 成本计算对象是区分产品成本计算各种基本方法的主要标志。（　　）

3. 产品成本计算期的确定主要取决于生产组织的特点。（　　）

4. 在小批、单件生产中，一般不存在完工产品与在产品之间分配费用的问题。（　　）

5. 在小批、单件生产中，产品成本有可能在某批产品完工后计算，因而成本计算是不定期的，而与生产周期相一致。（　　）

6. 受生产特点和管理要求的影响，产品成本计算对象有品种、批别（或件别）、步骤和类别四种。（　　）

7. 产品成本计算的基本方法有品种法、分批法、分步法和分类法四种。（　　）

8. 由于每个工业企业最终都必须按照产品品种算出成本，因而品种法适用于所有工业企业。（　　）

9. 产品成本计算的基本方法与生产类型的特点有着直接的联系，而且涉及成本计算对象的确定，因而是计算产品实际成本时必不可少的方法。（　　）

10. 按照产品品种计算成本是对产品成本计算最起码的要求，因而品种法是最为基本的成本计算方法。（　　）

11. 产品成本计算的辅助方法可以单独应用，也可以与基本方法结合起来应用。（　　）

12. 产品成本计算的基本方法和辅助方法的划分标准是，看其是不是计算产品实际成本所必不可少的。（　　）

13. 品种法只适用于大量、大批的单步骤生产。（　　）

14. 逐步结转分步法只适用于大批、大量的连续式生产。（　　）

15. 分批法主要适用于小批、单件，管理上不要求分步计算成本的多步骤生产。（　　）

16. 平行结转分步法只适用大批、大量的装配式生产。（　　）

17．在小批、单件生产中，按批、按件计算产品成本，也就是按用户的订单计算产品成本。
（   ）

18．在分批法下，对于大型复杂的单件产品，由于其价值大、生产周期长，也可以按照产品的组成部分分批组织生产，计算成本。（   ）

19．在分批法下，为了经济合理地组织生产，计算成本，可以将同一时期内几张订单规定的相同产品，合并为一批。（   ）

20．在分批法下，如果一张订单中规定有几种产品，应将其作为一批进行组织生产，计算成本。（   ）

21．为了避免批内产品的跨月陆续完工情况，减少完工产品与月末在产品之间的费用分配工作，在合理组织生产的前提下，可以适当缩小产品的批量。（   ）

22．在简化分批法下，累计间接计入费用分配率是根据基本生产成本二级账所提供的资料求得的。（   ）

23．在简化分批法下，不分批计算在产品成本。（   ）

24．在简化分批法下，生产费用的横向分配工作和纵向分配工作都是利用累计间接计入费用分配率，到产品完工时合并在一起进行的。（   ）

25．逐步结转分步法是指在不需要计算各步骤半成品成本的情况下，为了简化成本计算工作而采用的一种成本计算方法。（   ）

26．平行结转分步法是为了计算半成品成本而采用的一种分步法。（   ）

27．成本还原的对象是本月产成品成本中所耗上一步骤半成品的综合成本。（   ）

28．成本还原的依据通常是本月所产该种半成品的成本结构。（   ）

29．在需要进行成本还原的情况下，如果各月所产半成品的成本结构变动较大，且半成品的定额成本或计划成本比较准确，也可以按照半成品的定额成本或计划成本的成本结构进行还原。（   ）

30．在逐步结转分步法下，半成品成本随着半成品实物的转移而结转，因此能为在产品的实物管理和资金管理提供资料。（   ）

31．在逐步结转分步法下，采用综合结转法结转半成品成本，不利于各步骤的成本管理。（   ）

32．在逐步结转分步法下，采用综合结转法结转半成品成本，便于从整个企业的角度分析和考核产品成本的构成与水平。（   ）

33．在逐步结转分步法下，采用分项结转法结转半成品成本，可以在各步骤的完工产品成本中反映出所耗上一步骤半成品的费用和本步骤的加工费用的水平。（   ）

34．在平行结转分步法下，各步骤所进行的完工产品与在产品之间的费用分配，都是指成品与广义在产品之间的费用分配。（   ）

35．在平行结转分步法下，各生产步骤都不能全面反映其生产耗费的水平。（   ）

36．在平行结转分步法下，一般是按照成本项目平行结转，汇总各步骤成本中应计入产成品成本的份额，因而不必进行成本还原。（   ）

37．与逐步结转分步法相比较，平行结转分步法可以简化和加速成本计算工作。（   ）

38．凡是尚未最后完工的产品都是广义的在产品。（   ）

四、不定项选择题

（一）

【资料】江南公司生产甲、乙两种产品，都是单步骤生产，采用品种法计算产品成本。该公司设一个基本生产车间和供水、运输两个辅助生产车间。辅助生产车间的制造费用通过"制造费用"科目核算，"基本生产成本"和"辅助生产成本"明细账的成本项目中均设有"直接燃料和动力"成本项目。该公司6月份的有关资料如下。

（1）各项货币支出。

根据6月份付款凭证汇总的各项货币支出均用银行存款支付。

基本生产车间：办公费8 200元，劳动保护费3 000元，其他费用4 460元。

供水车间：办公费4 200元，劳动保护费1 500元，其他费用2 800元。

运输车间：办公费3 600元，劳动保护费1 200元，其他费用2 200元。

（2）职工薪酬费用。

基本生产车间：甲、乙两种产品生产工人薪酬费用123 000元（按生产工时比例分配，甲产品生产工时为4 000h，乙产品生产工时为2 150h），管理人员薪酬费用18 000元。

供水车间：生产工人薪酬费用35 000元，管理人员薪酬费用9 000元。

运输车间：生产工人薪酬费用36 000元，管理人员薪酬费用12 000元。

（3）固定资产折旧。

基本生产车间：18 000元。

供水车间：8 200元。

运输车间：9 000元。

（4）材料费用。

基本生产车间领用材料234 000元，其中，直接用于甲产品生产的A材料122 000元，直接用于乙产品生产的B材料75 000元，甲、乙两种产品共同耗用的C材料30 000元（按定额消耗量比例在甲、乙产品之间进行分配，甲产品定额消耗量为400kg，乙产品定额消耗量为200kg），车间一般耗用材料7 000元。

供水车间领用材料12 500元，其中，直接用于供水生产的材料费用11 000元，车间一般耗用1 500元。

运输车间领用材料12 000元，其中，直接用于运输生产的材料费用11 000元，车间一般耗用1 000元。

（5）外购动力费用的分配。

基本生产车间：甲、乙两种产品共同耗用动力费用15 000元（按机器工时比例分配，甲产品为1 800h，乙产品为1 200h），车间照明用电800元。

供水车间：供水动力用电12 000元，车间照明用电600元。

运输车间：运输劳务动力用电4 500元，车间照明用电500元。

该企业外购动力费用通过"应付账款"科目核算。

（6）供水车间提供水17 160m³，其中，运输车间耗用2 160m³，基本生产车间耗用12 000m³，企业行政管理部门耗用2 000m³，企业专设销售机构耗用1 000m³。

运输车间提供运输劳务80 000km，其中，为供水车间提供500km，为基本生产车间提供

47 000km，企业行政管理部门耗用 1 500km，为企业专设销售机构提供 19 000km。

该企业辅助生产费用的分配采用直接分配法。

（7）基本生产车间发生的制造费用按生产工时比例在甲、乙两种产品之间进行分配。

（8）甲、乙两种产品的完工产品与月末在产品的费用分配采用在产品按定额成本计价法，甲、乙两种产品的直接材料均是在生产开始时一次性投入的。有关资料如下：

1）月初在产品成本（定额成本）。

甲产品：直接材料费用 21 330 元，直接燃料和动力费用 728 元，直接人工费用 6 300 元，制造费用 9 300 元，合计 37 658 元。

乙产品：直接材料费用 6 880 元，直接燃料和动力费用 260 元，直接人工费用 1 890 元，制造费用 2 790 元，合计 11 820 元。

2）月末在产品有关资料。

甲产品月末在产品 40 件，直接材料费用定额 711 元/件；定额机器工时 180h，直接燃料和动力费用计划单价 5.2 元/h；定额生产工时 400h，直接人工费用计划单价 2.1 元/h，制造费用计划单价 31 元/h。

乙产品月末在产品 60 件，直接材料费用定额 172 元/件；定额机器工时 75h，计划单价 5.2 元/h；定额生产工时 135h，计划单价 2.1 元/h；制造费用计划单价 31 元/h。

要求：根据上述资料，对下列 1～8 题做出正确选择。

【知识点】产品成本计算的基本方法。

1.【单选题】下列各项中，关于货币支出的相关会计分录正确的是（　　）
A. 借：制造费用——基本生产车间　　　　　　　　　　　15 660
　　　　　　　　——供水车间　　　　　　　　　　　　　8 500
　　　　　　　　——运输车间　　　　　　　　　　　　　7 000
　　　　贷：银行存款　　　　　　　　　　　　　　　　　31 160
B. 借：基本生产成本　　　　　　　　　　　　　　　　　15 660
　　　辅助生产成本——供水车间　　　　　　　　　　　　8 500
　　　　　　　　——运输车间　　　　　　　　　　　　　7 000
　　　　贷：银行存款　　　　　　　　　　　　　　　　　31 160
C. 借：基本生产成本　　　　　　　　　　　　　　　　　15 660
　　　制造费用——供水车间　　　　　　　　　　　　　　8 500
　　　　　　　——运输车间　　　　　　　　　　　　　　7 000
　　　　贷：银行存款　　　　　　　　　　　　　　　　　31 160
D. 借：制造费用——基本生产车间　　　　　　　　　　　15 660
　　　辅助生产成本——供水车间　　　　　　　　　　　　8 500
　　　　　　　　——运输车间　　　　　　　　　　　　　7 000
　　　　贷：银行存款　　　　　　　　　　　　　　　　　31 160

2.【单选题】下列各项中，关于职工薪酬分配率正确的是（　　）。
A. 15　　　　　　　B. 20　　　　　　　C. 25　　　　　　　D. 30

3.【单选题】下列各项中，关于固定资产折旧计算正确的是（　　）。
A. 35 200 元　　　　B. 35 000 元　　　　C. 18 000 元　　　　D. 17 200 元

4.【单选题】基本生产成本——甲产品的直接材料费用合计应该是（   ）。
   A. 234 000 元   B. 122 000 元   C. 142 000 元   D. 152 000 元
5.【单选题】下列各项中，关于电力费用分配率计算正确的是（   ）。
   A. 5   B. 10   C. 7   D. 8
6.【单选题】辅助生产车间对外分配的总费用是（   ）。
   A. 供水车间 85 800 元，运输车间 81 000 元
   B. 供水车间 58 800 元，运输车间 51 500 元
   C. 供水车间 77 600 元，运输车间 72 000 元
   D. 供水车间 27 800 元，运输车间 9 500 元
7.【单选题】下列各项中基本生产车间制造费用分配率计算正确的是（   ）。
   A. 28   B. 30   C. 32   D. 35
8.【单选题】月末甲、乙在产品定额成本是（   ）。
   A. 甲：50 176 元，乙：17 730 元   B. 甲：50 000 元，乙：17 300 元
   C. 甲：388 650 元，乙：210 320 元   D. 甲：338 482 元，乙：192 500 元

（二）

【资料】华光公司小批生产甲、乙两种产品，采用分批计算成本，有关情况如下。
（1）1月份投产的批号如下。
0101 批号：甲产品 11 台，本月投产，本月完工 5 台，2 月全部完工。
0102 批号：甲产品 12 台，本月投产，本月完工 1 台，2 月全部完工。
（2）1月份和 2 月份各批号生产费用资料见表 5-54。

表 5-54　生产费用分配表

（单位：元）

月份	批号	直接材料	直接人工	制造费用
1	0101	45 650	38 000	25 000
	0102	48 198	18 400	9 600
2	0101		15 000	9 825
	0102		42 590	19 993

0101 批号的甲产品 1 月份完工数量占全部批量比重较大，完工产品与月末在产品之间采用约当产量比例法分配费用。原材料是在生产开始时一次性投入的，在产品的完工程度按 50% 计算。

0102 批号的乙产品 1 月份完工数量少，完工产品按计划单位成本计价转出。其每台计划成本如下：直接材料费用 4 000 元，直接人工费用 5 000 元，制造费用 2 500 元。

要求：根据上述资料，对下列 1~6 题做出正确选择。

1.【单选题】采用分批法计算 0101 批号甲产品 1 月份完工产品和月末在产品所耗直接材料费用是（   ）。

   A. 完工产品 20 750 元，在产品 24 900 元
   B. 完工产品 45 650 元，在产品 45 650 元

C. 完工产品 29 656.25 元，在产品 15 993.75 元
D. 完工产品 22 825 元，在产品 22 825 元

2.【单选题】采用分批法计算 0101 批号甲产品 1 月份完工产品和月末在产品所耗直接人工费用是（   ）。

A. 完工产品 38 000 元，在产品 0
B. 完工产品 0，在产品 38 000 元
C. 完工产品 23 750 元，在产品 14 250 元
D. 完工产品 23 000 元，在产品 15 000 元

3.【单选题】采用分批法计算 0101 批号甲产品 1 月份完工产品和月末在产品所耗制造费用是（   ）。

A. 完工产品 25 000 元，在产品 0
B. 完工产品 0，在产品 25 000 元
C. 完工产品 12 500 元，在产品 12 500 元
D. 完工产品 15 625 元，在产品 9 375 元

4.【单选题】采用分批法计算 0101 批号甲产品 1 月份完工产品和月末在产品成本为（   ）。

A. 完工产品 60 125 元，在产品 48 525 元
B. 完工产品 108 650 元，在产品 0
C. 完工产品 0，在产品 108 650 元
D. 完工产品 69 031.25 元，在产品 39 618.75 元

5.【单选题】采用分批法计算 0101 批号甲产品 2 月份完工产品成本是（   ）。

A. 73 350 元   B. 48 450 元   C. 133 475 元   D. 119 000 元

6.【单选题】采用分批法计算 0101 批号甲产品整批总成本是（   ）。

A. 133 475 元   B. 119 000 元   C. 60 125 元   D. 108 650 元

（三）

【资料】中南公司大量生产甲产品。甲产品的生产分为两个步骤，分别在第一车间和第二车间进行。第一车间为第二车间提供半成品，第二车间将半成品加工成产成品。该企业为了加强成本管理，采用逐步结转分步法按照生产步骤（车间）计算产品成本。有关资料如下。

（1）第一车间、第二车间两个车间的本月月初在产品费用、本月发生的生产费用（不包括第二车间本月耗用的半成品费用）以及完工产品和月末在产品的定额资料分别见两个车间的产品成本明细账表 5-55 和表 5-56。

表 5-55 第一车间产品成本明细账

产量：430 件
（金额单位：元）

成本项目	月初在产品费用	本月费用	生产费用合计	费用分配率	完工产品费用		月末在产品费用	
					定额	实际	定额	实际
直接材料	23 500	352 820	376 320		344 000		40 000	
直接人工	9 800	182 900	192 700		4 300h		400h	
制造费用	12 400	138 000	150 400					
合计	45 700	673 720	719 420		—		—	
完工产品单位成本	—	—	—	—	—	—	—	—

表 5-56 第二车间产品成本明细账

产量：380 件
（金额单位：元）

成本项目	月初在产品费用	本月费用	生产费用合计	费用分配率	完工产品费用		月末在产品费用	
					定额	实际	定额	实际
半成品	56 910				537 800		75 500	
直接人工	11 800	152 000	163 800		3 800h	148 200	400h	
制造费用	11 600	116 500	128 100					
合计	80 310							
完工产品单位成本	—	—	—	—	—	—	—	—

（2）自制半成品的有关资料（包括月初结存的数量及成本、本月第一车间完工入库的数量和本月第二车间领用的数量）见自制半成品明细账表 5-57。

表 5-57 自制半成品明细账

半成品名称：甲半成品

（金额单位：元）

月份	月初余额		本月增加		合计			本月减少	
	数量/件	金额	数量/件	金额	数量/件	金额	单位成本	数量/件	金额
6	70	105 700	430					400	
7									

要求：根据以上资料，采用定额比例法将第一车间的生产费用在完工产品与月末在产品之间进行分配，计算第一车间甲半成品成本，在此基础上，对下列 1～7 题做出正确选择。

1.【单选题】采用定额比例法将第一车间的直接材料费用在完工产品与月末在产品之间进行分配的分配率正确的是（   ）。

A．0.98 B．1 C．0.68 D．0.89

2.【单选题】采用定额比例法将第一车间的直接人工费用在完工产品与月末在产品之间进行分配的分配率正确的是（   ）。

A．40 B．41 C．42 D．43

3.【单选题】采用定额比例法将第一车间的制造费用在完工产品与月末在产品之间进行分配的分配率正确的是（   ）。

A．32 B．30 C．31 D．33

4.【单选题】第一车间本月完工产品成本是（   ）。

A．651 020 元 B．337 120 元 C．176 300 元 D．137 600 元

5.【单选题】第二车间本月按实际成本计算领用的半成品成本是（   ）。

A．105 700 元 B．651 020 元 C．756 720 元 D．605 376 元

6.【单选题】第二车间本月生产费用合计（   ）。

A．662 286 元 B．163 800 元 C．128 100 元 D．954 186 元

7.【单选题】月末产成品成本是（   ）。

A．849 376 元 B．651 020 元 C．954 186 元 D．873 876 元

第五章 成本计算方法

(四)

【**资料**】华光公司大量生产C产品。生产分为两个步骤,分别在第一车间、第二车间两个车间进行。为了加强成本管理,该公司采用逐步结转分步法计算成本,两个步骤之间的半成品按计划成本结转。半成品的计划单位成本为45元,两个车间的完工产品与在产品之间的费用分配都采用在产品成本按定额成本计价法。其他有关资料如下。

(1) 第一步骤产品成本明细账中的部分资料见表5-58。

表5-58 第一步骤产品成本明细账

第一车间:C半成品　　　　　　　　　　　　　　　　　　　　　　　产量:1 000件
（单位:元）

成本项目	月初在产品成本（定额成本）	本月费用	生产费用合计	完工半成品成本	月末在产品成本（定额成本）
直接材料	2 500	15 000			2 200
直接人工	1 500	12 500			1 100
制造费用	2 500	16 500			2 000
合计	6 500	44 000			5 300
单位成本					

(2) 半成品通过半成品库收发,半成品成本明细账中的部分资料见表5-59。

表5-59 自制半成品成本明细账

半成品名称:C半成品　　　　　　　　　　　　　　　　　　　　　　计划单位成本:45元
（单位:元）

月份	月初余额			本月增加			合计					本月减少		
	数量	计划成本	实际成本	数量	计划成本	实际成本	数量	计划成本	实际成本	成本差异	差异率%	数量	计划成本	实际成本
6	100	4 500	4 597									900		
7	200	9 000	9 054											

(3) 第二步骤产品成本明细账部分资料见表5-60。

表5-60 第二步骤产品成本明细账

第二车间:C产品　　　　　　　　　　　　　　　　　　　　　　　　产量:920件
（单位:元）

成本项目		月初在产品成本（定额成本）	本月费用	生产费用合计	产成品成本		月末在产品成本（定额成本）
					总成本	单位成本	
半成品	计划成本						
	成本差异						
	实际成本	4 500					3 600
直接人工		2 100	18 237	20 337			1 800
制造费用		1 680	16 320	18 000			1 440
合计							

要求：根据上述资料，对下列 1～6 题的答案做出正确选择。

1. 【单选题】第一车间生产的 C 半成品成本生产费用合计为（   ）。
   A. 44 000 元   B. 50 500 元   C. 45 200 元   D. 6 500 元
2. 【单选题】第一车间本月完工的 C 半成品的成本为（   ）。
   A. 50 500 元   B. 44 000 元   C. 45 200 元   D. 5 300 元
3. 【单选题】本月半成品成本差异率为（   ）。
   A. 0.6%   B. 0.5%   C. −0.6%   D. −0.5%
4. 【单选题】第二车间本月领用 C 半成品的实际成本为（   ）。
   A. 40 500 元   B. 40 743 元   C. 40 275 元   D. 45 200 元
5. 【单选题】第二车间本月发生的实际生产费用为（   ）。
   A. 75 300 元   B. 83 580 元   C. 76 740 元   D. 8 280 元
6. 【单选题】C 产成品成本为（   ）。
   A. 75 300 元   B. 83 580 元   C. 76 740 元   D. 8 280 元

（五）

【资料】A 产品的生产分两步，分别在第一车间、第二车间两个车间进行。A 产品采用分步法计算成本，A 半成品成本的结转采用综合结转法。某月份的其他有关资料见表 5-61 和表 5-62。

表 5-61　产品成本明细账

第一车间：A 半成品 （单位：元）

项目	直接材料	直接人工	制造费用	合计
月初产品定额成本	7 200	4 560	3 480	15 240
本月生产费用	36 240	25 800	19 800	81 840
生产费用合计	43 440	30 360	23 280	97 080
完工半成品成本	35 880	27 000	21 120	84 000
月末在产品定额成本	7 560	3 360	2 160	13 080

表 5-62　产品成本明细账

第二车间：A 产品 （单位：元）

项目	半成品	直接人工	制造费用	合计
月初产品定额成本	28 500	2 750	2 850	34 100
本月生产费用	75 200	21 650	18 450	115 300
生产费用合计	103 700	24 400	21 300	149 400
完工产成品成本	80 640	22 150	18 620	121 410
月末在产品定额成本	23 060	2 250	2 680	27 990

要求：根据上述资料，对下列 1～5 题做出正确选择。

1.【单选题】进行成本还原，还原分配率正确的是（   ）。
   A．0.96　　　　　B．0.90　　　　　C．0.95　　　　　D．0.92
2.【单选题】对产成品成本中的综合项目进行成本还原，综合项目成本是（   ）。
   A．84 000 元　　　B．103 700 元　　C．121 410 元　　D．80 640 元
3.【不定项题】对产成品成本中的综合项目进行成本还原正确的是（   ）。
   A．直接材料费用 34 444.8 元　　　　B．直接人工 25 920 元
   C．制造费用 20 275.2 元　　　　　　D．还原后产成品总成本 121 410 元
4.【不定项题】按原始成本项目反映的产成品构成项目正确的是（   ）。
   A．直接材料费用 34 444.8 元　　　　B．直接人工费用 48 070 元
   C．制造费用 38 895.2 元　　　　　　D．还原后产成品总成本 121 410 元
5.【不定项题】说明成本还原的必要性（   ）。
   A．从第二车间的产品成本明细账中可以看出，采用半成品成本综合结转法，产成品成本中绝大部分费用表现为所耗上一步骤半成品费用
   B．其成本构成并不能反映产品在本企业所耗费用的原始情况
   C．不能据以从整个企业的角度分析和考核产品成本的构成及其水平时，就必须将产成品成本中的综合性项目进行成本还原，以提供按原始成本项目反映的产成品的成本构成
   D．成本计算不正确，所以应该还原

（六）

【资料】中北公司大量生产 D 产品。生产分为两个步骤，分别在第一车间、第二车间两个车间进行。第一车间生产的半成品全部为第二车间耗用，采用平行结转分步法计算成本，各步骤应计入产成品的份额与广义在产品之间的费用分配采用约当产量比例法（加权平均法）。其他相关资料如下。

（1）D 产品实物量及在产品完工程度见表 5-63。

表 5-63　D 产品实物量及在产品完工程度

（单位：件）

项目	第一车间	第二车间
月末在产品结存	200	180
本月投入或转入	1 800	1 900
本月完工并转出	1 900	2 000
月末在产品结存	100	80
完工程度	60%	50%

（2）第一步骤所需要的原材料以及第二步骤所需要的原材料和半成品均是在生产步骤开始时一次性投入的，两个生产步骤的直接人工费用和制造费用随加工进度发生。

（3）两个生产步骤的月初在产品费用和本月发生的费用见表 5-64 和表 5-65。

表 5-64　月初在产品成本明细账

第一生产步骤　　　　　　　　　　　　　　　　　　　　　　　　　　　　　　　　（单位：元）

项目	直接材料	直接人工	制造费用	成本合计
月初在产品费用	38 370	14 980	14 620	
本月费用	358 000	267 500	216 500	
合计				
应计入产成品成本份额				
月末在产品费用				

表 5-65　本月在产品成本明细账

第二生产步骤　　　　　　　　　　　　　　　　　　　　　　　　　　　　　　　　（单位：元）

项目	直接材料	直接人工	制造费用	成本合计
月初在产品费用	9 940	19 920	16 080	
本月费用	89 900	435 000	345 000	
合计				
应计入产成品成本份额				
月末在产品费用				

要求：根据上述资料，对下列 1～5 题做出正确选择。

【知识点】产品成本计算的基本方法。

1.【单选题】D 产品在第一车间应计入产成品份额的直接材料为（　　）。
A．38 760 元　　　　B．358 000 元　　　　C．396 760 元　　　　D．364 000 元

2.【单选题】D 产品在第一车间应计入产成品份额的直接人工为（　　）。
A．14 980 元　　　　B．282 480 元　　　　C．267 500 元　　　　D．264 000 元

3.【单选题】D 产品在第一车间应计入产成品份额的制造费用为（　　）。
A．14 620 元　　　　B．216 500 元　　　　C．231 120 元　　　　D．216 000 元

4.【单选题】D 产品在第一车间应计入产成品份额的成本合计（　　）。
A．844 000 元　　　　B．842 000 元　　　　C．68 360 元　　　　D．910 360 元

5.【单选题】D 产品在第二车间应计入产成品份额的成本合计（　　）。
A．354 000 元　　　　B．446 000 元　　　　C．96 000 元　　　　D．896 000 元

五、综合分析题

1. 资料

红光公司采用简化分批法计算产品成本。6 月份各批产品成本明细账中有关资料如下。

（1）4011 批号甲产品：1 月投产 20 件，本月全部完工，累计直接材料费用 25 000 元，累计消耗工时 4 500h。

（2）5021 批号乙产品：5 月投产 15 件，本月完工 10 件，累计直接材料费用 15 000 元，累计消耗工时 3 000h。

（3）6031批号丙产品：本月投产10件，本月全部完工，累计直接材料费用18 000元，累计消耗工时1 500h。

各批产品的直接材料费用都是在生产开始时一次性投入的。各批产品各项生产费用及生产工时的累计情况见表5-66。

表5-66　基本生产成本二级账

（金额单位：元）

月	日	摘要	直接材料	工时/h	直接人工	制造费用	合计
6	30	生产费用累计	58 000	9 000	135 000	108 000	301 000
6	30	累计间接计入费用分配率					
6	30	完工产品成本					
6	30	在产品成本					

要求：

（1）根据以上资料计算本月各项累计间接费用分配率，并对完工产品分配间接费用，计算各批完工产品成本和在产品成本（写出计算过程）。

（2）将计算结果登记基本生产成本二级账。

2. 资料

乙企业大量生产甲产品。生产分为两个步骤，分别在第一车间、第二车间两个车间进行。第一车间为第二车间提供半成品，第二车间将半成品加工成产成品。乙企业为了加强成本管理，采用分步法按照生产步骤计算产品成本。

（1）该企业本月（10月）第一车间和第二车间发生的生产费用（不包括所耗半成品的费用）如下。

第一车间：直接材料费用63 000元；

　　　　　直接人工费用30 000元；

　　　　　制造费用61 000元。

第二车间：直接材料费用37 000元；

　　　　　制造费用88 500元。

（2）本月初半成品库结存半成品400件，其实际总成本为103 000元，本月第一车间完工入库半成品500件，第二车间从半成品库领用半成品700件。出库半成品单位成本按加权平均法计算。本月完工入库产成品350件。在产品按定额成本计价。

（3）月初在产品定额总成本如下。

第一车间：直接材料费用19 000元，直接人工费用11 000元，制造费用23 000元，合计53 000元。

第二车间：半成品费用61 000元，直接人工费用12 000元，制造费用25000元，合计98 000元。

（4）月末在产品定额总成本如下。

第一车间：直接材料费用28 000元，直接人工费用13 000元，制造费用26 000元，合计67 000元。

第二车间：半成品费用 26 000 元，直接人工费用 5 000 元，制造费用 14 000 元，合计 45 000 元。

要求：

（1）根据上述资料，登记产品成本明细账和自制半成品成本明细账，按实际成本综合结转半成品成本，计算产成品成本，见表 5-67、表 5-68 和表 5-69。

（2）编制结转半成品成本和产成品成本的会计分录。

表 5-67　产品成本明细账

车间名称：第一车间　　　　　　　　　　　　　　　　　　　　产量：500 件
半成品名称：甲产品　　　　　　　　　　　　　　　　　　　　（单位：元）

成本项目	月初在产品定额费用	本月费用	生产费用合计	完工半成品成本	月末在产品定额费用
直接材料					
直接人工					
制造费用					
合计					
单位成本	—				—

表 5-68　自制半成品成本明细账

半成品名称：甲产品　　　　　　　　　　　　　　　　　　　　（金额单位：元）

月份	月初余额		本月增加		合计		本月减少		
	数量/件	实际成本	数量/件	实际成本	数量/件	实际成本	单位成本	数量/件	实际成本
10									
11									

表 5-69　产品成本明细账

车间名称：第二车间　　　　　　　　　　　　　　　　　　　　产量：350 件
产品名称：甲产品　　　　　　　　　　　　　　　　　　　　　（单位：元）

成本项目	月初在产品定额费用	本月费用	生产费用合计	产成品成本		月末在产品定额费用
				总成本	单位成本	
半成品						
直接人工						
制造费用						
合计						

3. 资料

星海公司大量生产 H 产品。生产分为两个步骤，分别在第一车间第二车间两个车间进行。第一车间生产的半成品全部为第二车间耗用，采用平行结转分步法计算产品成本，各步骤应计入产成品的份额与广义在产品之间的费用分配采用定额比例法，直接材料费用按定额费用比例分配，其他费用按定额工时比例分配。其他有关资料如下。

（1）有关 H 产品的定额资料见表 5-70。

表 5-70　H 产品的定额资料

（金额单位：元）

项目	月初在产品		本月投入		本月产成品				
	定额直接材料费用	定额工时 /h	定额直接材料费用	定额工时 /h	单件定额		产量 / 件	定额直接材料费用	定额工时 /h
					直接材料	工时 /h			
第一车间	6 400	600	72 000	9 130	80	10	950	76 000	9 500
第二车间		800		10 850		12			11 400
合计	6 400	1 400	72 000	19 980			950	76 000	20 900

（2）第一车间产品成本明细账中的部分资料见表 5-71。

表 5-71　产品成本明细账

第一车间：H 产品　　　　　　　　　　　　　　　　　　　　　　　（金额单位：元）

项目	产成品数量 / 件	直接材料		定额工时 /h	直接人工	制造费用	成本合计
		定额	实际				
月初在产品		6 400	6 272	600	8 127	7 280	21 679
本月费用		72 000	70 560	9 130	136 850	109 480	316 890
合计							
费用分配率							
产成品成本中本步骤的份额	950						
月末在产品							

（3）第二车间产品成本明细账中的部分资料见表 5-72。

表 5-72　产品成本明细账

第二车间：H 产品　　　　　　　　　　　　　　　　　　　　　　　（金额单位：元）

项目	产成品数量 / 件	直接材料		定额工时 /h	直接人工	制造费用	成本合计
		定额	实际				
月初在产品				800	11 840	9 920	21 760
本月生产费用				10 850	160 580	134 540	295 120
合计							
费用分配率							
产成品成本中本步骤的份额	950						
月末在产品							

产成品成本汇总表见表 5-73。

表 5-73 产品成本汇总表

产成品名称：H 产品 （金额单位：元）

项目	产量/件	直接材料	直接人工	制造费用	合计
第一车间份额	950				
第二车间份额	950				
总成本					
单位成本					

要求：

（1）计算 H 产品的成本，登记第一车间、第二车间产品成本明细账。

（2）编制产成品成本汇总表，平行结转、汇总产成品成本，编制结转产成品成本的会计分录。

练习题参考答案

 扫描二维码可以查看练习题的参考答案。

第六章

成本报表与成本分析

> **学习目标**
> 1. 了解成本报表的概念和种类。
> 2. 理解成本报表的作用和编制要求。
> 3. 掌握产品生产成本表、主要产品单位成本表和各种费用报表的作用及编制方法。
> 4. 理解成本分析的一般方法和具体方法。

> **任务要求**
> 1. 能够根据相关资料编制产品生产成本表、主要产品单位成本表和制造费用明细表等成本报表。
> 2. 能够利用成本分析方法，将日常核算的成本资料加以分类、汇总并进行综合分析，以书面报告的形式向企业的管理部门提供成本信息。

第一节 成本报表的编制

一、成本报表的作用和种类

成本报表是指按照企业成本管理的需要，根据产品成本和期间费用的核算资料以及其他有关资料编制的，用以反映企业一定时期产品成本、期间费用以及其他专项成本水平及其构成情况的报告文件。编制和分析成本报表是成本会计工作的一项重要内容。

（一）成本报表的作用

成本报表的作用体现在如下几个方面。

1. 便于企业进行高质量的成本管理

通过成本报表分析，可以揭示影响产品成本指标和费用项目变动的因素与原因，从生产技术、生产组织和经营管理等各个方面挖掘和动员节约费用支出与降低产品成本的潜力，提高企业生产耗费的经济效益。

2. 便于企业及时进行决策

成本报表提供的实际产品成本和费用支出的资料，是企业进行成本、利润的预测与决策，编制产品成本计划和各项费用计划，制定产品价格，进行投资决策等的重要依据。

3. 便于母公司或相关主管机构评价或者评估企业的成本管理效果

通过阅读和分析成本报表，母公司或相关主管机构（主要是对国有企业而言）可以了解企业的成本管理绩效，从而对企业管理层在成本管理方面的绩效进行评价，进而从成本管理的角度评价他们对受托责任的履行情况，评估企业产品成本核算的合理性、可靠性等。

（二）成本报表的种类

成本报表按其所反映的内容可分为以下几类。

1. 反映产品成本情况的报表

这类报表主要反映企业为生产一定种类和一定数量产品所支出的生产费用的水平及其构成情况，并与计划水平、上年实际水平、历史最好水平或同行业同类产品先进水平相比较，反映产品成本的变动情况和变动趋势。属于此类成本报表的有全部产品生产成本表、主要产品单位成本表等。

2. 反映各种费用支出的报表

这类报表主要反映企业在一定时期内各种费用总额及其构成情况，并与计划（预算）水平、上年实际水平对比，反映各项费用支出的变动情况和变动趋势。属于此类成本报表的有制造费用明细表、销售费用明细表、管理费用明细表和财务费用明细表等。

3. 反映专项成本的报表

除了上述两类一般性的成本报表外，有些企业还会出于特殊目的编制专项成本报表。例如，企业为了提高产品质量管理效果，可能需要编制质量成本报表；为了提高环境成本管理效果，可能需要编制环境成本报表等。这些成本报表反映的内容可称为专项成本。属于此类成本报表的有质量成本报表、环境成本报表等。

在这里需要特别指出的是，成本报表属于内部报表，它的编报主要是为了满足企业管理层以及各部门、车间和岗位责任人对成本信息的需求。因此，成本报表在报表的种类、指标的设计以及报送的对象等方面具有很强的针对性和灵活性，在编报的日期上更注重时效性。比如，为了满足成本管理的多方面需要，除了应定期编报全面反映成本计划完成情况的报表外，还应对企业成本管理的某些重要环节、重要方面的问题提供专门的、具有针对性的报告。这些报告的格式、内容、涉及的指标可以根据实际需要来定。又如，为了加强成本的日常管理，对于成本耗费的主要指标，也可以用报表的形式，按旬、按周、按日甚至按班编报，以保证将有关成本信息及时提供给有关方面和有关人员；为了将成本管理与技术管理相结合，以深入分析成本升降的具体原因，寻求降低成本的有效方法，可以将成本指标、统计指标和技术经济指标结合起来，不定期地向有关部门和有关人员编报技术经济指标变动对成本影响的报表；为了加强成本管理工作的前瞻性，可以在成本计划的执行过程中，对成本计划能否完成进行预测，向有关部门和有关人员编报分析报告。

二、成本报表的编制方法

各种成本报表，有的反映本期产品的实际成本，有的反映本期经营管理费用的实际发生额，还有的可能反映实际成本或实际费用的累计数。为了考核和分析成本计划的执行情况，这些报表一般还反映有关的计划数和某些补充资料。成本报表中的实际成本、费用，应根据有关的产品成本或费用明细账的实际发生额填列。表中的累计实际成本、费用，应根据本期报表的本期实际成本、费用加上上期报表的累计实际成本、费用计算填列，如果有关的明细账中记有期末累计实际成本、费用，可以直接根据有关的明细账相应数据填列。成本报表中的计划数，应根据有关的计划填列；表中其他资料和补充资料，应按报表编制规定填列。

（一）全部产品生产成本报表的编制方法

全部产品生产成本报表是反映企业在报告期内所生产的全部产品总成本的一种成本报表，它可以从两个不同的角度进行编制和分析。

一是按产品种类编制全部产品生产成本表，反映企业在报告期所生产全部产品的总成本和各种主要产品（含可比产品和不可比产品）单位成本及总成本。利用此表可以定期、总括地考核和分析企业全部产品成本计划的完成情况和可比产品成本降低计划的完成情况，对企业产品成本工作从总体上进行评价，为进一步分析指明方向。

二是按成本项目编制全部产品生产成本表，汇总反映企业在报告期发生的全部生产费用（按成本项目反映）和全部产品总成本。利用此表可以定期、总括地考核与分析企业全部生产费用和全部产品总成本计划的完成情况，对企业成本工作从总体上进行评价，为进一步分析指明方向。

下面举例说明从上述两个不同角度编制全部产品生产成本报表的方法。

1. 全部产品生产成本表（按产品种类反映）的编制方法

【例6-1】 某企业某年12月份的全部产品生产成本表（按产品种类反映）见表6-1，此表分为基本报表和补充资料两部分，基本报表部分应按可比产品和不可比产品分别填列。可比产品是指企业过去曾经正式生产过，有完整的成本资料可以进行比较的产品；不可比产品是指企业本年度初次生产的新产品，或虽非初次生产，但以前仅属试制而未正式投产的产品，缺乏可比的成本资料。在成本计划中，对不可比产品只规定本年的计划成本，而对可比产品不仅规定计划成本指标，而且规定成本降低计划指标，即本年度可比产品计划成本比上年度（或以前年度）实际成本的降低额和降低率。

产品生产成本表的基本报表部分，应反映各种可比和不可比产品本月及本年累计的实际产量、实际单位成本和实际总成本。以上项目的本月数，应根据本月产品成本明细账中的有关记录填列，本年累计实际产量（第②栏）和本年累计实际总成本（第⑫栏）应根据本月数加上上月本表的累计数计算填列，本年累计实际平均单位成本（第⑥栏）应根据本年累计实际总成本（第⑫栏）除以本年累计实际产量（第②栏）计算填列。

表 6-1 全部产品生产成本表（按产品种类反映）

编制单位：××工厂　　　　　　　　20××年12月　　　　　　　　（金额单位：元）

产品名称	计量单位	实际产量 本月 ①	实际产量 本年累计 ②	单位成本 上年实际平均 ③	单位成本 本年计划 ④	单位成本 本月实际 ⑤=⑨÷①	单位成本 本年累计实际平均 ⑥=⑫÷②	本月总成本 按上年实际平均单位成本计算 ⑦=①×③	本月总成本 按本年计划单位成本计算 ⑧=①×④	本月总成本 本期实际 ⑨	本年累计总成本 按上年实际平均单位成本计算 ⑩=②×③	本年累计总成本 按本年计划单位成本计算 ⑪=②×④	本年累计总成本 本年实际 ⑫
甲	件	40	400	86	84	85	82	3 440	3 360	3 400	34 400	33 600	32 800
乙	件	10	200	800	880	860	820	8 000	8 800	8 600	160 000	176 000	164 000
可比产品合计								11 440	12 160	12 000	194 400	209 600	196 800
丙	件	10	80		140	150	145		1 400	1 500		11 200	12 600
丁	件	5	50		400	350	420		2 000	1 750		20 000	21 000
不可比产品合计									3 400	3 250		31 200	33 600
全部产品									15 560	15 250		240 800	230 400

补充资料（本年累计实际数）：
（1）可比产品成本降低额为 −2 400 元（本年计划降低额为 12 800 元）。
（2）可比产品成本降低率为 −1.234 6%（本年计划降低率为 6.106 9%）。
（3）按现行价格计算的商品产值为 460 800 元。
（4）产值成本率为 50 元/百元（本年计划产值成本率为 49.41 元/百元）。

为了反映企业当年全部产品成本计划完成情况，基本报表部分还应反映各种可比与不可比产品本月和本年累计按计划单位成本（第④栏）计算的总成本（第⑧、⑪栏）。计划单位成本应根据本年成本计划填列，本月和本年累计计划总成本应根据计划单位成本分别乘以本月实际产量和本年累计实际产量计算填列。

为了计算可比产品成本降低额和降低率，基本报表部分还应反映可比产品本月和本年按上年实际平均单位成本（第③栏）计算的总成本（第⑦、⑩栏）。上年实际平均单位成本应根据上年度12月份本表全年累计实际平均单位成本（第⑥栏）填列，本月和本年累计实际总成本应根据上年实际平均单位成本分别乘以本月实际产量和本年累计实际产量计算填列，不可比产品由于过去没有正式生产过，没有成本资料可以比较，因而不必填列第③、⑦、⑩栏。

补充资料部分只填列本年累计实际数，其中：

（1）可比产品成本降低额，即可比产品累计实际总成本比按上年实际平均单位成本计算的累计总成本降低的数额，超支额用负数表示。计算公式如下：

可比产品成本降低额 = 可比产品按上年实际平均单位成本计算的总成本 −
　　　　　　　　　　可比产品本年累计实际总成本

以表 6-1 中的资料为例计算如下:

可比产品成本降低额 = 194 400 − 196 800 = − 2 400（元）

（2）可比产品成本降低率。它是指可比产品本年累计实际总成本比按上年实际平均单位成本计算的累计总成本降低的比率，超支率用负数表示。其计算公式如下：

$$可比产品成本降低率 = \frac{可比产品成本降低额}{可比产品按上年实际平均单位成本计算的总成本} \times 100\%$$

以表 6-1 中的资料为例计算如下：

$$可比产品成本降低率 = \frac{-2\,400}{194\,400} \times 100\% = -1.234\,6\%$$

本年可比产品成本计划降低率为 6.106 9%、计划降低额为 12 800 元，根据可比产品成本降低计划填列。

（3）按现行价格计算的商品产值根据有关的统计资料填列。

（4）产值成本率。它是指产品总成本与商品产值的比率，通常以每百元商品产值总成本表示。其计算公式如下：

$$产值成本率（元/百元） = \frac{产品总成本}{商品产值} \times 100$$

以表 6-1 中的资料为例计算如下：

$$产值成本率 = \frac{230\,400}{460\,800} \times 100 = 50（元/百元）$$

2．全部产品生产成本表（按成本项目反映）的编制方法

【例 6-2】 某企业某年 12 月份的全部产品生产成本表（按成本项目反映）见表 6-2。

表 6-2　全部产品生产成本表（按成本项目反映）

编制单位：××工厂　　　　20××年 12 月　　　　（单位：元）

项目	本年计划数	本月实际数	本年累计实际数
生产费用：			
直接材料	122 000	9 490	108 990
直接人工	63 158	4 036	41 110
制造费用	91 871	6 623	73 120
生产费用合计	277 029	20 149	223 220
加：在产品、自制半成品期初余额	14 610	7 261	19 340
减：在产品、自制半成品期末余额	12 150	12 160	12 160
产品成本合计	279 489	15 250	230 400

表 6-2 是按成本项目汇总反映企业在报告期内发生的全部生产费用以及产品成本合计数的报表。

表 6-2 分为生产费用和产品成本两部分。生产费用部分按成本项目反映；产品成本部分是

在生产费用合计数的基础上,加减期初、期末在产品和自制半成品余额计算的产品成本合计数。生产费用和产品成本可以按本年计划数、本月实际数和本年累计实际数分栏反映。以便于分析利用,如果可比产品单列,还可以增设上年实际数栏。

表内各项目的填列方法:由于全部产品包括可比产品和不可比产品,因此此表只设本年计划数、本月实际数和本年累计实际数三栏,而不设上年实际数栏。本年计划数应根据成本计划有关资料填列;本月实际数填列按成本项目反映的各种生产费用数,应根据各种产品成本明细账所记本月生产费用合计数,按成本项目分别汇总填列;本年累计实际数应根据本月实际数,加上上月本表的本年累计实际数计算填列。期初、期末在产品和自制半成品余额,应根据各种产品成本明细账的期初、期末在产品成本和各种自制半成品明细账的期初、期末余额,分别汇总填列。以生产费用合计数加上在产品、自制半成品期初余额减去在产品、自制半成品期末余额,即可计算出产品成本合计数。

(二)主要产品单位成本表的编制方法

主要产品是指企业经常生产、在企业全部产品中所占比重较大、能概括反映企业生产经营面貌的那些产品。主要产品单位成本表是反映企业在报告期内生产的各种主要产品单位成本水平和构成情况的一种成本报表。该表应按主要产品分别编制,是对全部产品生产成本表所列各种主要产品成本的补充说明。利用此表,可以按照成本项目,分析和考核主要产品单位成本计划的执行情况;可以按照成本项目,将本月实际和本年累计实际平均单位成本与上年实际平均单位成本和历史先进水平进行对比,了解单位成本的变动情况;可以分析和考核各种主要产品的主要技术经济指标的执行情况,进而查明主要产品单位成本升降的具体原因。

【例 6-3】 某企业 A 产品单位成本表的格式和内容详见表 6-3。

表 6-3 产品单位成本表

产品名称:A 产品
产品规格:××

20×× 年 12 月
计量单位:件
销售单价:900 元

本月计划产量:18 件
本月实际产量:10 件
本年累计计划产量:100 件
本年累计实际产量:200 件

	历史先进水平(2018 年)	上年实际平均	本年计划	本月实际	本年累计实际平均
单位成本项目:					
直接材料/元	554	574	574	564	569
直接燃料和动力/元	37	52	48	40	53
直接人工/元	81	86	82	75	78
制造费用/元	140	142	140	145	150
产品单位成本/元	812	854	844	824	850
主要技术经济指标:					
A 材料/kg	19	22	22	20	20
B 材料/kg	32	34	34	32	34

表 6-3 中各项数字填列方法如下。

（1）产量。本月及本年累计计划产量，应根据生产计划填列；本月及本年累计实际产量，应根据产品成本明细账或产成品成本汇总表填列；销售单价，应根据产品定价表填列。

（2）单位成本。历史先进水平，应根据历史上该种产品成本最低年度成本表的实际平均单位成本填列；上年实际平均单位成本，应根据上年度主要产品单位成本表累计实际平均单位成本填列；本年计划单位成本，应根据本年度成本计划填列；本月实际单位成本，应根据产品成本明细账或产成品成本汇总表填列；本年累计实际平均单位成本，应根据该种产品成本明细账所记自年初至报告期末完工入库产品实际总成本除以累计实际产量计算填列。

表 6-3 中，上年实际平均、本年计划、本月实际和本年累计实际平均的单位成本，应与全部产品生产成本表（按产品类反映）中该种产品相应的单位成本核对相符。

（3）主要技术经济指标，即该种产品主要原材料的耗用量，应根据业务技术核算资料填列。

（三）各种费用报表的编制方法

各种费用是指企业在生产经营过程中，各个车间与部门为进行产品生产，组织和管理生产经营活动所发生的制造费用、销售费用、管理费用和财务费用。第一种属于产品成本的组成部分，后三种属于期间费用。编制上述四种费用报表的作用在于反映各项费用计划的执行情况，分析各种费用变动的原因以及对产品成本和当期损益的影响。

1. 制造费用明细表的结构和编制方法

【例 6-4】 某企业 20×× 年 12 月份制造费用明细表的格式见表 6-4。

表 6-4　制造费用明细表

20×× 年 12 月　　　　　　　　　　　　　　　　（单位：元）

项目	本年计划数	上年同期实际数	本月实际数	本年累计实际数
职工薪酬	280 000	24 500	26 000	290 000
机物料消耗	45 000	4 000	4 200	48 000
低值易耗品摊销	36 000	2 700	2 500	32 000
劳动保护费	12 000	1 000	1 200	13 000
水费	3 000	240	250	3 200
电费	32 000	2 700	2 800	35 000
运输费	40 000	3 000	2 700	34 000
折旧费	48 000	3 900	4 200	50 000
办公费	24 000	1 850	1 650	22 000
其他	24 200	2 100	1 900	24 000
合计	544 200	45 990	47 400	551 200

此表按制造费用项目分别反映各项费用的本年计划数、上年同期实际数、本月实际数和本年累计实际数。其中，本年计划数，应根据成本计划中的制造费用计划填列；上年同期实际数，

应根据上年同期制造费用明细表的本月实际数填列；本月实际数，应根据制造费用总账所属各基本生产车间制造费用明细账的本月合计数汇总计算填列；本年累计实际数，应根据这些制造费用明细账的本月末累计数汇总计算填列。

2. 销售费用明细表的结构和编制方法

【例 6-5】 某企业 20×× 年 12 月份销售费用明细表的格式见表 6-5。

表 6-5 销售费用明细表

20×× 年 12 月　　　　　　　　　　　　　　　　　　（单位：元）

项目	本年计划数	上年同期实际数	本月实际数	本年累计实际数
职工薪酬	150 000	13 000	13 500	165 000
业务费	85 000	6 500	6 000	72 000
运输费	36 000	11 000	13 000	38 000
装卸费	24 000	2 000	18 000	23 500
包装费	42 000	3 600	4 000	41 000
保险费	30 000	2 200	2 400	32 000
展览费	40 000	3 000	3 200	42 000
广告费	40 000	3 000	3 000	36 000
产品质量保证费	32 000	2 000	3 000	31 000
折旧费	45 000	3 500	3 600	44 000
低值易耗品摊销	24 000	1 800	2 000	24 000
办公费	21 000	2 000	1 800	20 000
其他	30 000	3 000	2 000	28 000
合计	599 000	56 600	75 500	596 500

此表按销售费用项目分别反映各项费用的本年计划数、上年同期实际数、本月实际数和本年累计实际数。其中，本年计划数，应根据本年销售费用计划填列；上年同期实际数，应根据上年同期销售费用明细表的本月实际数填列；本月实际数，应根据销售费用明细账的本月合计数填列；本年累计实际数，应根据销售费用明细账的本月末累计数计算填列。

3. 管理费用明细表的结构和编制方法

【例 6-6】 某企业 20×× 年 12 月份管理费用明细表的格式见表 6-6。

表 6-6 管理费用明细表

20×× 年 12 月　　　　　　　　　　　　　　　　　　（单位：元）

项目	本年计划数	上年同期实际数	本月实际数	本年累计实际数
职工薪酬	420 000	32 000	36 000	450 000
物料消耗	36 000	2 500	3 600	48 000
办公费	110 000	8 000	9 500	114 000

(续)

项目	本年计划数	上年同期实际数	本月实际数	本年累计实际数
差旅费	40 000	3 000	3 000	37 000
会议费	60 000	6 000	4 000	48 000
中介机构费	50 000	4 000	4 000	50 000
业务招待费	40 000	3 000	5 000	60 000
研究费	120 000	8 000	12 000	125 000
修理费	80 000	6 500	6 000	78 000
折旧费	45 000	4 000	4 000	44 000
低值易耗品摊销	24 000	2 100	1 800	23 000
专利转让费	36 000	2 800	3 000	36 000
其他	45 000	4 000	3 600	44 000
合计	1 106 000	85 900	95 500	1 157 000

此表按管理费用项目分别反映各项费用的本年计划数、上年同期实际数、本月实际数和本年累计实际数。其中，本年计划数，应根据企业行政管理部门的管理费用计划填列；上年同期实际数，应根据上年同期管理费用明细表的本月实际数填列；本月实际数，应根据管理费用明细账的本月合计数填列；本年累计实际数，应根据管理费用明细账的本月末累计数计算填列。

4．财务费用明细表的结构和编制方法

【例 6-7】 某企业 20×× 年 12 月份财务费用明细表的格式见表 6-7。

表 6-7　财务费用明细表

20×× 年 12 月　　　　　　　　　　　　　　　　　　　（单位：元）

项目	本年计划数	上年同期实际数	本月实际数	本年累计实际数
利息支出（减利息收入）	17 000	1 500	1 300	16 500
汇兑损失（减汇兑收益）	6 000	600	700	7 745
金融机构手续费	1 000	100	200	1 200
其他筹资费用	1 200	120	110	1 300
合计	25 200	2 320	2 310	26 745

此表按财务费用项目分别反映各项费用的本年计划数、上年同期实际数、本月实际数和本年累计实际数。其中，本年计划数，应根据本年财务费用计划填列；上年同期实际数，应根据上年同期财务费用明细表的本月实际数填列；本月实际数，应根据财务费用明细账的本月合计数填列；本年累计实际数，应根据财务费用明细账本月末的累计数计算填列。

第二节 成本报表的分析

一、成本分析的一般程序和方法

（一）成本分析的一般程序

成本分析的一般程序可以概括为以下几个步骤。

（1）明确分析的目标、要求和范围，以及需要解决的问题，在此基础上，制订科学的分析计划，进行周密的工作安排，以提高成本分析工作的效率和工作质量。

（2）广泛收集与成本分析相关的各方面的资料，并认真进行审核、整理和筛选，去粗取精，去伪存真；同时还要深入实际进行调查研究，掌握实际工作中的具体情况。这是科学地进行成本分析、得出正确结论的前提条件。

（3）从总体分析入手，进行深入的项目分析，确定各种差异，并查明形成差异的影响因素及其影响程度，以及应该重点解决的问题，为进一步分析指明方向。

（4）结合企业的内部、外部的实际情况，相互联系地研究生产技术、生产组织和经营管理等方面的问题，查明各因素变动的具体原因，以便采取有效的措施解决问题。

（5）以全面、发展的观点对企业的成本管理工作进行评价。

（6）在上述各方面、各层次成本分析和全面客观评价企业成本管理工作的基础上，编写成本分析报告。

（二）成本报表的数量分析方法

在实践中，成本分析的方法很多，常用的有以下几种。

1. 比较分析法

比较分析法是指通过指标对比，从数量上确定差异的一种分析方法。其主要作用在于揭示客观存在的差距，为进一步分析指明方向。比较分析的基数由于分析目的的不同而有所不同，实际工作中通常有以下几种形式。

（1）以成本的实际指标与成本的计划或定额指标对比，分析成本计划或定额的完成情况。

（2）以本期实际成本指标与前期（上期、上年同期或历史最好水平）的实际成本指标对比，观察企业成本指标的变动情况和变动趋势，了解企业生产经营工作的改进情况。

（3）以本企业实际成本指标（或某项技术经济指标）与国内外同行业先进指标对比，可以在更大的范围内找出差距，推动企业改进经营管理方法。

比较分析法只适用于同质指标的数量对比，应用此法时要注意指标的可比性。为了使对比的指标具有可比性，可以将对比的指标进行必要的调整换算。如对比费用指标，可以先将随产量变动而变化的费用计划指标按产量增减幅度进行调整，然后再同实际进行对比；与以前各期资料对比，可以都按不变价格（即按规定的某年价格）换算，或按物价、收费率等变动情况调整某些指标。但也要防止将指标的可比性绝对化。

比较分析法是经济分析中广泛应用的一种分析方法。对比的范围越广泛，就越能发现差距，越有利于企业挖掘潜力，学习和推广先进经验。

2. 比率分析法

比率分析法是指通过计算和对比经济指标的比率进行数量分析的一种方法。采用这一方法时，先要把对比的数值变成相对数，求出比率，然后再进行对比分析。具体形式有以下三种。

（1）相关指标比率分析。将两个性质不同但又相关的指标对比求出比率，然后再以实际数与计划（或前期实际）数进行对比分析，以便从经济活动的客观联系中更深入地认识企业的生产经营状况。例如，将成本指标与反映生产和销售等生产经营成果的产值、销售收入、利润指标对比求出的产值成本率和成本费用利润率指标，可据以分析和比较生产耗费的经济效益。

（2）构成比率分析。构成比率是指某项经济指标的各个组成部分占总体的比重。例如，将构成产品成本的各个成本项目同产品成本总额相比，计算其占成本的比重，确定成本的构成比率；然后将不同时期的成本构成比率相比较，通过观察产品成本构成的变动，掌握经济活动的情况，了解企业改进生产技术和经营管理对产品成本的影响。

（3）动态比率分析。动态比率分析也称趋势分析，是指将不同时期同类指标的数值对比求出比率，进行动态比较，据以分析该项指标的增减速度和变动趋势，从中发现企业在生产经营方面的成绩或不足。由于对比的标准不同，它又可分为基期指数和环比指数两种。其计算公式如下：

$$基期指数 = \frac{分析期指标数额}{固定期指标数额}$$

$$环比指数 = \frac{分析期指标数额}{前一期指标数额}$$

3. 连环替代法

连环替代法是指用来计算几个相互联系的因素对综合经济指标变动影响程度的一种分析方法。

【例6-8】假定某企业甲产品某年四个季度实际单位成本分别为90元、92元、95元、94元。如果以第一季度为基期，以该季度单位成本90元为基数，可以计算其他各季度甲产品单位成本与之相比的定基比率如下：

第二季度：$\frac{92}{90} \times 100\% = 102\%$

第三季度：$\frac{95}{90} \times 100\% = 106\%$

第四季度：$\frac{94}{90} \times 100\% = 104\%$

通过以上计算可以看出，甲产品单位成本第二季度、第三季度比第一季度有上升的趋势，但第四季度又有所下降。

如果分别以上季度为基期，可以计算各季度环比比率如下：

第二季度比第一季度：$\dfrac{92}{90} \times 100\% = 102\%$

第三季度比第二季度：$\dfrac{95}{92} \times 100\% = 103\%$

第四季度比第三季度：$\dfrac{94}{95} \times 100\% = 99\%$

通过以上计算可以看出，甲产品的单位成本变动趋势呈倒马鞍状，第二季度、第三季度呈上升趋势，第四季度又有所下降。

连环替代法的计算程序如下。

（1）根据指标的计算公式确定影响指标变动的各个因素。

（2）按照一定的原则排列各影响因素的替换顺序。

（3）按照排定的因素替换顺序和各因素的基数（如计划数、定额数等）计算指标的基数。

（4）逐次以各要素的实际数替换其基数，每次替换后实际数就被保留下来；将每次替换后的计算结果与前一次替换后的计算结果进行对比，就可以顺序计算出各因素的影响程度。有几个因素就替换几次。

（5）将各因素影响程度的代数和与指标变动的差异总额（分析对象）核对相符。

在采用连环替代法计算确定各因素对综合经济指标变动的影响程度时，因素的替换顺序不同，同一因素对指标变动的影响程度就不同。因此，因素的替换顺序是一个非常重要的问题。确定各因素排列顺序的一般原则如下：如果既有数量因素又有质量因素，应先查明数量因素变动的影响，后查明质量因素变动的影响；如果既有实物量因素又有价值量因素，先查明实物量因素变动的影响，后查明价值量因素变动的影响。如果有几个数量因素和几个质量因素，还应区分主要因素和次要因素，先查明主要因素变动的影响，后查明次要因素变动的影响。

下面以材料费用总额变动分析为例，说明这一分析方法的特点。

影响材料费用总额的因素很多，按其相互关系可归纳为三个：产品产量、单位产品材料消耗量和材料单价。按照各因素的相互依存关系，列成计算公式如下：

材料费用总额 = 产品产量 × 单位产品材料消耗量 × 材料单价

【例 6-9】 某企业影响材料费用总额的各项指标的计划数和实际数资料见表 6-8。

表 6-8　资料

指标	单位	计划数	实际数	差异
产品产量	件	30	32	+2
单位产品材料	kg	20	19	−1
材料单价	元	15	17	+2
材料费用总额	元	9 000	10 336	+1 336

① 以计划数为基数　　　　　　　　　　　　$30 \times 20 \times 15 = 9\,000$（元）
② 第一次替换　　　　　　　　　　　　　　$32 \times 20 \times 15 = 9\,600$（元）
②−① 产量变动影响　　　　　　　　　　　　　　　　　　+600 元
③ 第二次替换　　　　　　　　　　　　　　$32 \times 19 \times 15 = 9\,120$（元）
③−② 单位产品材料消耗量变动影响　　　　　　　　　　　−480 元

④ 第三次替换	32×19×17 = 10 336（元）	
④-③材料单价变动影响	+1 216 元	
合计	+1 336 元	

最后，通过计算可以看出，虽然单位产品材料消耗量降低使材料费用节约 480 元，但由于产量增加，特别是材料单价的提高，使材料费用增加 1 336 元。进一步分析应查明材料消耗节约和材料价格提高的原因，然后才能对企业材料费用总额变动情况做出评价。

4．差额计算法

差额计算法是连环替代法的一种简化形式。运用这一方法时，先要确定各因素实际数与计划数之间的差异，然后按照各因素的排列顺序，依次求出各因素变动的影响程度。可见，这一方法的应用原理与连环替代法一样，只是计算程序不同。仍沿用【例 6-9】中的数据资料，以差额计算法测定各因素影响程度如下。

（1）分析对象：10 336 - 9 000 = +1 336（元）

（2）各因素影响程度：

产量变动影响 = (+2) × 20 × 15 = +600（元）

单位产品材料消耗量变动影响 = 32 × (-1) × 15 = -480（元）

材料单价变动影响 = 32 × 19 × (+2) = +1 216（元）

合计　　　　　　+1 336 元

差额计算法计算简便，应用比较广泛，特别是在影响因素只有两个时更为适用。

以上所述只是常用的几种数量分析方法。此外，还可以根据分析的目的和要求，采用分组法、指数法、图表法等其他数量分析方法。

需要指出的是，不论采用什么分析方法，都只能为进一步调查研究指明方向，而不能代替调查研究。要确定导致成本管理工作好坏的具体原因，并据以提出切实有效的建议和措施来改进工作，还必须在采用上述分析方法进行分析的基础上，深入实际调查研究。

二、全部商品产品成本计划完成情况的分析

（一）按产品种类分析全部商品产品成本计划完成情况

按产品种类分析全部商品产品成本计划的完成情况，既要从总体出发，分析全部商品产品成本计划完成的总括情况，也要分析每种产品成本计划的完成情况，通过分析既可以对全部商品产品成本计划的完成情况有总括了解，也为进一步分析指明方向和重点。

【例 6-10】 根据表 6-1 的资料编制本年累计全部产品成本计划完成情况的分析表，见表 6-9。

表 6-9　本年累计全部产品成本计划完成情况的分析表

（单位：元）

产品名称	计划总成本	实际总成本	实际比计划升降额	实际比计划升降率
1．可比产品	209 600	196 800	-12 800	-6.11%
其中：甲	33 600	32 800	-800	-2.38%

(续)

产品名称	计划总成本	实际总成本	实际比计划升降额	实际比计划升降率
乙	176 000	164 000	−12 000	−6.82%
2. 不可比产品	31 200	33 600	+2 400	+7.69%
其中：丙	11 200	12 600	+1 400	+1.25%
丁	20 000	21 000	+1 000	+5%
合计	240 800	230 400	−10 400	−4.32%

表 6-9 中的数据计算如下。

本年累计全部产品成本实际比计划升降额 = 实际总成本 − 计划总成本

$$= 230\ 400 - 240\ 800$$

$$= -10\ 400（元）$$

$$本年累计全部产品成本计划完成率 = \frac{（各种产品实际单位成本 \times 实际产量）之和}{（各种产品计划单位成本 \times 实际产量）之和} \times 100\%$$

$$= \frac{230\ 400}{240\ 800} \times 100\% = 95.68\%$$

成本升降率 = 95.68% − 100% = −4.32%

上述计算表明，本年全部产品累计实际总成本低于计划总成本 10 400 元，降低 4.32%。其中，可比产品成本实际比计划节约 12 800 元，主要是乙产品成本节约 12 000 元，甲产品成本节约 800 元；不可比产品成本实际比计划超支 2 400 元，丙、丁产品成本都超支了。值得注意的是，从表 6-1 可知，本月（12 月）全部产品总成本实际比计划降低了 310 元（15 250 − 15 560），降低 1.99%，主要是乙产品和丁产品成本下降所致。

（二）按成本项目分析全部商品产品成本计划完成情况

按成本项目对全部商品产品成本计划完成情况进行分析，可根据前述的全部产品生产成本表（按成本项目反映）所提供的资料以及其他有关计划、核算资料，采用比较分析法、比率分析法等方法。

【例 6-2】的全部产品生产成本表（按成本项目反映）是 12 月份编制的，因而其本年累计实际数和本年计划数都是整个年度的生产费用和产品成本。分析时可采用比较分析法，将产品成本合计数、生产费用合计数及其各个成本项目费用的本年累计实际数与本年计划数进行对比分析，揭示差异，为进一步分析指明方向。

表 6-2 中的产品成本合计数中，本年累计实际数低于本年计划数，实际比计划低了 49 089 元（230 400 − 279 489）。成本降低的原因是多方面的：可能是由于产品单位成本的下降，也可能是由于产品产量和产品品种构成的变动，因为各种产品单位成本降低、升高的幅度不同。进一步分析应结合有关的明细资料查明影响产品总成本变动的主要因素和因素变动的主要原因，对产品总成本的降低是否合理做出评价。

就表 6-2 中的生产费用合计数来看，本年累计实际数低于本年计划数 53 809 元（223 220 − 277 029）。与上述产品总成本情况基本相同，当然也可能不一致，因为其中尚有期初、期末在产品和自制半成品余额的变动影响。

就表 6-2 中各个成本项目来看，直接材料、直接人工和制造费用的本年累计实际数与本年计划数相比，升降的情况和升降的幅度各不相同，分析时不能仅停留在指标数额的对比上，还应进一步查明影响指标变动的因素和原因。但由于影响各成本项目变动的因素和原因很多，因而分析的难度大，工作量也大。如果表中列有本月计划数，还可以进行本月实际数与计划数的对比分析。

对于各成本项目的费用，还可以计算构成比率，并在本年累计实际数、本月实际数和本年计划数之间进行对比分析，表 6-2 中各项指标计算如下。

（1）本年计划数构成比率。

$$直接材料费用比率 = \frac{122\,000}{277\,029} \times 100\% = 44\%$$

$$直接人工费用比率 = \frac{63\,158}{277\,029} \times 100\% = 22.8\%$$

$$制造费用比率 = \frac{91\,871}{277\,029} \times 100\% = 33.2\%$$

（2）本月实际数构成比率。

$$直接材料费用比率 = \frac{9\,490}{20\,149} \times 100\% = 47.1\%$$

$$直接人工费用比率 = \frac{4\,036}{20\,149} \times 100\% = 20\%$$

$$制造费用比率 = \frac{6\,623}{20\,149} \times 100\% = 32.9\%$$

（3）本年累计实际数构成比率。

$$直接材料费用比率 = \frac{108\,990}{223\,220} \times 100\% = 48.8\%$$

$$直接人工费用比率 = \frac{41\,110}{223\,220} \times 100\% = 18.4\%$$

$$制造费用比率 = \frac{73\,120}{223\,220} \times 100\% = 32.8\%$$

以本年累计实际数与本年计划数相比，生产费用中直接材料费用比率有所升高，直接人工费用比率有所降低，而制造费用比率持平；以本年累计实际数与本月实际数相比，直接材料费用比率有所上升，直接人工费用比率有所下降，而制造费用比率持平。通过指标对比，只能了解指标变动的一般情况，由于各项指标变动受多种因素影响，因此分析时，还应结合调查了解的情况和明细核算资料进一步查明原因，以便对其变动的合理性做出判断。

三、可比产品成本降低计划完成情况分析

要进行可比产品成本降低计划完成情况分析就必须取得可比产品成本降低计划指标和计划完成情况的资料。前者反映在企业的成本计划之中，后者可以从前述的产品生产成本表（按产品种类反映）取得。

【例 6-11】 假定【例 6-1】中企业本年可比产品成本降低计划见表 6-10。

表 6-10 可比产品成本降低计划

（金额单位：元）

可比产品	全年计划产量/件	单位成本/（元/件）		总成本		计划降低指标	
		上年实际平均	本年计划	按上年实际平均单位成本计算	按本年计划单位成本计算	降低额	降低率
甲	300	86	84	25 800	25 200	600	2.325 6%
乙	100	800	880	80 000	88 000	-8 000	-10%
合计				105 800	113 200	-7 400	-6.994 3%

可比产品成本计划降低额 = 105 800 - 113 200 = -7 400（元）

可比产品成本计划降低率 = $\dfrac{-7\ 400}{105\ 800} \times 100\% = -6.994\ 3\%$

可比产品成本降低计划的完成情况，详见根据表 6-1 编制的可比产品成本降低计划完成情况分析表，见表 6-11。

表 6-11 可比产品成本降低计划完成情况分析表

（单位：元）

可比产品	总成本		计划完成情况	
	按上年实际平均单位成本计算	本期实际	降低额	降低率
甲	34 400	32 800	1 600	4.651 2%
乙	160 000	164 000	-4 000	-2.5%
合计	194 400	196 800	-2 400	-1.234 6%

在取得以上资料的基础上，就可以按照下面的步骤进行分析。

（1）分析可比产品成本降低计划的完成情况，首先应确定分析对象，即将可比产品成本实际降低额、降低率指标与计划降低额、降低率指标进行对比，确定实际脱离计划的差异。

计划降低额：-7 400 元；计划降低率：-6.994 3%；实际降低额：-2 400 元；实际降低率：-1.234 6%。

实际脱离计划的差异：

降低额 = -2 400 - （-7 400） = 5 000（元）

降低率 = -1.234 6% - （-6.994 3%）= 5.759 7%

从以上计算中可以看出，可比产品成本降低计划完成，实际比计划多降低 5 000 元，或 5.759 7%。

（2）确定影响可比产品成本降低计划完成情况的因素和各因素的影响程度。影响可比产品成本降低计划完成情况的因素，概括起来有以下三个。

一是产品产量。成本降低计划是根据计划产量制定的（本例中甲产品计划产量为 300 件，乙产品计划产量为 100 件），实际降低额和降低率都是根据实际产量计算的。因此，产量的增减必然会影响可比产品成本降低计划的完成情况。但是产量变动的影响有其特点：假定其他条件不变，即产品品种构成和产品单位成本不变，单纯产量变动只影响成本降低额，而不影响成本降低率。

【例 6-12】 假定【例 6-11】中本期产品实际产量比计划提高 20%，而产品品种构成和单位成本不变，即假定甲、乙产品的实际产量都比计划提高 20%，其成本降低额和降低率见表 6-12。

表 6-12 单纯产量变动影响的计算

（单位：元）

可比产品	总成本		产量变动影响	
	按上年实际平均单位成本计算	按本年计划单位成本计算	降低额	降低率
甲	25 800×120% = 30 960	25 200×120% = 30 240	720	2.325 6%
乙	80 000×120% = 96 000	88 000×120% = 105 600	−9 600	−10%
合计	126 960	135 840	−8 880	−6.994 3%

表 6-12 中的计算表明，单纯产量变动使成本降低额由计划的 −7 400 元增加到 −8 880 元，而降低率不变，仍是 −6.994 3%，与计划相同。反过来可以据此推算出单纯产量变动对成本降低额的影响。其计算公式如下：

按上年实际平均单位成本计算的总成本×计划降低率 = 单纯产量变动下的成本降低额

根据表 6-12 中的数据资料，套用上述公式计算如下：

126 960×（−6.994 3%）= −8 880（元）

二是产品品种构成。由于各种产品的成本降低程度不同，因而当产品品种构成发生变动时，就会使可比产品成本降低额和降低率升高或降低。在分析中之所以要单独计量产品品种构成变动影响，目的在于揭示企业取得降低产品成本真实成果的具体途径，从而对企业成本管理工作做出正确评价。

三是产品单位成本。可比产品成本计划降低额是本年度计划成本比上年度（或以前年度）实际成本的降低数，而实际降低额则是本年度实际成本比上年度（或以前年度）实际成本的降低数。因此，当本年度可比产品实际单位成本比计划单位成本降低或升高时，必然会引起成本降低额和降低率的变动。产品单位成本的降低意味着生产中活劳动和物化劳动消耗的节约，因此，分析时应特别注意这一因素的变动影响。

根据表 6-1 的资料，确定各因素变动的影响程度。按照连环替代法的计算程序，在确定各因素变动对成本降低计划完成情况的影响程度时，应以在计划产量、计划品种构成和计划单位成本情况下的成本降低计划为基础，然后用各个因素的实际数逐次替换计划数。

1）产品产量变动的影响。为了确定产量变动的影响程度，首先必须求得在实际产量、计划品种构成情况下，以本年计划单位成本计算的总成本与按上年实际平均单位成本计算的总成本相比较的成本降低额和成本降低率，然后再以此与计划降低额和计划降低率相比较。

【例 6-12】中已说明，在其他因素不变的条件下，单纯产量变动只影响成本降低额，而不影响成本降低率。所以，在实际产量、计划品种构成、计划单位成本情况下的降低率与计划降低率相同，即为 −6.994 3%。也就是说，每生产按上年实际平均单位成本计算的产品 100 元，即可取得 −6.994 3 元的降低额。因此，以计划降低率乘以表 6-1 中按实际产量、上年实际平均单位

成本计算的总成本,即可求得在实际产量、计划品种构成和计划单位成本下的成本降低额。其计算公式如下:

194 400 ×(−6.994 3%)=−13 596.92(元)

以上述计算求得的−13 596.92 元和−6.994 3% 与计划降低额−7 400 元和计划降低率−6.994 3% 相比较,即求得由于产量变动对成本降低计划完成情况的影响程度。

降低额=−13 596.92−(−7400)=−6 196.92(元)

降低率=−6.994 3%−(−6.994 3%)= 0

2)产品品种构成变动的影响。为了确定产品品种构成变动的影响,必须求得在实际产量、实际品种构成情况下,以本年计划单位成本计算的总成本与按上年实际平均单位成本计算的总成本相比较的降低额和降低率。根据表 6-1 的资料计算如下:

降低额 = 194 400 − 209 600 =−15 200(元)

降低率 = $-\dfrac{15\ 200}{194\ 400} \times 100\% = -7.818\ 9\%$

以上述计算结果与在实际产量、计划品种构成和计划单位成本情况下的降低额和降低率相比较,即可求得由于产品品种构成变动对成本降低计划完成情况的影响程度。

降低额=−15 200−(−13 596.92)=−1 603.08(元)

降低率=−7.818 9%−(−6.994 3%)=−0.824 6%

3)产品单位成本变动的影响。为了确定产品单位成本变动的影响,必须求得在实际产量、实际品种构成的情况下,以本期实际总成本与按上年实际平均单位成本计算的总成本相比较的降低额和降低率。根据表 6-1 的资料计算如下:

降低额 = 194 400 − 196 800 =−2 400(元)

降低率 = $\dfrac{-2\ 400}{194\ 400} \times 100\% = -1.234\ 6\%$

以上述计算结果与在实际产量、实际品种构成和计划单位成本下的降低额和降低率相比较,即可求得由于产品单位成本变动对成本降低计划完成情况的影响程度。

降低额=−2 400−(−15 200)= 12 800(元)

降低率=−1.234 6%−(−7.818 9%)= 6.584 3%

以上计算程序和计算结果见表 6-13。

表 6-13 计算程序和计算结果

指标	降低额/元	降低率
①在计划产量、计划品种构成和计划单位成本情况下的成本降低数	−7 400	−6.994 3%
②在实际产量、计划品种构成和计划单位成本情况下的成本降低数	194 400 ×(−6.994 3%) =−13 596.92	−6.994 3%
②−①产量变动的影响	−6 196.92	0
③在实际产量、实际品种构成和计划单位成本情况下的成本降低数	194 400 − 209 600 =−15 200	$\dfrac{-15\ 200}{194\ 400} \times 100\% = -7.818\ 9\%$
③−②产品品种构成变动的影响	−1 603.08	−0.824 6%

（续）

指标	降低额/元	降低率
④在实际产量、实际品种构成和实际单位成本情况下的成本降低数	194 400 − 196 800 = −2 400	$\dfrac{-2\,400}{194\,400} \times 100\% = -1.234\,6\%$
④−③产品单位成本变动的影响	12 800	6.584 3%
可比产品成本降低计划执行结果（各因素影响的代数和）	5 000	5.759 7%

以上方法还可简化如下：

根据表 6-1 产品生产成本表，可以先计算出由于产品单位成本变动使可比产品未（超额）完成成本降低额计划，多降低 12 800 元（209 600 − 196 800），约合降低率为 6.584 3%〔（12 800/194 400）×100%〕。

由于在其他因素不变的条件下，单纯产量变动只影响降低额，而不影响降低率，因而成本降低率比计划多降低 5.759 7%，只受产品品种构成和产品单位成本两个因素变动的影响。已知产品单位成本变动影响成本降低率多降低 6.584 3%，因此产品品种构成变动对成本降低率的影响计算如下：

5.759 7% − 6.584 3% = − 0.824 6%

据此可求得产品品种构成变动对成本降低额的影响程度如下：

194 400 ×（−0.824 6%）= − 1 603.02（元）

利用余额计算法，从实际脱离计划的总差异额中减去以上两个因素变动的影响数额，即可求得产品产量变动对成本降低额的影响程度：

5 000 − 12 800 −（− 1603.02）= − 6 196.98（元）⊖

（3）根据以上分析结果，可以对可比产品成本降低计划完成情况做出总括评价。总体来看，企业超额完成可比产品成本降低计划，实际比计划多降低 5 000 元，或为 5.759 7%。原因主要是产品单位成本降低，使成本多降低 12 800 元，约合降低率 6.584 3%，其中主要是甲、乙产品成本同时降低所致。值得注意的是，甲产品本月（12 月）实际单位成本虽然低于上年全年实际平均成本，却高于本年计划和本年累计实际平均成本，乙产品本月实际单位成本比上年实际平均和本年累计平均高，应进一步结合单位成本分析查明原因。此外，产量增加使成本实际比计划少降低 6 196.92 元，品种构成变动使成本实际比计划少降低 1 603.08 元。对于这一变动原因，需结合生产分析和销售分析查明原因。根据总评价提出的问题，深入实际查明原因后，才能明确企业成本管理工作中的成绩和问题，从而对上述可比产品成本降低计划的完成情况做出确切评价和提出今后努力的方向。

四、主要产品单位成本的分析

分析主要产品单位成本的意义在于揭示各种产品单位成本及其各个成本项目的变动情况，尤其是各项消耗定额的执行情况，确定产品结构、工艺和操作方法的改变，以及有关技术经济

⊖ 所计算出来的影响程度可能与实际影响程度略有差额，属于正常调整范围。

指标变动对产品单位成本的影响，查明产品单位成本升降的具体原因。

主要产品单位成本的分析主要包括分析产品单位成本表、成本计划和各项消耗定额资料，以及反映各项技术经济指标的业务技术资料等。分析的程序一般是先检查各种产品本月（或本季度、本年度等）实际单位成本与计划水平、与上年实际水平、与历史最好水平进行比较的升降情况；然后按成本项目分析其增减变动，查明造成单位成本升降的具体原因。为了在更大的范围内找差距、挖潜力，在可能的条件下，还可以组织厂际同类产品单位成本的对比分析。

根据前述的主要产品单位成本表（表 6-3）的有关数据，可编制 12 月份 A 产品单位成本分析表，见表 6-14。

表 6-14　A 产品单位成本分析表

20×× 年 12 月　　　　　　　　　　　　　　　（单位：元）

成本项目	历史最好水平	上年实际平均	本年计划	本年累计实际平均	本月实际	差异			
						比历史最好水平	比上年实际平均	比本年计划	比本年累计实际平均
直接材料	554	574	574	569	564	＋10	－10	－10	－5
直接燃料和动力	37	52	48	53	40	＋3	－12	－8	－13
直接人工	81	86	82	78	75	－6	－11	－7	－3
制造费用	140	142	140	150	145	＋5	＋3	＋5	－5
产品单位成本	812	854	844	850	824	＋12	－30	－20	－26

1. 主要产品单位成本变动情况分析

从表 6-14 可知，A 产品本月实际单位成本比本年计划、上年实际平均和本年累计实际平均都降低了，但比历史最好水平高。从成本项目对比中可以看出，产品单位成本的降低主要是由于直接材料、直接燃料和动力、直接人工的节约，说明企业在降低 A 产品直接材料、直接燃料和动力消耗方面，在改进 A 产品的生产组织和劳动组织、提高劳动生产率方面均采取了措施，取得了成绩。但是，也要看到制造费用本月比较高，说明还存在薄弱环节。为了查明产品单位成本及其成本项目变动的原因，还应进一步对各个成本项目特别是重点项目，即变动影响大的项目做具体分析。

2. 主要成本项目分析

一定时期产品单位成本的高低是与企业该时期的生产技术、生产组织的状况和经营管理水平，以及采取的技术组织措施效果相联系的。因此，紧密结合企业技术经济方面的资料，查明成本升降的具体原因，是进行产品单位成本各个成本项目分析的要点。

下面以直接材料、直接人工和制造费用几个主要成本项目为例，说明分析的一般方法。

（1）直接材料费用的分析。直接材料费用的变动主要受单位产品原材料消耗数量和原材料价格两个因素的变动影响。其变动影响可用差额计算法计算如下：

原材料消耗数量变动的影响 =（实际单位消耗量 – 计划单位消耗量）× 原材料计划单价

原材料价格变动的影响 =（原材料实际单价 – 原材料计划单价）× 单位产品原材料实际耗用量

【例 6-13】 假定有关资料见表 6-15。

表 6-15 乙产品直接材料费用的分析表

（金额单位：元）

原材料名称	耗用量 /kg		单价 /（元 /kg）		直接材料费用		差异	
	计划	实际	计划	实际	计划	实际	数量 /kg	金额
A 材料	22	20	14	14.2	308	284	−2	−24
B 材料	34	32	9	9.5	306	304	−2	−2
合计					614	588		−26
减：废料回收价值					40	24		−16
合计					574	564		−10

乙产品直接材料费用实际比计划降低 26 元，其中：
① 由于耗用变动：
A 材料　　　　　　　　　−2×14＝−28（元）
B 材料　　　　　　　　　−2×9＝−18（元）
合计　　　　　　　　　　−46 元
② 由于价格变动：
A 材料　　　　　　　（14.2−14）×20＝4（元）
B 材料　　　　　　　（9.5−9）×32＝16（元）
合计　　　　　　　　　　20 元

在上述两因素中，原材料价格的变动多属外界因素，需结合市场供求和材料价格变动情况具体分析。这里重点分析原材料消耗数量的变动情况和变动原因。表 6-15 的计算表明，由于原材料消耗数量的变动使乙产品单位产品直接材料费用降低 46 元。影响单位产品原材料消耗数量变动的原因很多，归纳起来主要有以下几个方面。

1）产品或产品零部件结构的变化。在保证产品质量的前提下，改进产品设计，使产品结构合理、体积缩小、重量减轻，就能减少原材料消耗，降低直接材料费用。

由于改进产品设计，减轻产品重量对单位产品直接材料费用的影响可按下式计算：

$$\text{产品重量变动对单位产品直接材料费用的影响} = \left(1 - \frac{\text{变动后产品重量}}{\text{变动前产品重量}}\right) \times \text{变动前单位产品直接材料费用}$$

【例 6-14】 假定企业用钢材制造某种产品，产品原净重 30kg，耗用钢材的成本为 1 000 元。改进产品设计后，产品结构更加合理，产品净重缩减为 27kg。

这项措施使产品单位成本下降的金额如下：

$$\left(1 - \frac{27}{30}\right) \times 1\ 000 = 100（元）$$

2）原材料加工方法的改变。改进工艺和加工方法或采取合理的套裁下料措施，减少毛坯的切削余量和工艺损耗，提高原材料的利用率，节约原材料消耗，从而降低产品成本。

原材料利用率是反映原材料有效利用程度的指标。其计算公式如下：

$$原材料利用率 = \frac{产品有效重量}{投入生产的原材料重量} \times 100\%$$

原材料利用率变动对单位产品直接材料费用的影响，可按下列公式计算：

$$\begin{matrix}原材料利用率变动对单位产品\\直接材料费用的影响\end{matrix} = \left(1 - \frac{变动前的原材料利用率}{变动后的原材料利用率}\right) \times 变动前单位产品直接材料费用$$

【例 6-15】 假定某种产品改进原材料加工方法前后的有关资料见表 6-16。

表 6-16　有关资料

产量：50 件

项目	单位	改进前	改进后
原材料消耗总量	kg	12 500	11 800
原材料平均单价	元/kg	20	20
原材料总成本	元	250 000	236 000
加工后产品净重	kg	11 250	10 856
每件净重	kg	225	217.12
单位产品原材料成本	元	5 000	4 720

由表 6-16 可知，该产品单位直接材料成本降低 280 元（5 000 − 4 720），是由于产品重量减轻和原材料利用率提高两个因素引起的。现假定先计算分析原材料利用率提高对单位产品的直接原材料成本的影响，在此基础上，再分析产品重量减轻对单位产品直接材料成本的影响。有关计算分析如下：

① 原材料利用率提高对单位产品直接材料成本的影响：

$$改进前原材料利用率 = \frac{11\ 250}{12\ 500} \times 100\% = 90\%$$

$$改进后原材料利用率 = \frac{10\ 856}{11\ 800} \times 100\% = 92\%$$

$$原材料利用率变动对产品单位成本的影响 = \left(1 - \frac{90\%}{92\%}\right) \times 5\ 000 = 108.7（元）（降低）$$

② 产品重量减轻对单位产品直接材料成本的影响：

$$\begin{matrix}产品重量减轻对单位产品\\直接材料成本的影响\end{matrix} = \left(1 - \frac{217.12}{225}\right) \times (5\ 000 - 108.7) = 171.3（元）（降低）$$

3）材料质量的变化。实际耗用的原材料质量如高于计划规定，可能会提高产品质量，或者节约材料消耗，但材料费用会升高；反之，如果质量低于计划要求，价格虽低，但会增大材料消耗量，增加生产操作时间，或者降低产品质量。

4）原材料代用或配料比例的变化。在保证产品质量的前提下，采用廉价的代用材料，选用经济合理的技术配方，就会节约原材料消耗或降低原材料费用。其计算方法如下：

$$\begin{matrix}由于原材料代用而形成\\的节约（或超支）\end{matrix} = \begin{matrix}原使用的\\原材料消耗量\end{matrix} \times \begin{matrix}该材料的\\计划单价\end{matrix} - \begin{matrix}代用的原材料\\消耗量\end{matrix} \times \begin{matrix}该材料的\\计划单价\end{matrix}$$

$$\begin{matrix}\text{原材料配料比例变动对单位产品}\\\text{直接材料费用的影响}\end{matrix}=\frac{\text{单位产品实际耗用}}{\text{配料总量}}\times\left(\begin{matrix}\text{按实际配方计算}\\\text{的平均单价}\end{matrix}-\begin{matrix}\text{按计划配方计算}\\\text{的平均单价}\end{matrix}\right)$$

【例 6-16】 假定生产某种产品所消耗的各种原材料的单价不变,原材料消耗总量也不变,只是各种材料的配料比例发生变化,其对产品单位成本的影响见表 6-17。

表 6-17 配料比例变动对产品单位成本的影响

原材料名称	材料单价 / 元	原配方		改进后配方	
		用量 /kg	金额 / 元	用量 /kg	金额 / 元
A	6	200	1 200	220	1 320
B	12	100	1 200	90	1 080
C	15	100	1 500	90	1 350
合计	—	400	3 900	400	3 750
平均单价			9.75		9.38

配料比例变动对单位成本的影响 = 400 ×(9.38 − 9.75)= − 148(元)(降低)

如果各种原材料配料比例的变动是在原材料单价和原材料消耗总量同时变化的情况下发生的,三个因素变动对产品单位成本影响的计算公式如下:

① 原材料消耗总量变动的影响。

原材料消耗总量变动的影响 =(实际消耗总量 − 计划消耗总量)× 计划配方的计划平均单价

② 配料比例变动的影响。

配料比例变动的影响 = 实际消耗总量 ×(实际配方的计划平均单价 − 计划配方的计划平均单价)

上式中的实际配方的计划平均单价按下列公式计算:

$$\text{实际配方的计划平均单价}=\frac{\sum(\text{原材料实际消耗量}\times\text{该材料计划单价})}{\text{实际消耗总量}}$$

③ 原材料价格变动的影响。

原材料价格变动的影响 = 实际消耗总量 ×(实际配方的实际平均单价 − 实际配方的计划平均单价)

5)原材料的综合利用。有些工业企业在利用原材料生产主产品的同时还生产副产品,开展原材料的综合利用。这样就可以将同样多的直接材料费用分配到更多品种和数量的产品,从而降低主产品的直接材料费用。

6)生产中产生废料数量和废料回收利用情况的变化。

此外,生产工人的劳动态度、技术操作水平、机械设备性能以及材料节约奖励制度的实施等,都会影响原材料消耗数量的增减。

假定根据乙产品的有关业务技术报告资料得知,A、B 两种原材料耗用量的减少是由于改进了产品设计,简化了产品结构,重量变轻所致,显然这是企业工作的成绩,应予以充分肯定。

表 6-15 中,废料回收价值的减少使原材料费用升高 16 元。引起废料回收价值减少的原因可能有两个:一是加工中废料减少,因而废料回收价值减少了;二是加工中废料并未减少,但由于废料回收工作组织得不好而造成废料回收价值的减少。显然,只有前一种情况才能使单位产品直接材料费用降低。【例 6-13】如属前一种情况,就应给予肯定。

(2)直接人工费用的分析。分析产品单位成本中的工资费用,必须按照不同的工资制度和直接人工费用计入成本的方法来进行。在计件工资制度下，计件单价不变，单位成本中的工资费用一般也不变，除非生产工艺或劳动组织方面有所改变，或者出现了问题。在计时工资制度下，如果企业生产多种产品，产品成本中的直接人工费用一般是按生产工时比例分配计入的。这时，产品单位成本中直接费用的多少，取决于生产单位产品的工时消耗和每小时工资两个因素。生产单位产品消耗的工时越少，成本中分摊的工资费用也越少，而每小时工资的变动则受计时工资总额和生产工时总额的影响，其变动原因需从这两个因素的总体去查明。基于这种原因，分析单位成本中的工资费用，应结合生产技术、工艺和劳动组织等方面的情况，重点查明单位产品生产工时和每小时工资变动的原因。

通过表 6-14 可以看出，A 产品单位成本中的直接人工费用，本月实际数不仅低于本年计划数、上年实际平均数和本年累计实际平均数，而且低于历史最好水平，情况是好的。

【例 6-17】 假定乙产品每件所耗工时数和每小时工资的计划数与实际数等直接人工费用的有关资料见表 6-18。

表 6-18　乙产品直接人工费用的有关资料

项目	单位产品所耗工 /h	每小时工资 / 元	单位产品成本中的直接人工费用 / 元
本年计划	2	40	80
本月实际	1.5	60	90
直接人工费用差异	−0.5	+20	+10

将实际与计划对比，乙产品单位成本中直接人工费用本月实际数比本年计划数高 10 元。采用差额计算法分析各因素的影响程度。

单位产品所耗工时变动的影响 = −0.5×40 = −20（元）
每小时工资变动的影响 = +20×1.5 = +30（元）
两因素影响程度合计　　　　　　　　　　+10 元

以上分析计算表明，乙产品单位成本中直接人工费用超支 10 元，完全是由每小时工资超支所致，而工时消耗有大幅度节约。单位产品所耗工时的节约，可能是由于改进了生产技术或工人提高了劳动熟练程度，从而提高了劳动生产率的结果；每小时工资的提高，由于受计时工资总额和生产工时总数两个因素的变动影响，因而应结合这两个因素进行分析，查明原因。

（3）制造费用的分析。制造费用在生产两种以上产品的企业或车间是间接计入费用，与生产工人计时工资一样，一般是根据生产工时等分配标准分配计入产品成本的。因此产品单位成本中制造费用的分析与计时工资制度下的直接人工费用的分析类似，先分析单位产品所耗工时和每小时制造费用两因素变动的影响，然后查明这两个因素变动的原因。

【例 6-18】 假定乙产品每件所耗工时数和每小时制造费用的计划数与实际数等制造费用的有关资料见表 6-19。

表 6-19　乙产品制造费用的有关资料

项目	单位产品所耗工 /h	每小时制造费用 / 元	单位产品制造费用 / 元
本年计划	2	70	140
本月实际	1.5	96.67	145
差异	−0.5	+26.67	+5

单位产品所耗工时变动影响 = - 0.5×70 = - 35（元）
每小时制造费用变动影响 = 26.67×1.5 = + 40（元）
两因素影响程度合计　　　　　　　　　　+5 元

在进行上述产品成本计划完成情况的分析中，还要注意以下问题。

（1）成本计划本身的正确性。计划如果不正确、不科学，就难以作为衡量的标准和考核的依据。尤其是不可比产品，因为过去没有正式生产过，缺乏完整、可靠的成本资料作为制订计划的依据。

（2）成本核算资料的真实性。如果成本计划是正确的，而成本核算资料不真实，也难以正确评价企业成本计划的完成程度和生产耗费的经济效益。检查成本核算资料是否真实，关键是看生产费用的归集和分配是否严格遵守了规定的成本开支范围，是否正确划分了各个月份、各种产品以及完工产品与在产品之间的费用界限，有无乱计成本、少计成本等任意调剂成本的现象。

（3）为了分清企业或车间在降低成本方面的主观努力和客观因素影响，划清经济责任，在评价企业成本工作时，应从实际成本中扣除客观因素和相关车间、部门工作的影响。

五、制造费用和各项期间费用的分析

对制造费用和各项期间费用的分析所采用的方法，主要是对比分析法和构成比率分析法。在采用对比分析法时，可以利用各种费用报表所提供的资料，逐项进行有关数据之间的比较，确定差异。例如，将各种费用报表中的本月实际数与上年同期实际数相比较，以揭示本月实际与上年同期实际之间的差异；将 12 月份的各种费用报表中的本年实际数与本年计划数进行比较，可以反映和考核本年计划的执行情况等。

在采用构成比率法进行分析时，可以计算某项费用占总费用的比率，在此基础上，将实际数与计划数、上年同期数等进行比较，以揭示费用构成的变化，并从中发现可能存在的问题。

利用费用报表所提供的资料进行上述分析，可以找出应重点分析的项目和可能存在的问题，为进一步深入分析指明方向。在此基础上，再结合企业生产经营的实际情况，查明影响各项费用变动的因素及其影响程度，找出各项费用变动的具体原因。

下面以管理费用的年度分析为例，说明各项费用分析的一般方法。

【例 6-19】根据前述的管理费用明细表的资料，可以编制管理费用的分析表，见表 6-20。

表 6-20　管理费用的分析表

20×× 年度　　　　　　　　　　　　　　　　　　（单位：元）

项目	本年计划	本年实际	差异	差异率
职工薪酬	420 000	450 000	+ 30 000	+ 7.14%
物料消耗	36 000	48 000	+ 12 000	+ 33.33%
办公费	110 000	114 000	+ 4 000	+ 3.64%
差旅费	40 000	37 000	- 3 000	- 7.5%
会议费	60 000	48 000	- 12 000	- 20%
中介机构费	50 000	50 000	—	—
业务招待费	40 000	60 000	+ 20 000	+ 50%

（续）

项目	本年计划	本年实际	差异	差异率
研究费	120 000	125 000	+5 000	+4.17%
修理费	80 000	78 000	-2 000	-2.5%
折旧费	45 000	44 000	-1 000	-2.22%
低值易耗品摊销	24 000	23 000	-1 000	-4.17%
技术转让费	36 000	36 000	—	—
其他	45 000	44 000	-1 000	-2.22%
合计	1 106 000	1 157 000	+51 000	+4.6%

通过管理费用的分析表（表6-20）可以看出，本年度职工薪酬、物料消耗，尤其是业务招待费超支较多，应作为重点项目进一步深入分析。

需要指出的是，在分析各项费用项目的差异时，要注意不同项目支出的特点，不能简单地把一切超支都看成是不合理、不利的；也不能简单地把一切节约都看成是合理、有利的。在进行费用项目分析时，应注意以下几个问题。

（1）对于变动性费用，应结合费用项目的成本的习性，联系业务量的变化，计算相对的节约或超支，然后再进行分析和评价。如销售费用中的包装费、运输费和装卸费等会随产品销售数量的增减而相应增减，对这些费用项目的分析和评价要与产品销售量的增减变动结合起来。

（2）对于防护性的费用项目，如制造费用中的修理费、劳动保护费、保险费等，由于它们的支出直接与机器设备正常运转、劳动条件的改善、安全生产等相关，显然不能简单地认为支出越少越好，而应当结合机器设备的运转情况、劳动保护工作的开展情况等，来分析和评价其支出的合理性。

（3）对于企业的发展性的费用项目，如管理费用中的职工教育经费、研究开发费等，由于它们的支出与企业的发展相关，实际上是对企业未来的投资，因此应根据企业的发展规划、支出所取得的效果等，来分析和评价支出的合理性。

（4）对于非生产性费用，如存货的盘亏和毁损，应查明其有无盘盈抵销数。因为存货盘盈的价值会冲减一部分盘亏和毁损的损失，而存货盘盈本身也是企业生产管理不良或者核算上的差错造成的，不是工作成绩。

六、成本效益的分析

在企业生产经营中，成本费用与企业的经济效益有着密切、直接的联系。节约劳动耗费、降低产品成本是提高企业经济效益的重要途径。因此，要全面评价企业的成本管理工作，就不能局限于成本费用指标的变动分析，还应将成本费用指标与反映企业经济效益方面的指标联系起来，从而全面地分析、评价企业劳动耗费的经济效益，即要进行成本效益分析。

反映企业成本效益的指标很多，其中最为常用的有产值成本率、主营业务成本费用率和成本费用利润率等，有些企业还会对一些特殊成本项目进行分析，例如，进行质量成本效益和环境成本效益分析。下面介绍这些指标的分析方法。

1. 产值成本率分析

产值成本率是指企业全部商品产品生产成本与商品产值的比率。它也可以用每百元商品产值所消耗的生产成本来表示。其计算公式如下：

$$产值成本率 = \frac{全部商品产品生产成本}{商品产值} \times 100\%$$

产值成本率可以反映产品的劳动耗费与生产成本之间的关系：产值成本率越低，表明产品劳动耗费的经济效益越高；反之经济效益越低。

分析产值成本率，一般是先运用比较法，将本期实际数与计划数、上期实际数、上年实际平均数或同类企业实际数对比，检查其计划的完成程度，分析其发展变化趋势及其与同类企业的差距，并在此基础上进一步分析。应研究影响产值成本率变动的各个因素，确定各因素的影响程度。

影响产值成本率指标变动的因素，归纳起来主要有以下几种：①产品品种构成的变动；②产品单位成本的变动；③在商品产值按现行价格计算时，还有价格变动的影响。

各因素影响程度的计算方法如下。

1) 以计划（或上年实际）产值成本率指标为基础。

$$产值成本率（元/百元）= \frac{全部商品产品生产成本}{商品价值} \times 100 \quad (6-1)$$

2) 按实际产品品种构成、计划单位成本、计划出厂价格计算的每百元商品产值的产值成本率。

$$产值成本率 = \frac{按实际产量、计划单位成本计算的总成本}{按实际产量、计划出厂价格计算的商品产值} \times 100\% \quad (6-2)$$

将式（6-2）与式（6-1）相比较，就可求得由于产品品种构成变动影响的数额。

3) 按实际产品品种构成、实际单位成本、计划出厂价格计算的每百元商品产值的产值成本率。

$$产值成本率 = \frac{按实际产量、实际单位成本计算的总成本}{按实际产量、计划出厂价格计算的商品产值} \times 100\% \quad (6-3)$$

将式（6-3）与式（6-2）相比较，就可求得由于产品单位成本变动影响的数额。

4) 按实际产品品种构成、实际单位成本、实际出厂价格计算的每百元商品产值的产值成本率。

$$产值成本率 = \frac{按实际产量、实际单位成本计算的总成本}{按实际产量、实际出厂价格计算的商品产值} \times 100\% \quad (6-4)$$

将式（6-4）与式（6-3）相比较，就可求得由于出厂价格变动影响的数额。

在上述各影响因素中，出厂价格的变动一般属于客观因素，而且如果采用不变价格，可以消除这个因素的影响。产品品种构成的变动情况比较复杂，特别是在不同年度的动态分析中，应结合生产分析进行，以便准确评价这一因素变动的影响。在单位成本变动影响中，也要注意区分哪些是由于企业工作质量造成的，哪些是属于客观原因，如材料价格的变动等。

除了分析商品产品全部成本的产值成本率指标外，还可以根据实际需要分别计算和比较某一成本项目的产值成本率指标，如每百元商品产值直接材料费用、每百元商品产值人工费用等。

【例 6-20】 某企业 20×× 年度生产和销售甲、乙两种产品。该年度这两种产品的产量、成本、价格及每百元产品产值成本的资料见表 6-21。

表 6-21 资料

20×× 年度　　　　　　　　　　　　　　　　　　　　（金额单位：元）

产品	产量/件		单价		单位成本		产值		总成本		产值成本率	
	计划	实际	计划	实际	计划	实际	计划	实际	计划	实际	计划	实际
甲	100	120	300	320	200	190	30 000	38 400	20 000	22 800	66.67%	59.375%
乙	200	190	400	390	300	280	80 000	74 100	60 000	53 200	75%	71.8%
合计	—	—	—	—	—	—	110 000	112 500	80 000	76 000	72.73%	67.56%

通过表 6-21 的资料进行比较可知，该企业 20×× 年度的产值成本率完成了计划，计划为 72.73%，实际为 67.56%，产值成本率实际较计划的差异为 -5.17%（67.56% - 72.73%），且甲、乙两种产品均完成了计划。在总体分析的基础上，可进一步进行因素分析如下：

① 计划产值成本率 $= \dfrac{80\,000}{110\,000} \times 100\% = 72.73\%$

② 按实际产品品种结构、计划单位成本、计划出厂价格计算的产值成本率 $= \dfrac{200 \times 120 + 300 \times 190}{300 \times 120 + 400 \times 190} \times 100\% = 72.32\%$

按计划出厂价格计算的产值成本率对产品品种结构变动的影响计算如下（② - ①）：

72.32% - 72.73% = -0.41%

③ 按实际产品品种结构、实际单位成本、计划出厂价格计算的产值成本率 $= \dfrac{190 \times 120 + 280 \times 190}{300 \times 120 + 400 \times 190} \times 100\% = 67.86\%$

产品单位成本变动的影响计算如下（③ - ②）：

67.86% - 72.32% = -4.46%

④ 按实际品种结构、实际单位成本、实际出厂价格计算的产值成本率 $= \dfrac{190 \times 120 + 280 \times 190}{320 \times 120 + 390 \times 190} \times 100\% = 67.56\%$

产品出厂价格变动的影响计算如下（④ - ③）：

67.56% - 67.86% = -0.3%

2. 主营业务成本费用率分析

主营业务成本费用率是指本期的主营业务成本及期间费用等与主营业务收入的比率。它也可以用每百元主营业务收入所耗用的成本费用来表示。其计算公式如下：

$$\text{主营业务成本费用率} = \dfrac{\text{主营业成本} + \text{期间费用}}{\text{主营业务收入}} \times 100\%$$

或

$$\text{主营业务成本费用率（元／百元）} = \dfrac{\text{主营业成本} + \text{期间费用}}{\text{主营业务收入}} \times 100$$

第六章 成本报表与成本分析

主营业务成本费用率指标反映主营业务收入耗用成本费用的水平,可以较为全面地反映企业生产经营过程中各种劳动耗费的经济效益。该指标越低,说明企业的经济效益越好。

【例 6-21】 假定某企业生产和销售 A、B 两种产品,期初无库存商品,本期生产的商品全部售出。本期计划的期间费用为 43 750 元,实际期间费用为 58 080 元。本期的其他有关资料见表 6-22。

表 6-22 其他有关资料

(金额单位:元)

产品	销售量/件		单价		单位成本		成本		收入	
	计划	实际	计划	实际	计划	实际	计划	实际	计划	实际
A	1 500	1 200	150	160	100	110	150 000	132 000	225 000	192 000
B	1 000	1 200	300	310	200	180	200 000	216 000	300 000	372 000
合计	—	—	—	—	—	—	350 000	348 000	525 000	564 000

根据表 6-22 中的资料,本期计划和实际的主营业务成本费用率分别计算如下:

$$计划主营业务成本费用率 = \frac{350\,000 + 43\,750}{525\,000} \times 100\% = 75\%$$

$$实际主营业务成本费用率 = \frac{348\,000 + 58\,080}{564\,000} \times 100\% = 72\%$$

由以上计算结果可以看出,该企业本期实际的主营业务成本费用率比计划规定的低,完成了计划,其差异为 −3%(72% − 75%)。

为了进一步对主营业务成本费用率进行分析,上述主营业务成本费用率的计算公式可分解如下:

$$主营业务成本费用率 = \frac{主营业务成本 + 期间费用}{主营业务收入} \times 100\%$$

$$= \left(\frac{主营业务成本}{主营业务收入} + \frac{期间费用}{主营业务收入} \right) \times 100\%$$

$$= \frac{主营业务成本}{主营业务收入} \times 100\% + \frac{期间费用}{主营业务收入} \times 100\%$$

$$= 主营业务成本率 + 主营业务费用率$$

【例 6-22】 根据【例 6-21】的资料和上述公式,可以对主营业务成本费用率这一指标进行分解,见表 6-23。

表 6-23 主营业务成本费用率的分解

指标	计划	实际	差异
主营业务成本率	$\frac{350\,000}{525\,000} \times 100\% = 66.67\%$	$\frac{348\,000}{564\,000} \times 100\% = 61.7\%$	−4.97%
主营业务费用率	$\frac{43\,750}{525\,000} \times 100\% = 8.33\%$	$\frac{58\,080}{564\,000} \times 100\% = 10.3\%$	+1.97%
主营业务成本费用率	$\frac{350\,000 + 43\,750}{525\,000} \times 100\% = 75\%$	$\frac{348\,000 + 58\,080}{564\,000} \times 100\% = 61.7\%$	−3%

在对主营业务成本费用率指标进行分解分析的基础上,可以对主营业务成本率指标和主营业务费用率指标分别进行进一步的分析。

影响主营业务成本率变动的因素与影响产值成本率指标的因素是类似的,主要有销售产品的品种构成、产品单位成本以及销售单价。其分析方法与产值成本率的因素分析法相同。

各因素对主营业务成本率影响程度的计算方法如下。

(1) 以计划(或上年实际)主营业务成本率为基础。

$$\text{主营业务成本率} = \frac{\text{按计划销售量、计划单位成本计算的总成本}}{\text{按计划销售量、计划价格计算的主营业务收入}} \times 100\% \qquad (6\text{-}5)$$

(2) 按实际产品品种构成、计划单位成本、计划价格计算的主营业务成本率。

$$\text{主营业务成本率} = \frac{\text{按实际销售量、计划单位成本计算的总成本}}{\text{按实际销售量、计划价格计算的主营业务收入}} \times 100\% \qquad (6\text{-}6)$$

将式(6-6)与式(6-5)相比较,就可以求得产品品种构成变动影响的数额。

(3) 按实际产品品种构成、实际单位成本、计划价格计算的主营业务成本率。

$$\text{主营业务成本率} = \frac{\text{按实际销售量、实际单位成本计算的总成本}}{\text{按实际销售量、计划价格计算的主营业务收入}} \times 100\% \qquad (6\text{-}7)$$

将式(6-7)与式(6-6)相比较,就可以求得产品单位成本变动影响的数额。

(4) 按实际产品品种构成、实际单位成本、实际价格计算的主营业务成本率。

$$\text{主营业务成本率} = \frac{\text{按实际销售量、实际单位成本计算的总成本}}{\text{按实际销售量、实际价格计算的主营业务收入}} \times 100\% \qquad (6\text{-}8)$$

将式(6-8)与式(6-7)相比较,就可以求得价格变动影响的数额。

【例6-23】 沿用【例6-22】和【例6-21】的资料,可对该企业本期主营业务成本率变动进行因素分析。

分析过程如下。

① 计划主营业务成本率 $= \dfrac{100 \times 1\,500 + 200 \times 1\,000}{150 \times 1\,500 + 300 \times 1\,000} \times 100\% = 66.67\%$

② 按实际产品品种构成、计划单位成本、计划价格计算的主营业务成本率 $= \dfrac{100 \times 1\,200 + 200 \times 1\,200}{150 \times 1\,200 + 300 \times 1\,200} \times 100\% = 66.67\%$

产品品种构成变动的影响计算如下(② - ①):

66.67% - 66.67% = 0

③ 按实际产品品种构成、实际单位成本、实际价格计算的主营业务成本率 $= \dfrac{110 \times 1\,200 + 180 \times 1\,200}{150 \times 1\,200 + 300 \times 1\,200} \times 100\% = 64.44\%$

产品单位成本变动的影响计算如下(③ - ②):

64.44% - 66.67% = -2.23%

④ 按实际产品品种构成、实际单位成本、实际价格计算的主营业务成本率 $= \dfrac{110 \times 1\,200 + 180 \times 1\,200}{160 \times 1\,200 + 310 \times 1\,200} \times 100\% = 61.7\%$

产品价格变动的影响计算如下(④ - ③):

$61.7\% - 64.44\% = -2.74\%$

需要指出的是，在本期销售的产品中，可能包括部分期初存货，其成本水平与本期生产并在本期销售的产品的成本水平很可能是有差异的，对此，在分析评价时应予注意。另外，在上述举例中，产品品种构成变动对销售成本率实际脱离计划的影响数额为0（即没有影响），是因为A、B两种产品计划的主营业务成本率是一样的（均为66.67%）。可见，各种产品计划的主营业务成本率的差别，是品种构成变动对主营业务成本率产生影响的原因。

影响主营业务费用率变动的因素主要有：销售量、期间费用以及价格。对主营业务费用率变动进行因素分析时，可采用以下方法。

（1）销售量变动的影响 $= \left[\dfrac{\text{计划期间费用}}{\sum(\text{产品计划价格} \times \text{该产品实际销售量})} - \dfrac{\text{计划期间费用}}{\text{计划销售收入}} \right] \times 100\%$

（2）期间费用变动的影响 $= \dfrac{\text{实际期间费用} - \text{计划期间费用}}{\sum(\text{产品计划价格} \times \text{该产品实际销售量})} \times 100\%$

（3）价格变动的影响 $= \left[\dfrac{\text{实际期间费用}}{\text{实际销售收入}} - \dfrac{\text{实际期间费用}}{\sum(\text{产品计划价格} \times \text{该产品实际销售量})} \right] \times 100\%$

【例6-24】 沿用【例6-22】和【例6-21】的资料，可以对该企业本期的主营业务费用率的变动进行因素分析。分析过程如下：

① 销售量变动的影响 $= \left(\dfrac{43\,750}{150 \times 1\,200 + 300 \times 1\,200} - \dfrac{43\,750}{525\,000} \right) \times 100\% = -0.23\%$

② 期间费用变动的影响 $= \dfrac{58\,080 - 43\,750}{150 \times 1\,200 + 300 \times 1\,200} \times 100\% = 2.654\%$

③ 价格变动的影响 $= \left(\dfrac{58\,080}{160 \times 1\,200 + 310 \times 1\,200} - \dfrac{58\,080}{150 \times 1\,200 + 300 \times 1\,200} \right) \times 100\% = -0.457\%$

3. 成本费用利润率的分析

成本费用利润率是企业一定期间的利润总额与成本、费用总额的比率。其计算公式如下：

$$\text{成本费用利润率} = \dfrac{\text{利润总额}}{\text{成本费用总额}} \times 100\%$$

成本费用利润率指标反映每一元成本费用可获得的利润，体现企业生产经营耗费与财务成本之间的关系，因此，它是一个综合反映企业成本效益优劣的重要指标。该指标越高，说明企业经济效益越好；该指标越低，说明企业经济效益越差。

分析成本费用利润率时一般运用比较法，通过将该项指标的本年实际数与本年计划数进行对比，或与上年实际数进行对比，按指标形成的各项因素，查明其变动原因及其对指标升降的影响，为加强成本管理、制定控制成本费用的措施提供有用的信息。

需要指出的是，由于企业的利润指标可以有多种形式，如营业利润、利润总额、净利润等，成本费用也可以分为主营业务成本和各项期间费用等（上述资料有的可以从利润表中直接获取，有的则需要从企业的有关核算资料中取得），不同利润值与相应的成本费用指标之间的比率说明不同的问题。因此，成本费用利润率的分析，应根据企业的实际情况和成本管理的实际需要来进行；在分析时，必须注意计算这类指标时所采用的有关"利润"与"成本费用"之间的相关性，以使分析的结果更具说服力和有用性。

例如，由于利润总额中包括投资收益、营业外收入和营业外支出，而这三个项目与成本费用没有内在联系，对比结果不利于深入分析，因此，分析时应扣除这三个项目，将营业利润与成本费用对比，计算成本费用营业利润率指标。其计算公式如下：

$$成本费用营业利润率 = \frac{营业利润额}{成本费用总额} \times 100\%$$

又如，企业的主营业务是企业利润主要的经常性来源，其成本投入的经济效益对企业经济效益的优劣有着决定性影响。因此，在进行成本效益分析时，应予以重点关注。为此，可以计算和分析主营业务成本毛利率指标，其计算公式如下：

$$主营业务成本毛利率 = \frac{主营业务收入 - 主营业务成本}{主营业务成本} \times 100\%$$

$$= \frac{主营业务毛利}{主营业务成本} \times 100\%$$

【例 6-25】 某企业 2021 年度和 2022 年度的有关资料见表 6-24。

表 6-24　有关资料

（单位：元）

项目	2021 年度	2022 年度
主营业务成本	150 000	200 000
期间费用	30 000	42 000
主营业务毛利	31 500	40 000
营业利润	37 800	48 400
利润总额	34 200	50 820

根据表 6-24 的资料，可计算出该企业 2021 年度与 2022 年度有关利润率指标，见表 6-25。

表 6-25　有关利润率指标

指标	2021 年度	2022 年度	差异
成本费用利润率	$\frac{34\,200}{150\,000+30\,000} \times 100\% = 19\%$	$\frac{50\,820}{200\,000+42\,000} \times 100\% = 21\%$	+2%
主营业务成本毛利率	$\frac{31\,500}{150\,000} \times 100\% = 21\%$	$\frac{40\,000}{200\,000} \times 100\% = 20\%$	−1%
成本费用营业利润率	$\frac{37\,800}{150\,000+30\,000} \times 100\% = 21\%$	$\frac{48\,400}{200\,000+42\,000} \times 100\% = 20\%$	−1%

由表 6-25 的计算分析资料可以看出，尽管 2022 年度比 2021 年度成本费用利润率有所提高，但主营业务成本毛利率和成本费用营业利润率均有所降低。因此，应结合企业生产经营的其他有关资料和部分情况进行深入分析。

复习思考题

1. 什么是成本报表？简述成本报表的作用。
2. 试述编制成本报表的一般要求。
3. 企业成本报表有哪几种？编制各种成本报表的目的是什么？
4. 进行成本分析的主要目的是什么？
5. 成本分析中常用的方法有哪些？这些方法的特点是什么？
6. 影响产品成本计划完成情况的因素有哪些？
7. 成本降低额和成本降低率分别是如何计算的？

练 习 题

一、单项选择题

1. 在下列报表中，属于内部报表的是（　　）。
   A．资产负债表　　　　　　　　　B．利润表
   C．现金流量表　　　　　　　　　D．全部产品生产成本表
2. 在下列报表中，属于有特殊目的、反映企业专项成本的报表是（　　）。
   A．主要产品单位成本表　　　　　B．全部产品生产成本表
   C．环境成本汇总表　　　　　　　D．制造费用明细表
3. 在比率分析法中，两个性质不同但又相关的指标的比率，称为（　　）。
   A．构成比率　　　　　　　　　　B．动态比率
   C．相关指标比率　　　　　　　　D．效益比率
4. 在可比产品成本降低计划完成情况的分析中，单纯的产量变动（　　）。
   A．只影响降低额　　　　　　　　B．只影响降低率
   C．既影响降低额，又影响降低率　D．既不影响降低额，也不影响降低率
5. 主营业务成本费用率是本期的主营业务成本及期间费用与（　　）的比率。
   A．主营业务收入　　　　　　　　B．总产值
   C．商品产值　　　　　　　　　　D．营业收入
6. 可比产品成本实际减低率是指可比产品成本实际降低额与可比产品按（　　）的比率。
   A．本年计划单位成本计算的总成本　B．上年计划单位成本计算的总成本
   C．同行业平均单位成本计算的总成本　D．上年实际平均单位成本计算的总成本
7. 在下列技术经济指标中，其变动不仅直接影响产品对资源的消耗水平，从而直接影响产品单位成本，而且会通过影响产品产量，间接影响产品单位成本的是（　　）。
   A．焦比　　　　　　　　　　　　B．成品率
   C．设备利用率　　　　　　　　　D．每吨电炉钢耗电量

8. 在下列指标中，属于反映企业成本效益的指标是（   ）。
   A．成本费用利润率　　　　　　　　B．设备利用率
   C．制造费用率　　　　　　　　　　D．直接材料费用率

二、多项选择题

1. 在下列报表中，属于有特殊目的、反映企业专项成本的报表包括（   ）。
   A．主要产品单位成本表　　　　　　B．全部产品生产成本表
   C．环境成本汇总表　　　　　　　　D．质量成本汇总表
2. 采用连环替代法时，各因素替换顺序的排列原则有（   ）。
   A．先数量因素后质量因素　　　　　B．先质量因素后数量因素
   C．先实物量因素后价值量因素　　　D．先价值量因素后实物量因素
3. 在下列比率中，属于构成比率的有（   ）。
   A．制造费用比率　　　　　　　　　B．成本费用利润率
   C．直接人工费用比率　　　　　　　D．直接材料费用比率
4. 影响可比产品成本降低额的因素有（   ）。
   A．产品产量　　　　　　　　　　　B．产品单位成本
   C．产品品种构成　　　　　　　　　D．产品价格
5. 影响可比产品成本降低率的因素有（   ）。
   A．产品产量　　　　　　　　　　　B．产品单位成本
   C．产品品种构成　　　　　　　　　D．产品价格
6. 下列指标中，反映企业成本效益的指标有（   ）。
   A．产值成本率　　　　　　　　　　B．主营业务成本费用率
   C．成本费用利润率　　　　　　　　D．可比产品成本降低率
7. 影响产值成本率变动的因素有（   ）。
   A．产品品种构成　　　　　　　　　B．产品单位成本
   C．商品产值按现行价格计算时价格的变动　　D．产品产量
8. 计算主营业务成本费用率指标所利用的数据有（   ）。
   A．主营业务成本　　　　　　　　　B．期间费用
   C．制造费用　　　　　　　　　　　D．主营业务收入
9. 在下列技术经济指标中，其变动直接影响产品对资源的消耗水平，从而直接影响产品单位成本的有（   ）。
   A．焦比　　　　　　　　　　　　　B．每吨纸耗用标准煤量
   C．设备利用率　　　　　　　　　　D．每吨电炉钢耗电量
10. 在下列分析制造费用差异的公式中，属于效率差异的有（   ）。
    A．（实际作业小时－标准作业小时）×标准小时费用率
    B．（实际作业次数－标准作业次数）×每次作业标准费用
    C．（实际小时费用率－标准小时费用率）×实际作业小时
    D．（每次作业实际费用－每次作业标准费用）×实际作业次数

三、判断说明题（正确的画"√"，错误的画"×"，并说明理由）

1. 成本报表属于对外报表。（   ）
2. 比较分析法只适用于同质指标的数量对比。（   ）
3. 相关指标比率是指将性质不同但又相关的指标对比求出的比率。（   ）
4. 环境成本率是指本期环境成本合计与本期产品总成本的比率。（   ）
5. 质量成本率越高，表明企业质量成本管理水平越高。（   ）
6. 构成比率是指某项经济指标的各个组成部分占总体的比重。（   ）
7. 成本费用利润率是一种构成比率。（   ）
8. 在连环替代法下，如果既有数量因素，又有质量因素，则先计算数量因素变动的影响，后计算质量因素变动的影响。（   ）
9. 在连环替代法下，如果既有实物量因素，又有价值量因素，则先计算价值量因素变动的影响，后计算实物量因素变动的影响。（   ）
10. 影响可比产品成本降低额指标变动的有产品产量和产品品种构成两个因素。（   ）
11. 影响可比产品成本降低率指标变动的有产品产量、产品品种构成和产品单位成本三个因素。（   ）
12. 在分析和评价各项费用计划执行情况时，应充分考虑各费用项目支出的特点，而不能简单地认为一切节约都是合理的，一切超支都是不合理的。（   ）
13. 产值成本率是反映企业成本效益的一项指标。（   ）
14. 设备利用率变动会直接影响产品产量，并通过产量间接地影响产品的单位成本。（   ）
15. 成品率的提高虽然不能提高产品产量，但可以降低单位产品的原材料耗费，从而降低产品的单位成本。（   ）
16. 影响主营业务成本率变动的因素有销售产品的品种结构、单位成本和销售单价。（   ）

练习题参考答案

 扫描二维码可以查看练习题的参考答案。

第七章 成本核算案例与实战

将前面章节的理论知识进行实操演练。

任务要求

利用金蝶云平台完成案例的成本核算。

一、企业背景介绍

蓝海柴油机有限公司始创于 1970 年，是国内较早的专业研究动力设备的企业，经过 50 多年的不断技术创新与发展，目前经营业务范围涉及单缸机、轻型多缸机、通用汽油机等多个系列动力装备，产品畅销全球 70 多个国家和地区，国内也拥有完备的销售网络，产品畅销全国。

随着公司经营规模的不断扩大，公司管理层决定组织管理采用事业部制的组织结构形式，在总公司的领导下设立以产品为划分单位的事业部，分别设立柴油机本部、铸造事业部、机加事业部、总装事业部及机修事业部，如图 7-1 所示。每个事业部都有自己的产品与市场，能够完成从生产到销售的全部职能。同时这些事业部并非法人企业，只是拥有较大经营权，独立核算，自负盈亏，是一个利润中心。

由于采用事业部制管理方式，在财务核算上必须采用集团财务管理模式，公司总部站在财务战略与财务政策层面，对企业集团财务活动实施整体性战略规划、政策指引、制度规范与决策督导，事业部负责日常业务的财务核算与管理，每个会计期间公司总部需要出具整个公司的合并报表，每个事业部需要出具各事业部的个别报表。

公司生产多种型号的柴油发动机，为了整个成本案例简单、更容易理解，以其中最具有代表性的两种型号柴油机为例，简化了其产品结构，减少了其使用的材料品种。如图 7-2 所示，×2015 柴油机的生产过程：铸造事业部的铸造车间工人将废铁投入高炉熔化成铁水，铁水倒入事先用树脂和沙混合成型的气缸座模具中，等待冷却后敲掉模具后就是气缸座的毛坯，并入库到铸造事业部成品仓库。由于模具设计时表面不光滑导致气缸座毛坯的外表面留有铁刺及尖锐物质，需要送到机加事业部机加车间进行打磨、抛光再进行热处理加工后，安装螺栓、齿轮成为机体，并入库机加事业部成品仓库。机体被领入总装车间，和喷油泵、气缸盖装配成为 ×2015 柴油机成品，入库到总装车间成品仓库。×4015 柴油机（见图 7-3）与 ×2015 柴油机生产过程类似,区别仅在总装事业部总装车间安装的喷油泵为"U"形喷油泵,并增加密封圈。×4015 柴油机的两个半成品机体、气缸座与 ×2015 柴油机使用的是相同的,也就是 ×4015 柴油机与 ×2015 柴油机使用的机体和气缸座是同一种物料。

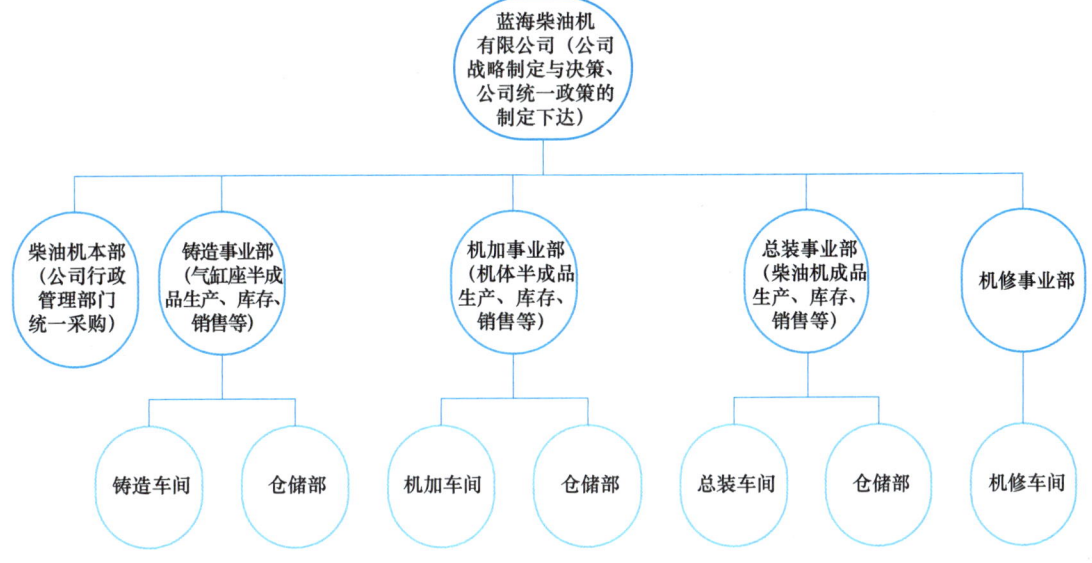

图 7-1 蓝海柴油机有限公司的组织结构

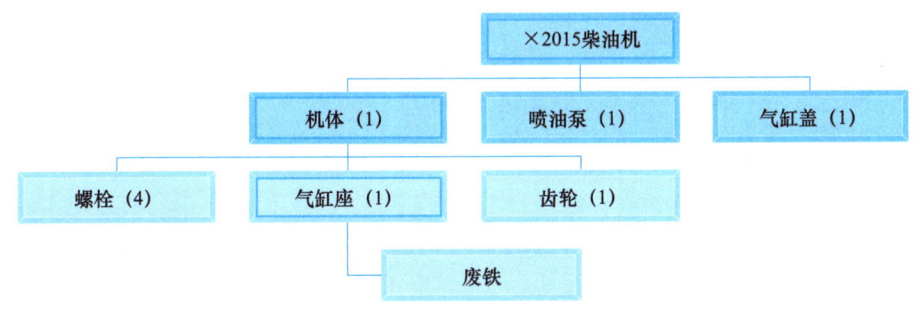

图 7-2 ×2015 柴油机产品结构

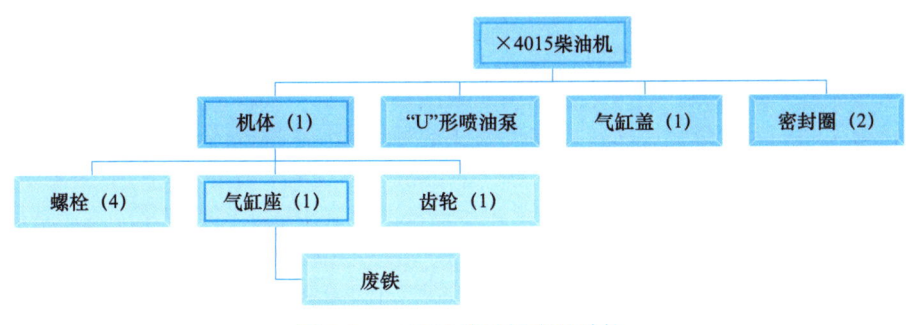

图 7-3 ×4015 柴油机产品结构

二、成本核算及管理要求

由于蓝海柴油机有限公司所处行业竞争比较激烈，公司高层管理者制定了一系列成本领先战略，对财务成本核算提出更高的要求。首先从公司总部层面要求对每一种型号的柴油机精细化核算成本，其原材料的投入要对应到每一张生产工单，要明确真正的材料投入的成本，而非只是把仓库中所有材料的总的消耗按照理论上的BOM○消耗量分配到具体产品上。在传统手工成本核算过程中，由于原材料在生产领用时无法明确到具体的产品，导致核算的材料消耗并不准确，影响成本核算的准确性。其次是生产过程中的半成品也需要核算，管理者需要了解相关半成品的成本构成并准确找到影响成本的每一个环节的因素。同时，半成品也可以销售给同行业其他公司，对外报价时更需要半成品的生产成本，这样的管理要求迫使成本核算部门需要采用分步法核算，核算工作量也大大增加了。如图7-4所示，采用分步法计算半成品成本时，首先计算由铸造事业部铸造车间生产的半成品气缸座的生产入库成本，其次当气缸座被领用给机体生产时，需要计算气缸座的单位领出成本，也就是要经过存货计价后的领出成本价，再加上机体这一生产环节其他费用投入计算出机体的生产入库成本。以此类推，最终计算出×4015柴油机的生产入库成本。

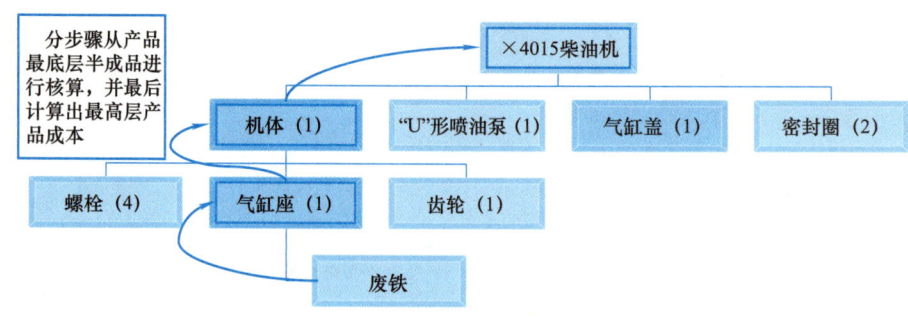

图7-4 ×4015柴油机分步法的计算

由于该公司采用事业部制的管理模式，每个事业部都需要独立核算，出具各事业部财务报表，各事业部均需要进行成本核算。这与公司层面的成本核算不同，如材料成本的投入就有所不同，事业部在采购原材料时由于自身采购能力不足，供应商资源有限，均委托柴油机本部采购。柴油机本部也属于独立核算的事业部，在帮助其他事业部采购的同时，会加价供应，这样就会导致事业部采购的材料价格高于其向外部供应商直接采购的价格。这意味着相同的半成品或产品事业部独立成本核算价格高于公司层面整体成本核算价格。比如喷油泵是总装事业部委托柴油机本部采购的，柴油机本部向外部供应商采购的价格是1 060元/个，而柴油机本部与总装事业部内部结算的价格为1 100元/个。

由于柴油机生产周期较长，每个会计期间必然会留存在产品，自然就会有在产品成本。在产品成本核算采用约当产量比例法，原材料在开始生产时一次性投入。机修事业部属于辅助生产部门，需要独立核算并出具利润中心财务报表。机修事业部下设的车间只有机修车间，机修车间所消耗的费用将通过其提供的服务转入主生产部门，属于成本核算中辅助生产费用的核算，并通过提供服务的使用量分配到各个主生产部门，转移的费用标准根据内部结算价格确定。比如机修事业部核算出来的机修成本是37元/h，但对其他主生产部门结算的价格是50元/h。

○ Bill of Material，物料清单，也就是以数据格式来描述产品结构的文件，是计算机可以识别的产品结构数据文件，也是ERP的主导文件。

三、成本核算前相关业务场景介绍

（一）7月存货余额明细情况

在进行产品成本核算之前，需要对所有原材料进行存货核算，否则材料成本无法归集。总装事业部存货主要包含成品柴油机以及组装柴油机所需要的相关原材料，如喷油泵、"U"形喷油泵、气缸盖、密封圈。表7-1、表7-2、表7-3分别是总装事业部、机加事业部以及铸造事业部7月的存货余额明细。

表7-1 总装事业部7月存货余额明细

物料名称	数量	核算体系	成本价/元
×2015柴油机/台	100	法人核算体系	3 500
×2015柴油机/台	100	利润中心核算体系	3 600
喷油泵/个	50	法人核算体系	1 000
喷油泵/个	50	利润中心核算体系	1 040
"U"形喷油泵/个	50	法人核算体系	980
"U"形喷油泵/个	50	利润中心核算体系	1 010
气缸盖/个	120	法人核算体系	300
气缸盖/个	120	利润中心核算体系	310
密封圈/个	200	法人核算体系	20
密封圈/个	200	利润中心核算体系	22

表7-2 机加事业部7月存货余额明细

物料名称	数量/个	核算体系	成本价/元
机体	30	法人核算体系	1 500
机体	30	利润中心核算体系	1 550
螺栓	3 000	法人核算体系	30
螺栓	3 000	利润中心核算体系	35
齿轮	300	法人核算体系	400
齿轮	300	利润中心核算体系	430

表7-3 铸造事业部7月存货余额明细

物料名称	数量	核算体系	成本价/元
气缸座/个	200	法人核算体系	500
气缸座/个	200	利润中心核算体系	560
废铁/t	50	法人核算体系	800
废铁/t	50	法人核算体系	880

每一种物料都存在两个成本价：一个是法人核算体系；另一个是利润中心核算体系。法人核算体系的成本价简单理解就是，站在蓝海柴油机整个公司层面关于这个物料的成本价，这个成本价是由供应商的材料价格决定的；而利润中心核算体系成本价是站在某个利润中心，如总装事业部层面关于这个物料的成本价，而这个成本价是由供应材料的相关组织结算价决定的。这两种体系下的成本价并不相同。如密封圈这种物料在法人核算体系下的成本价是 20 元/个，而在利润中心核算体系下的成本价是 22 元/个。

（二）8月采购原材料情况

按照蓝海柴油机有限公司组织结构设计与组织分工，各事业部所需原材料均由柴油机本部向各外部供应商采购，各事业部负责收料及原材料的仓储管理。由于柴油机本部和其他事业部都是独立核算的利润中心，每一种原材料除外购价格，还存在柴油机本部与事业部之间内部结算价格，此结算价格由结算双方商议确定后在柴油机公司内部得到确认。具体原材料外购价格与结算价格见表 7-4，表中所示价格均为不含税成本价。

表 7-4 各事业部委托柴油机本部采购物料的价格

物料名称	数量	外购价格/元	结算价格/元	委托组织
喷油泵/个	500	1 060	1 100	总装事业部
"U"形喷油泵/个	300	1 010	1 060	总装事业部
气缸盖/个	1 000	320	330	总装事业部
密封圈/个	400	35	40	总装事业部
螺栓/个	2 000	32	35	机加事业部
齿轮/个	800	420	440	机加事业部
废铁/t	100	900	1 000	铸造事业部

（三）8月投入各项生产费用及完工情况

铸造事业部的铸造车间本月投入原材料废铁 100t 用于铸造气缸座，车间拥有 30 名工人，每名工人平均工资为 1 500 元/月；车间主任 1 名，车间主任月工资为 4 000 元。当月计提铸造车间生产设备折旧费共 5 000 元，消耗辅助材料费 300 元，发生差旅费 1 200 元。由于车间铸造气缸座生产周期较短，每月均不存在未完工的在产品，本月完工气缸座 1 200 个。

机加事业部的机加车间用于加工机体，本月投入铸造事业部气缸座 1 050 个，从本事业部仓库领用螺栓 4 100 个，齿轮 1 010 个。车间拥有 50 名工人，每名工人平均工资为 1 700 元/月；车间主任及副主任各 1 名，月均工资为 4 500 元。当月计提机加车间生产设备折旧费共 7 000 元，消耗辅助材料费 400 元，发生差旅费 2 000 元。由于车间铸造气缸座生产周期较短，每月均不存在未完工的在产品，本月完工机体 1 000 个。

总装事业部的总装车间用于装配各种型号的柴油机。

（1）×2015 柴油机，月初不存在在产品，本月投入机加事业部机体 500 个，从本事业部仓库领用喷油泵 500 个，气缸盖 500 个，月末全部完工，完工产品数量 500 台。

（2）×4015 柴油机，月初不存在在产品，本月完工产品数量 150 台，月末在产品数量 50 台，完工程度除投入材料外其他均按 50% 计算。消耗材料共 200 套。车间拥有 70 名工人，每名工人平均工资为 1 750 元 / 月；车间共 4 名管理人员，月均工资为 4 800。当月计提机加车间生产设备折旧费共 6 000 元，消耗辅助材料费 500 元，发生差旅费 1 700 元。

机修事业部的机修车间用于修理其他生产车间生产设备，如锅炉设备、机床设备等。车间拥有工人 4 人，每名工人平均工资为 2 000 元；车间主任 1 人，月均工资为 5 000 元。机修车间当月计提固定资产折旧费用 1 000 元，消耗辅助材料费用 200 元，差旅费用 600 元。车间总共为其他车间提供修理机器服务共 400h，其中为铸造车间提供 100h 修理服务，为机加车间提供 200h 修理服务，为总装车间提供 100h 修理服务。

四、成本核算制度要求

（一）费用分配标准

根据蓝海柴油机有限公司成本核算制度要求，在部门内或部门间发生的共耗费用按照成本对象完工产量来分配。这种费用分配标准对于本公司成本核算是合理的，由于不同型号柴油机在单个成本上差别不大，主要体现在总装车间的 ×2015 型号与 ×4015 型号柴油机上，除了材料上个别零件不同，在生产工艺上差别不大，采用完工数量的共耗费用分配标准对于成本核算精确性的影响较小。

（二）存货计价方法

对于制造业企业来讲，材料成本往往决定生产成本的 70%，而决定材料成本的价值又与存货计价方法息息相关。蓝海柴油机有限公司相关财务制度要求材料成本按月末一次加权平均法进行计价，该计价方法是指以当月全部进货数量加上月初存货数量作为权数（分母），去除当月全部进货成本加上月初存货成本，计算出存货的加权平均单位成本（出库成本价）。各种领用材料的出库成本价乘以生产领用数量就是该产品成本中材料的成本金额。当然，存货计价不仅运用在原材料上，在各种半成品、产成品及其他物料上计算出库成本价时也同样运用。

（三）成本计算方法

在不同企业中，根据其生产过程的不同特点，使用的成本计算方法也不一样，蓝海柴油机有限公司生产柴油机的生产工艺复杂，生产步骤较多，该公司需要精细化核算，所以不仅要求计算柴油机成品的成本，还需要计算其中间半成品如气缸座、机体的成本，企业按照这样的成本管理要求，采用分步法计算成本。

（四）不同核算体系下各个核算组织的产品成本

蓝海柴油机有限公司作为一个法人需要对外出具利润表，当然要核算法人核算体系下蓝海柴油机有限公司的各型号柴油机成本，而各型号柴油机成本中不含内部结算加价，比如委托柴油机本部向外部供应商购买废铁、螺栓、齿轮等材料时，这些材料的成本价格在整体法人核算体系下柴油机材料成本中并不是使用内部结算价格，而是使用向外部供应商购入的价格。如废铁，外部供应商购入价格是 900 元 /t，而柴油机本部与铸造事业部结算的价格是 1 000 元 /t，则在法人核算体系下 ×2015 柴油机的废铁材料成本按 900 元 /t 进行核算。而在利润中心核算体系下,各事业部都要出具内部利润表,所以要在利润中心核算体系下核算各个事业部的产品成本,这个成本是使用内部结算价格计算的。如机加事业部核算该事业部的成品是机体,而机体的材料成本中有齿轮,在利润中心核算体系下机加事业部齿轮的成本应该按照 440 元/个的内部结算价格进行核算,而不是 420 元/个的外部供应商结算价格。

五、总体成本核算思路与人工步骤

(一)各项原材料出库成本核算

产品生产成本费用归集中,当属材料成本归集为重点,而要进行材料成本归集,首先对使用的原材料出库成本进行核算,也就是各项材料的存货计价。根据该公司财务制度与规范要求,原材料计价采用月末一次加权平均法,结合实际发生的业务,具体存货计价见表 7-5。

表 7-5　法人核算体系下蓝海柴油机有限公司物料存货计价明细

物料名称	上月库存数量	上月库存单位成本/元	上月存货余额/元	本月入库数量	本月入库单价/元	本月单位出库成本/元
废铁 /t	50	800	40 000	100	900	866.67
齿轮 /个	300	400	120 000	800	420	414.55
螺栓 /个	3 000	30	90 000	2 000	32	30.8
密封圈 /个	200	20	4 000	400	35	30
气缸盖 /个	120	300	36 000	1 000	320	317.86
喷油泵 /个	50	1 000	50 000	500	1 060	1 054.55
"U" 形喷油泵 /个	50	980	49 000	300	1 010	1 005.71

表 7-5 中各物料"本月入库单价"为本月柴油机本部自供应商处采购不含税单价。当核算出各物料单位出库成本后,再乘以各物料被相关产品领用数量,可获得该产品所归集的材料成本。

(二)分步法分别按步骤核算

首先按生产步骤从柴油机的产品结构图中的最底层的半成品开始核算,这个半成品是气缸座。采用以下公式核算半成品气缸座的生产成本:

月初在产品成本 + 本月投入成本 = 本月完工产品成本 + 月末在产品成本

1. 月初在产品成本

由实际业务可知,气缸座月初不存在在产品,所以在产品成本为"0"。

2. 本月投入成本

气缸座本月投入成本项目分为以下几大类:直接材料费用、直接人工费用、制造费用和辅助生产费用。

气缸座材料费用的归集:本月气缸座总共消耗废铁 100t,没有消耗其他直接材料,材料费用的归集见表 7-6。

表 7-6　材料费用的归集

物料名称	领用数量 /t	单位出库成本 / 元	直接材料费用 / 元
废铁	100	866.67	86 666.67

气缸座直接人工费用的归集：铸造车间全部工人都负责生产气缸座，气缸座直接人工费用是铸造车间所有工人的薪酬。直接人工费用的归集见表 7-7。

表 7-7　直接人工费用的归集

费用名称	消耗数量（工时）/h	人均工资 / 元	直接人工费用 / 元
工人薪酬	30	1 500	45 000

气缸座制造费用的归集：制造费用包括管理人员薪酬及差旅费、水电费、折旧费和其他费用等。制造费用的归集见表 7-8。

表 7-8　制造费用的归集

费用名称	消耗数量（工时）/h	每工时费用 / 元	小计 / 元
管理人员薪酬	1	4 000	4 000
生产设备折旧费	1	5 000	5 000
辅助材料费	1	300	300
管理人员差旅费	1	1 200	1 200
合计			10 500

辅助生产成本的归集：辅助生产成本是由机修车间产生，并按为其他车间提供服务作业的数量分配到相关车间的。铸造车间全月共享受机修车间为之提供的机器修理服务作业 100h，根据计算得出每工时分担的辅助生产成本是 37 元，铸造车间共承担 3 700 元辅助生产成本。机修车间人工费用的归集和其他费用的归集见表 7-9 和表 7-10。

表 7-9　机修车间人工费用的归集

费用名称	消耗数量（工时）/h	人均工资 / 元	直接人工费用 / 元
工人薪酬	4	2 000	8 000

表 7-10　机修车间其他费用的归集

费用名称	消耗数量（工时）/h	每工时费用 / 元	小计 / 元
管理人员薪酬	1	5 000	5 000
生产设备折旧费	1	1 000	1 000
辅助材料费	1	200	200
管理人员差旅费	1	600	600
合计			6 800
工人薪酬			8 000
总计			14 800
每工时分担的辅助生产成本			37
铸造车间分担的辅助生产成本			3 700

3. 本月在产品成本

根据业务场景介绍可知，气缸座在本月已全部完工，不存在在产品。

由以上已知可得本月完工产品成本，见表 7-11。

表 7-11 气缸座成本的核算

摘要		产量/件	直接材料费用/元	直接人工费用/元	制造费用/元	辅助生产费用/元	合计/元
月初在产品成本			0	0	0	0	0
本月投入			86 666.67	45 000	10 500	3 700	145 866.67
生产费用累计			86 666.67	45 000	10 500	3 700	145 866.67
本月完工产品成本	总成本	1 200	86 666.67	45 000	10 500	3 700	145 866.67
	单位成本		72.22	37.5	8.75	3.08	121.56

本月完工的气缸座成本是 145 866.67 元，单位成本是 121.56 元 [145 866.67/1 200（完工数量）]。计算得到的完工状态的气缸座成本是生产入库成本，而气缸座继续生产成为机体时，会被机加车间领用，领用时气缸座成本并不是入库时的气缸座成本，这中间的差距是需要经过存货计价的。如表 7-12 所示，经过存货计价后单位出库成本是 175.62 元。

表 7-12 铸造事业部气缸座成本明细

月份	月初余额		本月增加		合计			本月减少	
	数量/个	实际成本/元	数量/个	实际成本/元	数量/个	实际成本/元	单位成本/元	数量/个	实际成本/元
8	200	100 000	1 200	145 866.67	1 400	245 866.67	175.62	1 050	184 401
9	350	61 465.67							

当把气缸座半成品的生产成本以及单位出库成本计算完成后，就可以进行下一步骤的机体成本计算。

4. 上月在产品成本

由实际业务可知，机体月初不存在在产品，所以月初在产品成本为"0"。

5. 本月投入成本

机体本月投入成本项目分为以下几大类：直接材料费用、直接人工费用、制造费用和辅助生产费用。

气缸座材料费用的归集：本月机体总共领用上一步生产的气缸座 1 050 个，螺栓 4 100 个，齿轮 1 010 个，材料费用归集见表 7-13。

表 7-13 材料费用的归集

物料名称	领用数量/个	单位出库成本/元	直接材料费用/元
气缸座	1 050	175.62	184 404
螺栓	4 100	30.80	126 280
齿轮	1 010	414.55	418 690.91
		合计	729 374.91

机体直接人工费用的归集：机加车间全部工人都负责生产机体，机加车间直接人工费用是机加车间所有工人的薪酬。直接人工费用的归集见表7-14。

表7-14 直接人工费用的归集

费用名称	消耗数量（工时）/h	人均工资/元	直接人工费用/元
工人薪酬	50	1 700	85 000

机体制造费用的归集：制造费用包括管理人员薪酬及差旅费、水电费、折旧费和其他费用等。制造费用的归集见表7-15。

表7-15 制造费用的归集

费用名称	消耗数量（工时）/h	每工时费用/元	小计/元
管理人员薪酬	2	4 500	9 000
生产设备折旧费	1	7 000	7 000
辅助材料费	1	400	400
管理人员差旅费	1	2 000	2 000
合计			18 400

机体辅助生产成本的归集：机加车间全月共享受机修车间为之提供的机器修理服务作业200h，根据上一生产步骤计算得出每工时分担的辅助生产成本是37元，机加车间共承担7 400元辅助生产成本。

6. 本月在产品成本

根据实际发生业务场景可知，机体在本月已全部完工，不存在在产品，所以本月机体在产品成本为"0"。

本月完工产品成本就可根据公式直接求得，见表7-16。

表7-16 机体成本核算

摘要		产量/件	直接材料/元	直接人工/元	制造费用/元	辅助生产费用/元	合计/元
月初在产品成本			0	0	0	0	0
本月投入			729 374.91	85 000	18 400	7 400	840 174.91
生产费用累计			729 374.91	85 000	18 400	7 400	840 174.91
本月完工产品成本	总成本	1 000	729 374.91	85 000	18 400	7 400	840 174.91
	单位成本		729.37	85	18.4	7.4	840.17

本月完工的机体成本是840 174.91元，每个机体的单位成本是840.17元（840 174.91/1 000）。计算得到的完工状态的机体的成本是生产入库成本，而机体继续生产成为柴油机时，会被总装车间领用，领用时气缸座成本并不是入库时的气缸座成本，这中间的差距是需要经过存货计价的。如表7-17所示，经过存货计价后单位出库成本是859.39元。

表 7-17　机加事业部机体成本明细账

月份	月初余额		本月增加		合计			本月减少	
	数量/件	实际成本/元	数量/件	实际成本/元	数量/件	实际成本/元	单位成本/元	数量/件	实际成本/元
8	30	45 000	1 000	840 174.91	1 030	885 174.91	859.39	700	601 575.18
9	330	283 599.73							

计算完机体的生产成本后，需要进一步核算柴油机的生产成本。核算柴油机的成本比计算气缸座、机体更复杂，主要体现在发生在总装车间的直接人工费用、制造费用及辅助生产费用都需要在总装车间两个产品（×2015 柴油机和×4015 柴油机）之间进行分配，根据该公司财务成本核算制度要求按完工产量进行分配。由于×4015 柴油机月末存在在产品，该公司财务制度规定在产品成本与完工产品成本采用约当产量比例法进行分配，所有原材料在开始生产时全部一次性投入，其他加工费用完工程度按 50% 计算。

以下分别计算 ×2015 柴油机和 ×4015 柴油机的成本。

7．上月在产品成本

由实际业务可知，×2015 柴油机和 ×4015 柴油机月初不存在在产品，所以月初在产品成本为"0"。

8．本月投入成本

×2015 柴油机和 ×4015 柴油机本月投入成本项目分为以下几大类：直接材料费用、直接人工费用、制造费用、辅助生产费用。

材料费用的归集见表 7-18、表 7-19。

表 7-18　×2015 柴油机直接材料费用的归集

物料名称	领用数量/个	单位出库成本/元	直接材料费用/元
机体	500	859.39	429 696.56
喷油泵	500	1 054.55	527 272.73
气缸盖	500	317.86	158 928.57
合计			1 115 898.86

表 7-19　×4015 柴油机直接材料费用的归集

物料名称	领用数量/个	单位出库成本/元	直接材料费用/元
机体	200	859.39	171 878.62
"U"形喷油泵	200	1 005.71	201 142.86
气缸盖	200	317.86	63 571.43
密封圈	400	30.00	12 000
合计			448 592.91

直接人工费用的归集与分配见表 7-20。

表 7-20　直接人工费用的归集与分配

费用名称	消耗数量（工时）/h	完工产量 / 台	人均工资 / 元	费用分配率	直接人工费用 / 元
工人薪酬	70		1 750		122 500
×2015 分配的工人薪酬		500		188.46	94 230.77
×4015 分配的工人薪酬		150		188.46	28 269.23

制造费用的归集与分配见表 7-21。

表 7-21　制造费用的归集与分配

费用名称	消耗数量（工时）/h	完工产量 / 台	每工时费用 / 元	费用分配率	小计 / 元
管理人员薪酬	4		4 800		19 200
生产设备折旧费	1		6 000		6 000
辅助材料费	1		500		500
管理人员差旅费	1		1 700		1 700
合计					27 400
×2015 分配的制造费用		500		42.15	21 076.92
×4015 分配的制造费用		150		42.15	6 323.08

辅助生产成本的归集与分配见表 7-22。

表 7-22　辅助生产成本的归集与分配

费用名称	完工产量 / 台	费用分配率	直接人工费用 / 元
总装车间承担的辅助生产成本			3 700
×2015 分配的工人薪酬	500	5.69	2 846.15
×4015 分配的工人薪酬	150	5.69	853.85

9. 本月在产品成本

根据实际发生业务场景可知，×2015 柴油机在本月已全部完工，不存在在产品，所以本月 ×2015 柴油机在产品成本为 "0"。×4015 柴油机本月月末存在在产品，此时需要利用约当产量比例法来分配完工产品与月末在产品之间的成本。

×4015 柴油机在产品成本的计算如下。

×4015 柴油机在产品材料费用：由于在实际生产中，200 台 ×4015 柴油机的原材料全部投入生产，在产品数量为 50 台，在产品虽然没有全部完工，但材料已全部领用到生产现场，所以在产品材料成本占投入材料成本的 50 / 200。所以 ×4015 柴油机投入的材料成本为 448 592.91 元，而在产品的材料成本为 448 592.91 × 50 / 200 = 112 148.23（元）。

×4015 柴油机在产品直接人工费用：由于完工程度为 50%，在产品人工消耗占完工产品的 50%。在产品直接人工成本约当产量为 50 × 50%=25（台），×4015 柴油机产量为 150 台，所以在产品的直接人工成本占投入直接人工成本的 25/175，在产品直接人工成本为 28 269.23 ×（25/175）= 4 038.46（元）。

×4015 柴油机在产品制造费用：在产品制造费用消耗占完工产品的 50%。在产品制造费用约当产量为 50×50%＝25（台），×4015 柴油机产量为 150 台，所以在产品的制造费用占投入制造费用的 25/175，在产品的制造费用为 6 323.08×（25/175）＝903.297 1（元）。

×4015 柴油机在产品分担的辅助生产费用：在产品辅助生产成本消耗占完工产品的 50%。在产品辅助生产成本约当产量为 50×50%＝25（台），×4015 柴油机产量为 150 台，所以在产品的辅助生产成本占投入辅助生产成本的 25/175，在产品辅助生产成本为 853.85×（25/175）＝121.98（元）。

合计以上 ×4015 柴油机各项在产品成本，计算得到 ×4015 柴油机总的在产品成本为 117 211.77 元。

×2015 柴油机产成品成本明细账见表 7-23。

表 7-23　×2015 柴油机产成品成本明细账

摘要		产量/台	直接材料费用/元	直接人工费用/元	制造费用/元	辅助生产费用/元	合计/元
月初在产品成本			0	0	0	0	0
本月投入			1 115 898.86	94 230.77	21 076.92	2 846.15	1 234 052.7
生产费用累计			1 115 898.86	94 230.77	21 076.92	2 846.15	1 234 052.7
本月完工产品成本	总成本	500	1 115 898.86	94 230.77	21 076.92	2 846.15	1 234 052.7
	单位成本		2 231.8	188.46	42.15	5.69	2 468.11

本月完工 ×2015 柴油机成本合计 1 234 052.7 元，每台 ×2015 柴油机的单位成本为 2 468.11 元（1 234 052.7/500）。计算得到的完工状态的 ×2015 柴油机的成本是生产入库成本，而柴油机被销售出库时，仍然需要再进行存货计价才可以得到销售出库成本。如表 7-24 所示，经过存货计价后，×2015 柴油机单位销售出库成本为 2 640.09 元。

表 7-24　总装事业部 ×2015 柴油机库存商品明细账

月份	月初余额		本月增加		合计		
	数量/台	实际成本/元	数量/台	实际成本/元	数量/台	实际成本/元	单位成本/元
8	100	350 000	500	1 234 052.7	600	1 584 052.7	2 640.09

×4015 柴油机产品成本明细账见表 7-25。

表 7-25　×4015 柴油机产品成本明细账

摘要		产量/台	直接材料费用/元	直接人工费用/元	制造费用/元	辅助生产费用/元	合计/元
月初在产品成本			0	0	0	0	0
本月投入			448 592.91	28 269.23	6 323.08	853.85	484 039.07
生产费用累计			448 592.91	28 269.23	6 323.08	853.85	484 039.07
本月完工产品成本	总成本	150	336 444.88	24 230.77	5 419.78	731.87	336 827.1
	单位成本		2 242.97	161.54	36.13	4.88	2 445.51
月末在产品成本			112 148.23	4 038.46	903.30	121.98	117 211.97

×4015 柴油机成本需要在完工产品与在产品之间进行分配，在产品成本为 117 211.97 元，扣除在产品成本后完工产品成本为 336 827.1 元，每台完工的 ×4015 柴油机的单位成本为 2 445.51 元，再进行存货计价后可以计算出每台销售出库的单位成本为 2 445.51 元（上月存货余额为 0），见表 7-26。

表 7-26 总装事业部 ×4015 柴油机库存商品明细账

月份	月初余额		本月增加		合计		
	数量/台	实际成本/元	数量/台	实际成本/元	数量/台	实际成本/元	单位成本/元
8	0	0	150	336 827.1	150	336 827.1	2 445.51

以上分步法核算柴油机成本的思路作为一家单体的柴油机公司进行核算产品成本是系统的且完整的，但是作为一家集团性质的柴油机公司，或者是多事业部制的柴油机公司，这样的成本核算并不完整。比如铸造事业部生产的气缸座成本作为整个法人核算体系下成本是 121.56 元/个，而铸造事业部本身出具的利润中心核算体系下的成本却不是 121.56 元/个，原因是作为铸造事业部利润中心购入的材料成本废铁并非 866.67 元/t，其原材料废铁的购入成本价格也并非 900 元/t，而是结算成本价格 1 000 元/t。为什么购入成本价格与结算成本价格存在差异呢？主要原因是柴油机本部在帮助铸造事业部采购废铁时需要加价，也作为柴油机本部的收入来源，每一个事业部需要独立核算，公司总部会考核每一事业部的收入利润指标。作为利润中心核算体系下的铸造事业部、机加事业部、总装事业部、柴油机本部等都需要核算属于自身事业部的成本，这样的成本核算思路与独立法人核算体系下的成本核算方法基本一致，成本价格却有所不同。具体核算思路不在此赘述。

六、金蝶云星空成本核算的实现与应用

（一）成本核算模块功能介绍

1. 金蝶云星空成本核算与其他业务模块的关联关系

（1）在金蝶云星空中成本核算总体由"产品成本核算"模块完成。操作路径：登录账户/密码，单击右上角菜单项，显示下拉菜单后，单击左侧"成本管理"下的"产品成本核算"，显示出如图 7-5 所示右侧所有的菜单项。

（2）所有原材料、半成品及产成品的存货核算由"存货核算"模块完成。成本核算前必须对投入的材料成本计价，也就是要进行"存货核算"模块的相关操作（见图 7-6），否则生产成本中材料成本并不准确。

（3）材料投入数量由生产制造领域的生产管理模块完成。生产制造领域的相关模块在企业数字化转型过程中由生产管理部门负责执行，其中材料领用单的数据又被成本会计人员核算成本所使用，企业在开启"成本核算"模块使用前必须使用"生产管理"模块（见图 7-7）。

（4）其他类型成本费用的投入由"财务会计"领域下的"总账""费用报销"，或者由"资产管理"领域下的"固定资产"模块来取得数据，如图 7-8～图 7-10 所示。

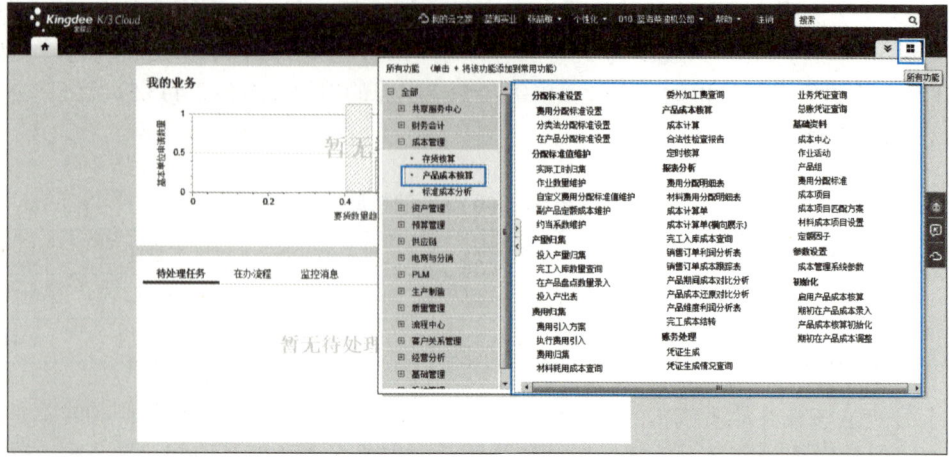

图 7-5 产品成本核算模块操作路径演示图

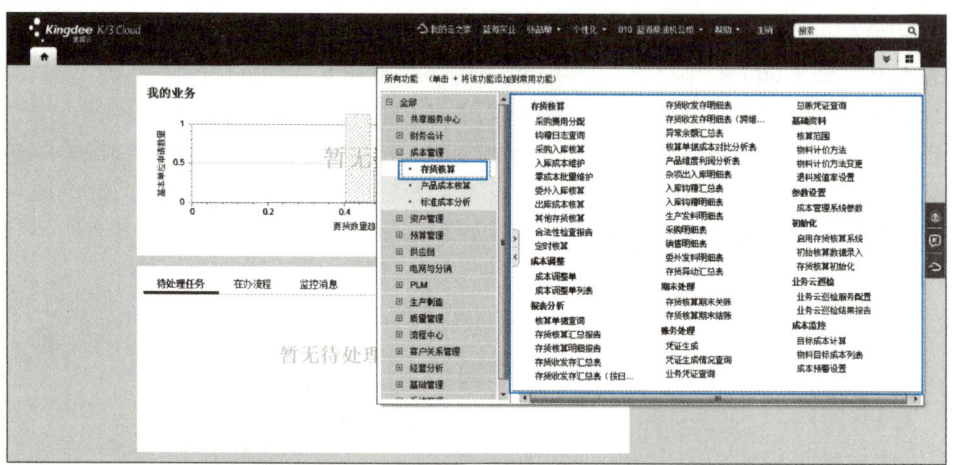

图 7-6 存货核算模块操作路径演示图

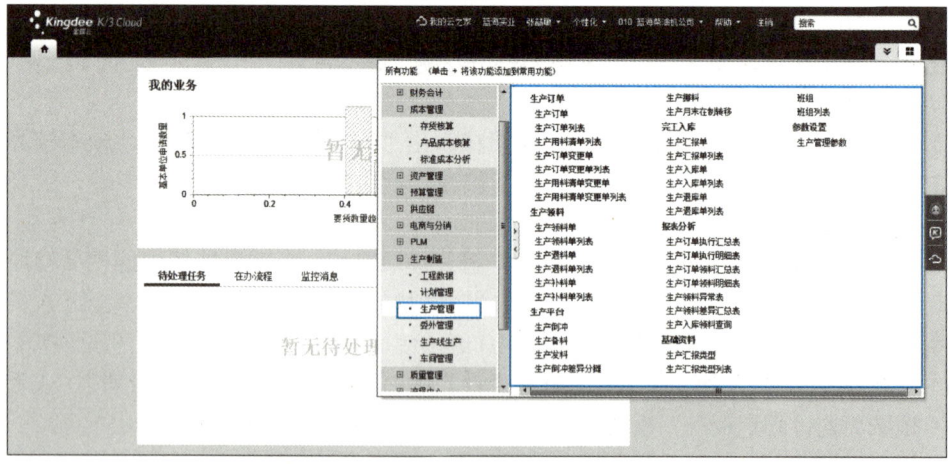

图 7-7 生产管理模块操作路径演示图

第七章　成本核算案例与实战

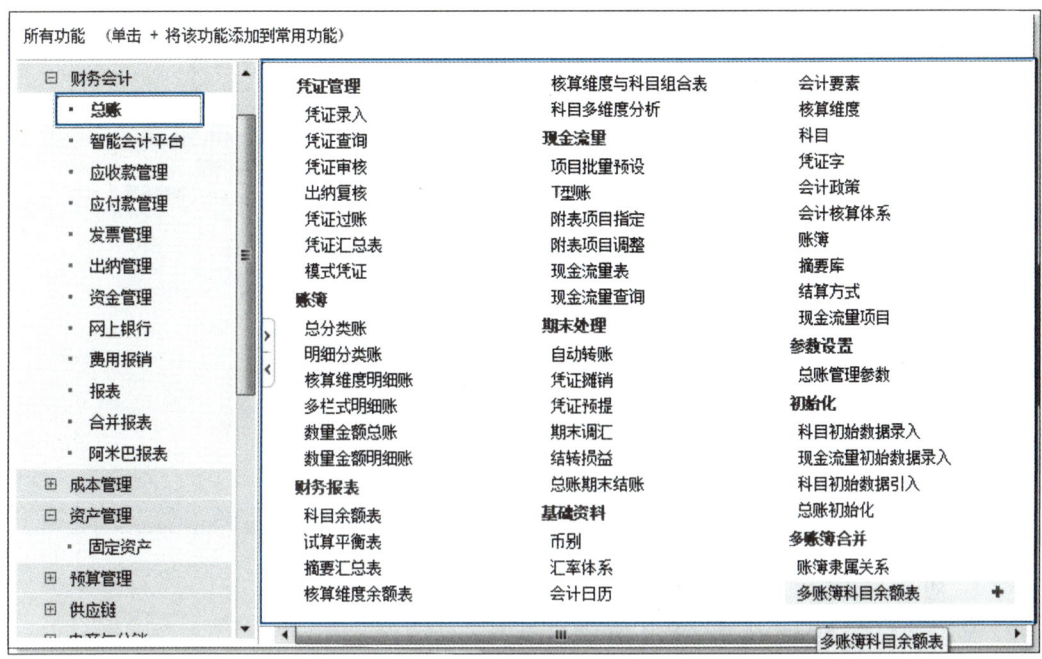

图 7-8　总账模块操作路径演示图

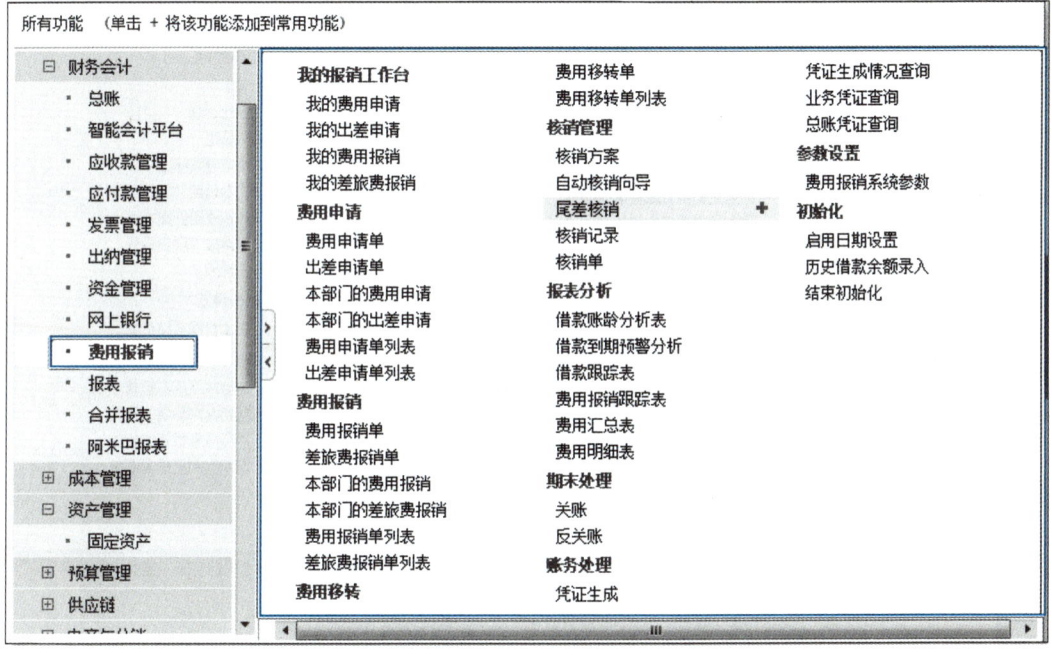

图 7-9　费用报销模块操作路径演示图

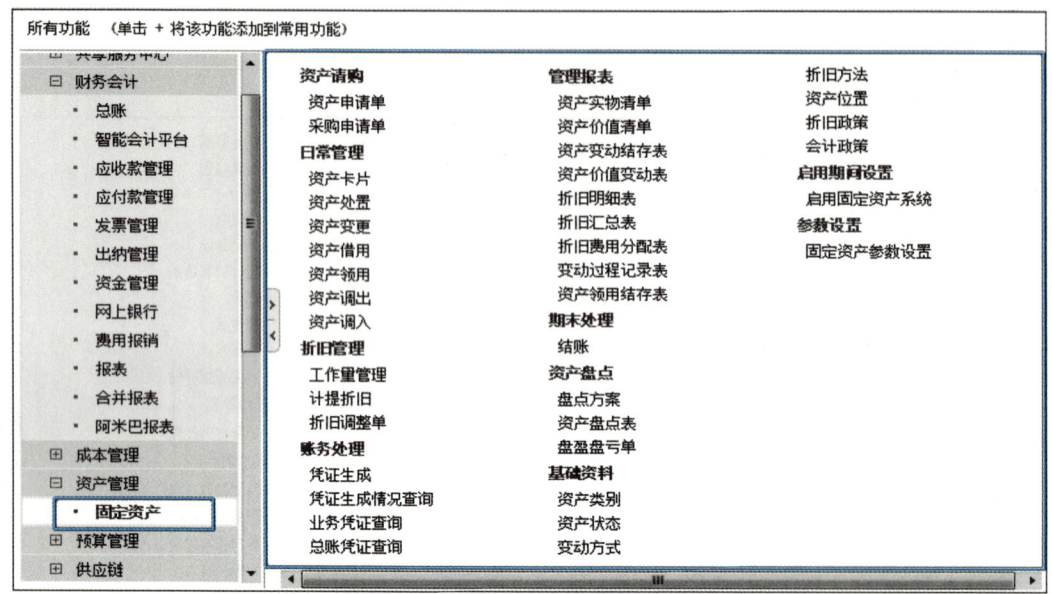

图 7-10 固定资产模块操作路径演示图

2. 金蝶云星空【产品成本核算】模块主要构成介绍

产品成本核算模块主要构成内容如图 7-11 所示。

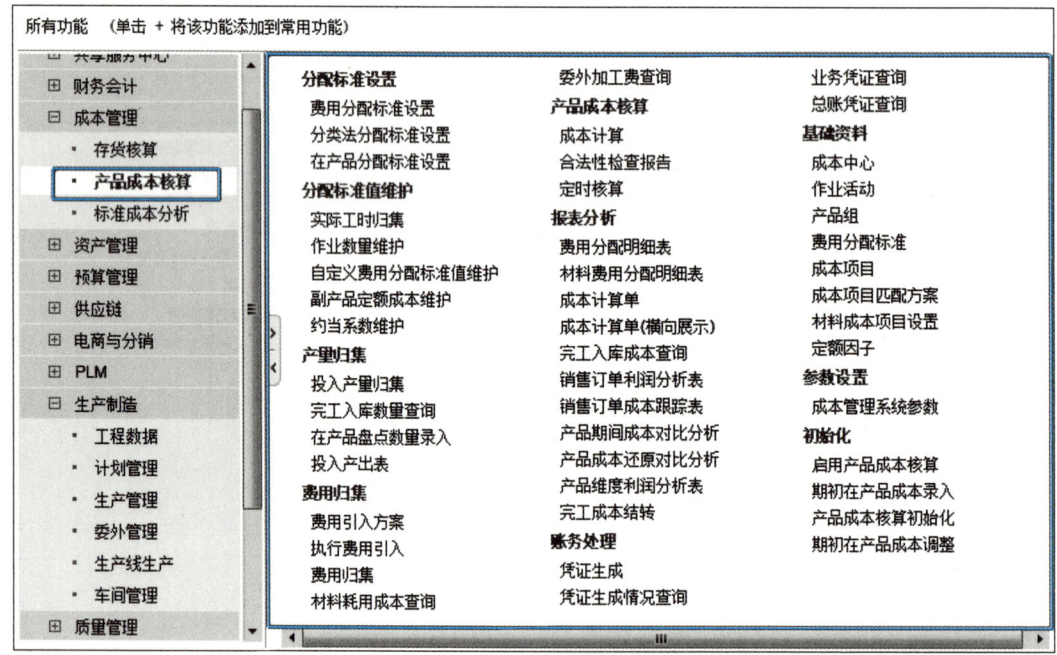

图 7-11 产品成本核算模块主要构成内容

【初始化】主要包括启用成本核算模块和期初在产品成本的录入。金蝶星空中开始启用的时间不一样，每个模块都有启用设置，只需进入后设置启用年月并单击"启用"即可。开始使用成本核算模块时，由于会计核算都是连续的，必然有一个开始使用当期前一个会计期间的在产品成本值,录入系统才可能顺利开展后续成本核算,因此有"期初在产品成本录入"。

【基础资料】是成本核算中需要用到的基本信息,这样信息资料是静态的,一旦录入并不需要随时发生变化的,这些资料又是决定成本核算中必不可少的。比如【成本中心】,对于成本中心的设置首先要了解成本中心的定义,成本中心是指对产品或劳务的成本负责的责任中心,也可以理解为成本费用所归集的部门或组织,成本中心的目标是以最低的耗用完成既定的产量,或在预算既定下完成更多的产量。而依据蓝海柴油机有限公司成本核算的要求,每个车间作为成本对象较为合适。每个车间是成本费用归集的归口,也是增产降耗的负责部门,每个车间可以认定为一个成本中心,如图 7-12 所示。

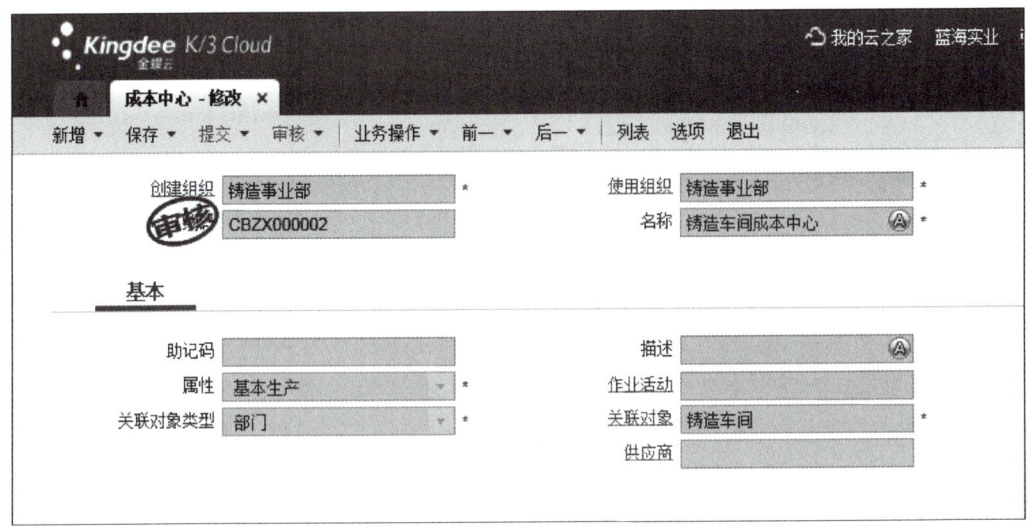

图 7-12　成本中心基本信息设置

再如【成本项目】,成本项目也称"生产费用项目"。对计入产品成本的工业生产费用按经济用途进行的分类,是生产费用要素按其使用用途的重新组合。产品成本核算时,可以按成本项目来展示产品成本构成,有利于成本控制责任的落实、成本费用的控制与考核。例如图 7-13,可以设置"直接人工"的成本项目,但主要由工人的"工资""奖金""福利费"等费用要素组成,可以在分析产品成本构成中清晰地了解到直接人工的成本。

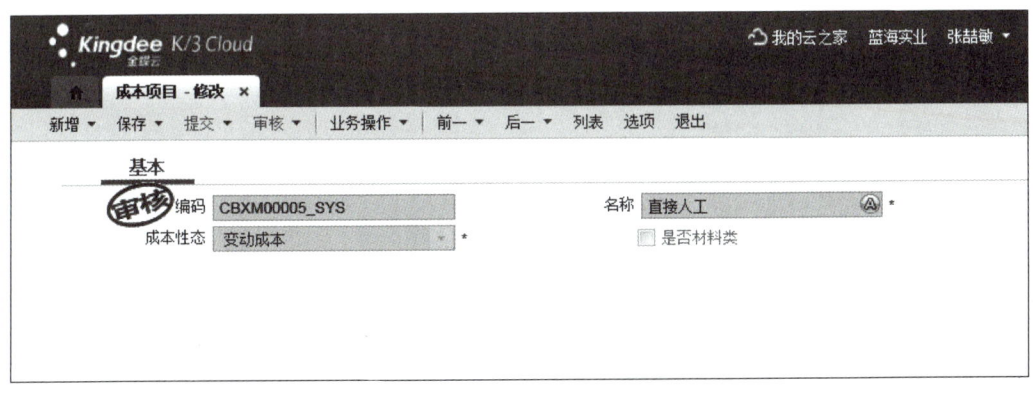

图 7-13　成本项目基本信息设置

217

再如【作业活动】主要用于定义辅助生产车间向基本生产车间提供的服务或产品的定义，包括名称与单位，如图 7-14 所示，辅助生产车间为基本生产车间提供修理机器的服务，并且服务的计量单位是工时，主要业务场景比如是基本生产车间机床加工精度达不到要求了，由机修车间（辅助生产车间）为其修理机床的刀头，修理机床共花费了一个工人 2 个小时。

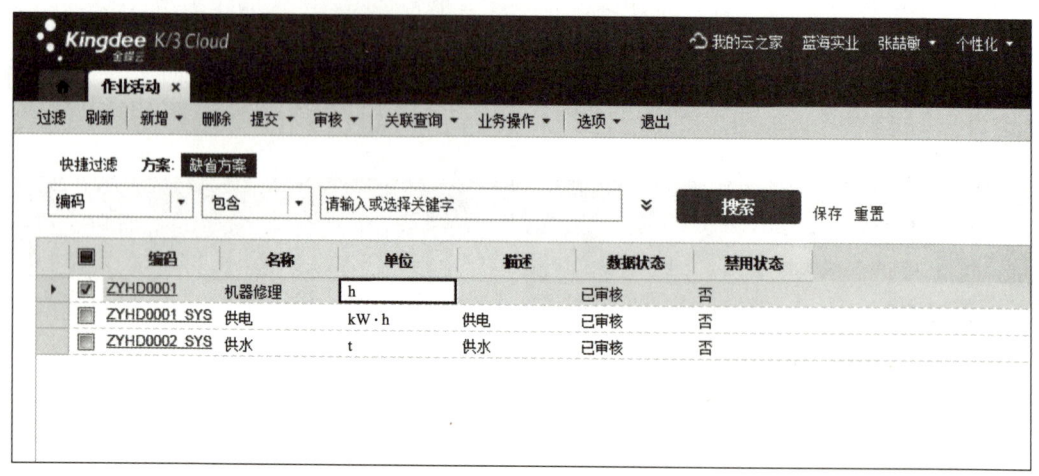

图 7-14　作业活动基本信息设置

再如【成本项目匹配方案】，这项设置主要是为成本项目与对应的费用项目匹配的。在成本核算中成本项目是由一个或者多个费用项目构成的，由于成本项目在不同的企业中费用项目的构成也不同，需要一个匹配方案把成本项目与费用项目对应起来。由于金蝶云星空适用于多组织环境，不同核算组织可能存在不同的成本项目与费用项目匹配的方案，所以需要在不同的核算组织下各设置一套属于自己的方案，如图 7-15 所示。

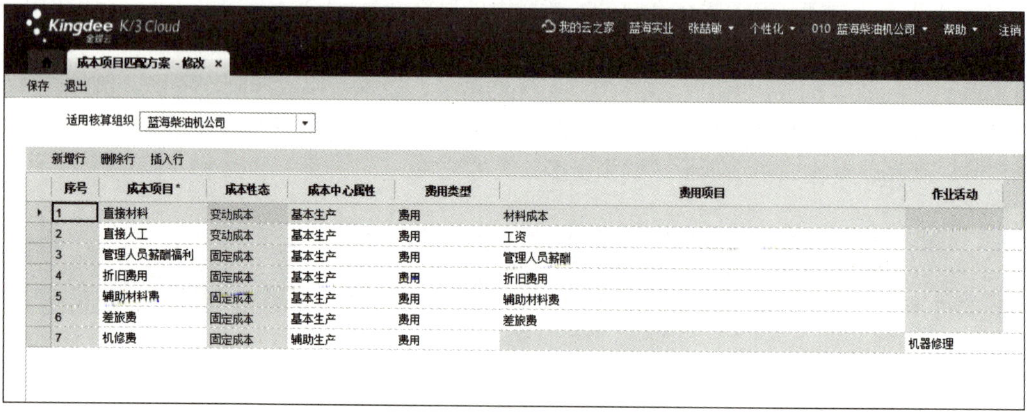

图 7-15　成本项目匹配方案设置

【材料成本项目设置】的主要作用是生产领用的材料可以设置不同的成本项目，如图 7-16 所示。如材料的成本项目存在原材料、辅助材料、备品备件等，由于企业生产中存在大量品种的材料，而这些材料对应的成本项目也不同，靠成本会计把所有材料分门别类地逐个归属成本项目显然不切实际，需要设置物料对应的成本项目，每次成本核算时自动把不同的材料消耗归属到不同成本项目中，从而完成精细化成本核算。不同的核算组织存在相同的材料对应不同的成本项目的情况，就需要因核算组织的不同而设置不同的对应方案。

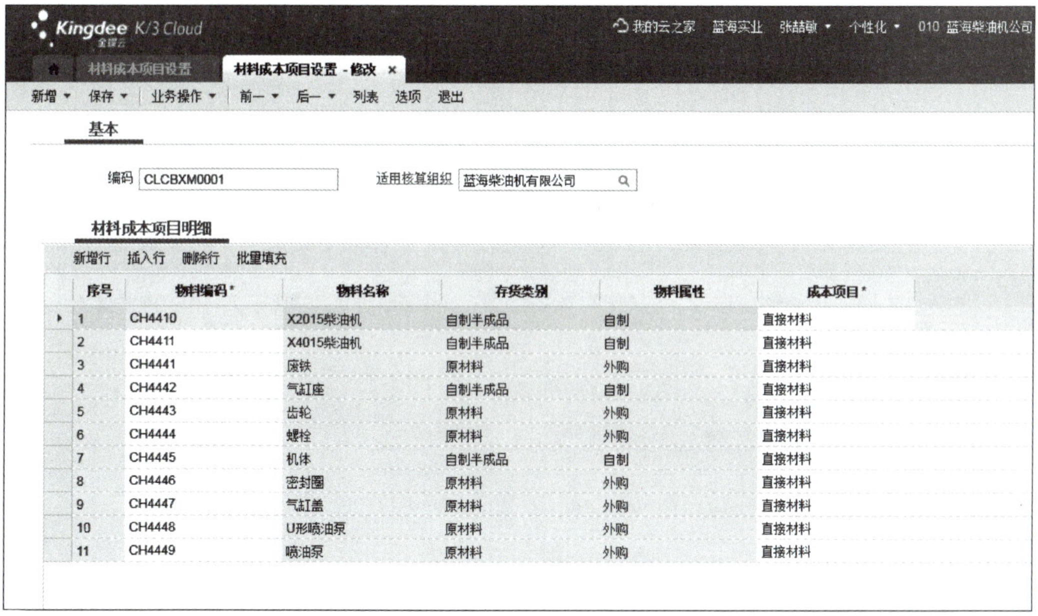

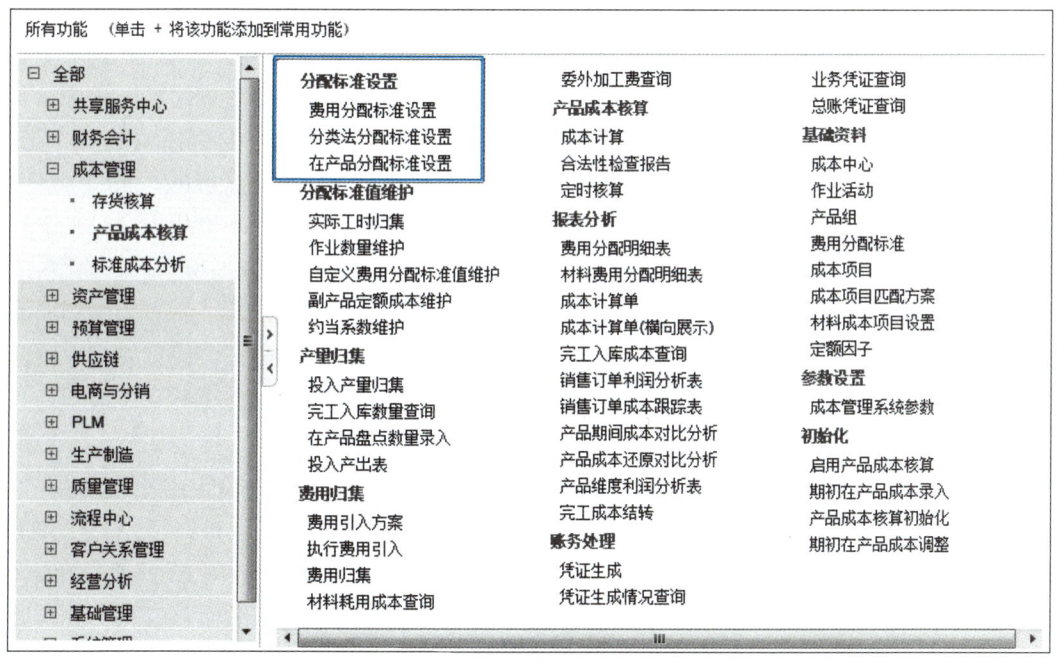

图 7-16　材料成本项目设置示意图

【分配标准设置】成本核算制度一定有规定的费用分配标准，这种费用分配标准也是企业在多年的成本核算中总结出来的一套适用的标准。在【分配标准设置】中设置相应的费用分配标准，系统成本计算时就可以自动调用并使用，如图 7-17 所示。

图 7-17　分配标准设置菜单组示意图

如【费用分配标准设置】，主要设置将不同会计核算体系下不同的成本中心的费用分配到相关的产品上的分配标准是什么。如图7-18所示，表示在财务会计核算体系下，蓝海柴油机有限公司核算组织的成本中心的费用分配标准的设置。黑色框内表示总装车间成本中心采用"完工入库数量"的费用分配标准分配到×2015柴油机和×4015柴油机产品上。

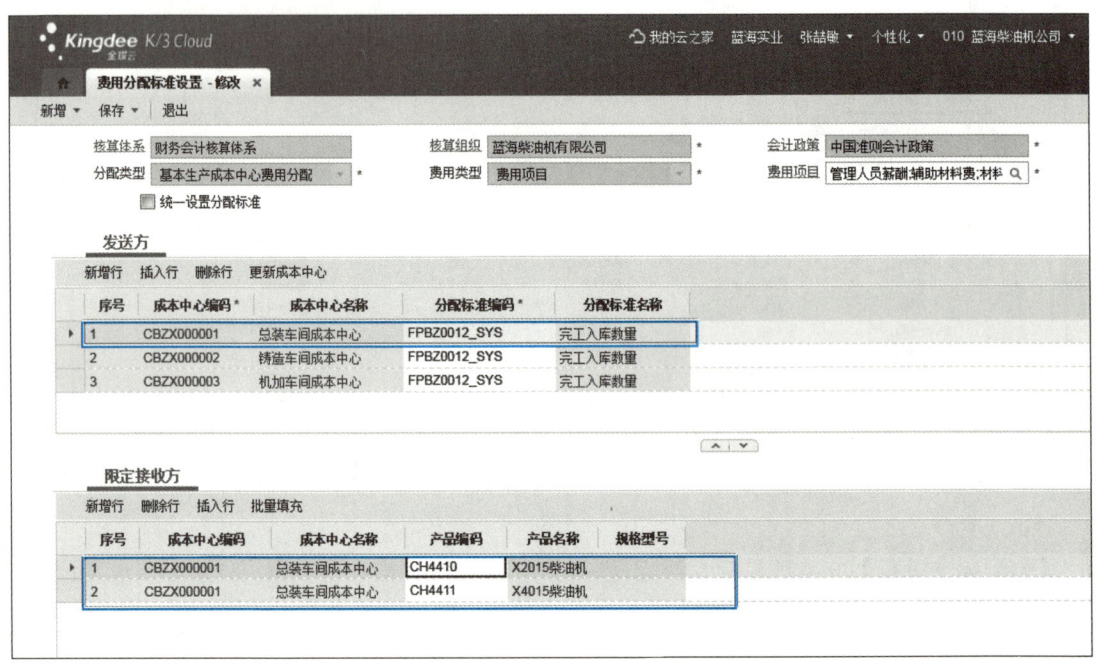

图7-18　费用分配标准设置示意图

再如【在产品分配标准】，在企业生产过程中，难免存在成本核算截止时间生产还未完工的情况，这些在产品成本的计量需要设置在产品分配标准，这些标准或方法有约当产量法、不计算在产品成本法等。如图7-19所示，采用约当产量法进行在产品分配：在设定的核算体系下的核算组织，成本中心的在产品分配标准是"约当产量"，这是综合约当产量标准，而如果每一个成本项目的在产品分配标准并不一致，则需要在"成本项目明细设置"中按成本项目设定"分项分配标准"。比如在某制造业企业在产品成本只计算材料成本，这也是合适的，因为材料成本占据总成本的70%以上，人工成本、制造费用的占比较低，在计算在产品成本时考虑到成本核算的简便性，除材料成本外，其他成本项目都不计算。这样的应用场景需要设置按成本项目分项设置分配标准，对于材料成本可以设置为"约当产量"，而对于其他成本费用可以设置为"不计算在产品成本"。

【分配标准值维护】主要关于在成本核算中需要费用分配的标准值的设定或者维护录入，如图7-20所示。

如当【费用分配标准设置】中设为按工时分配时，无论是按"人员准备工时""人员实作工时"，还是"机器工时"等都需要在【实际工时归集】中录入对应产品所消耗的工时，这样才能正确理解按什么标准值进行分配，如图7-21所示。

第七章 成本核算案例与实战

图 7-19 在产品分配标准设置示意图

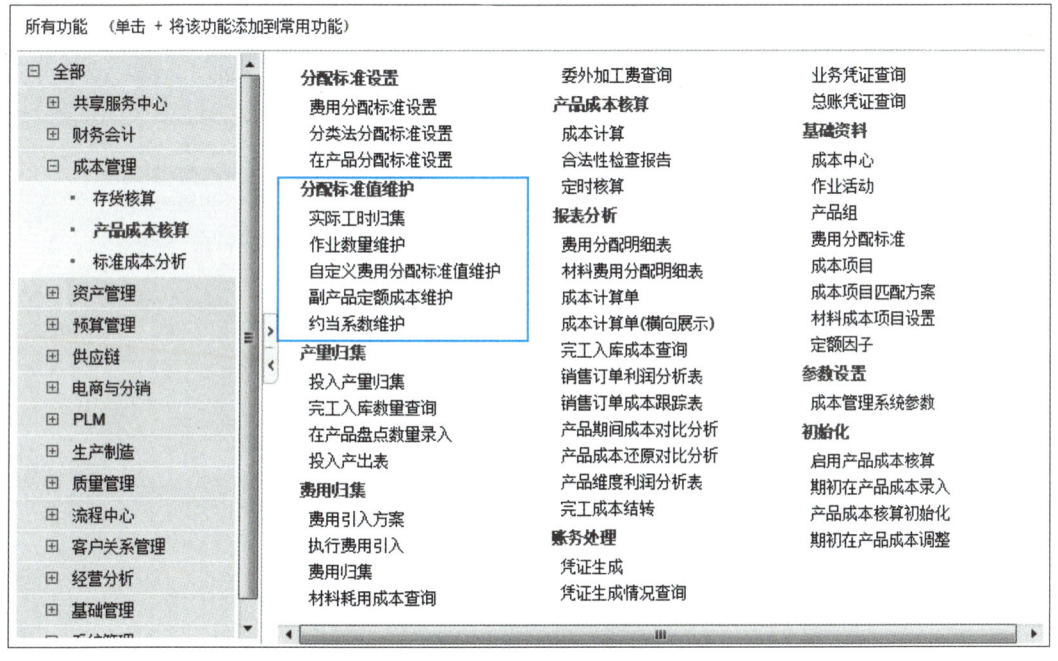

图 7-20 分配标准值维护菜单组示意图

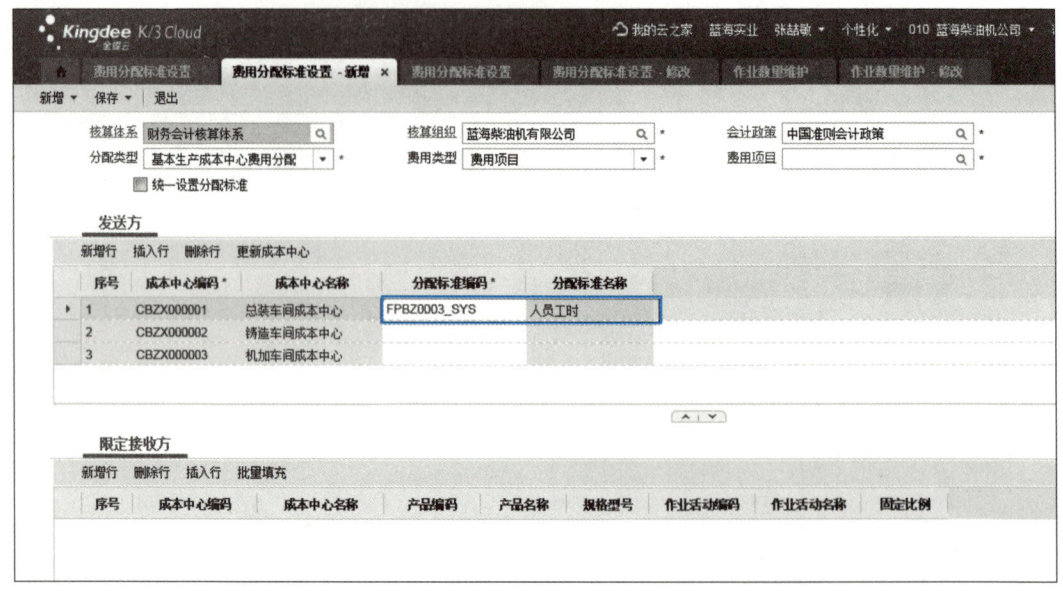

图 7-21　基本生产成本中心费用分配标准设置示意图

当【费用分配标准设置】中的辅助生产成本中心的费用分配按"作业活动"为"机器修理"的标准进行分配时,在【作业数量维护】中需要录入或者维护各成本中心所受益的作业数量,对应的是"机器修理"的作业数量,如图 7-22 所示。

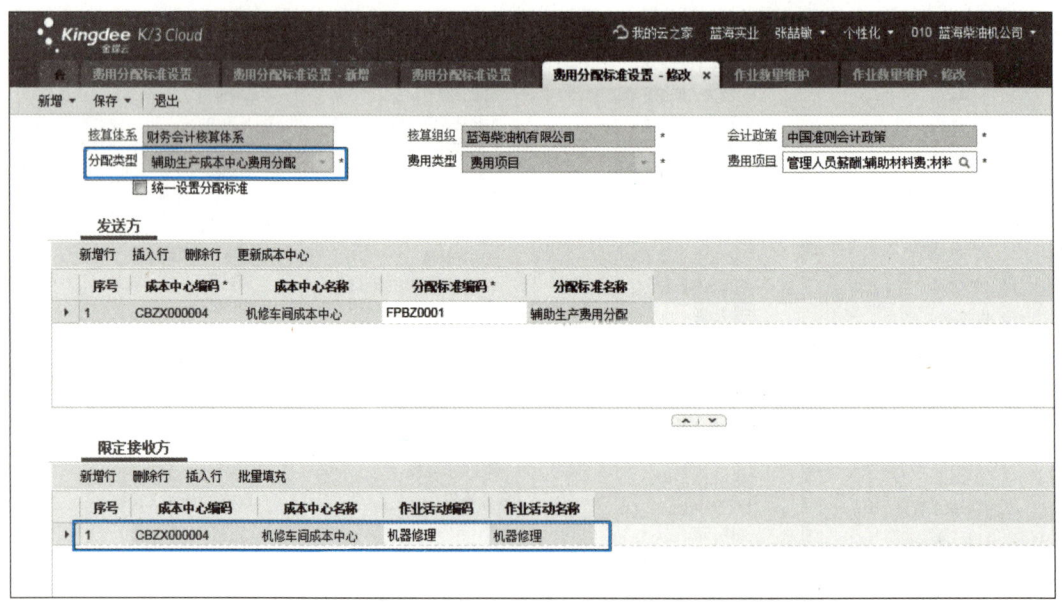

图 7-22　辅助生产成本中心费用分配标准设置示意图

作业数量维护设置示意图如图 7-23 所示。

第七章　成本核算案例与实战

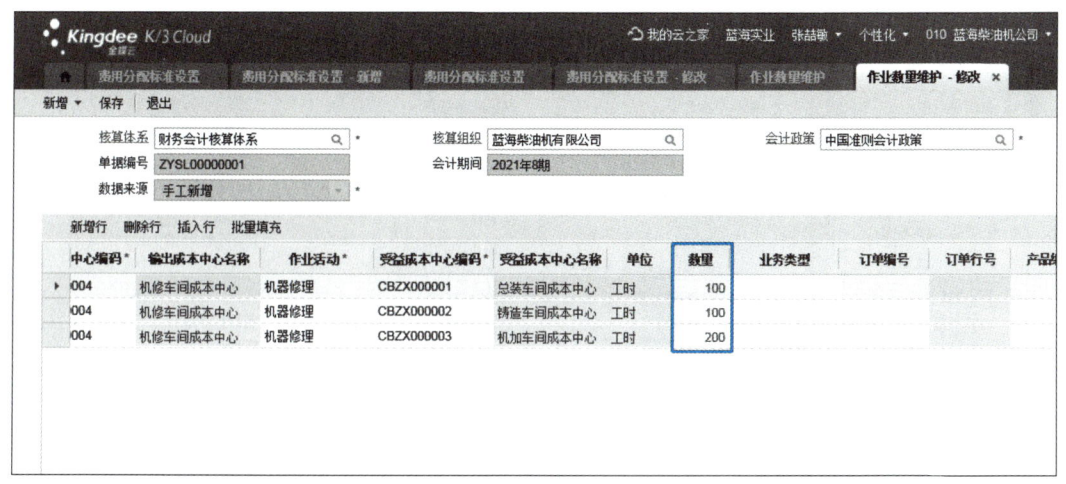

图 7-23　作业数量维护设置示意图

当【在产品分配标准设置】中设有"约当产量"分配标准时，则需要在【约当系数维护】中录入或者维护约当系数值。如果是综合约当系数，则需要在"综合系数"中设置；如果是分项约当系数，则需要在"分项系数"中设置。如图 7-24 所示。

图 7-24　在产品分配标准设置示意图

在【产量归集】菜单组中，各菜单项的主要作用是归集各个半成品、产成品的投入及完工产量。在生产成本核算中需要用到关于产量的数据，如单个完工产品成本是由完工总成本除以完工产量决定的，再如在产品数量又决定在产品成本分配数额，所以有必要对各项产量进行归集，计算成本时也需要调用，如图 7-25 所示。

【投入产量归集】中用于归集生产投入量，当公司使用生产管理模块时，操作并完成生产管理流程，如生产订单的投放，并产生生产用料清单后领料以及入库业务，在成本核算模块中就可以自动获取生产投入产量。如果并未启用生产管理模块，也可以手工录入的方式新增投入产量，如图 7-26 所示。

223

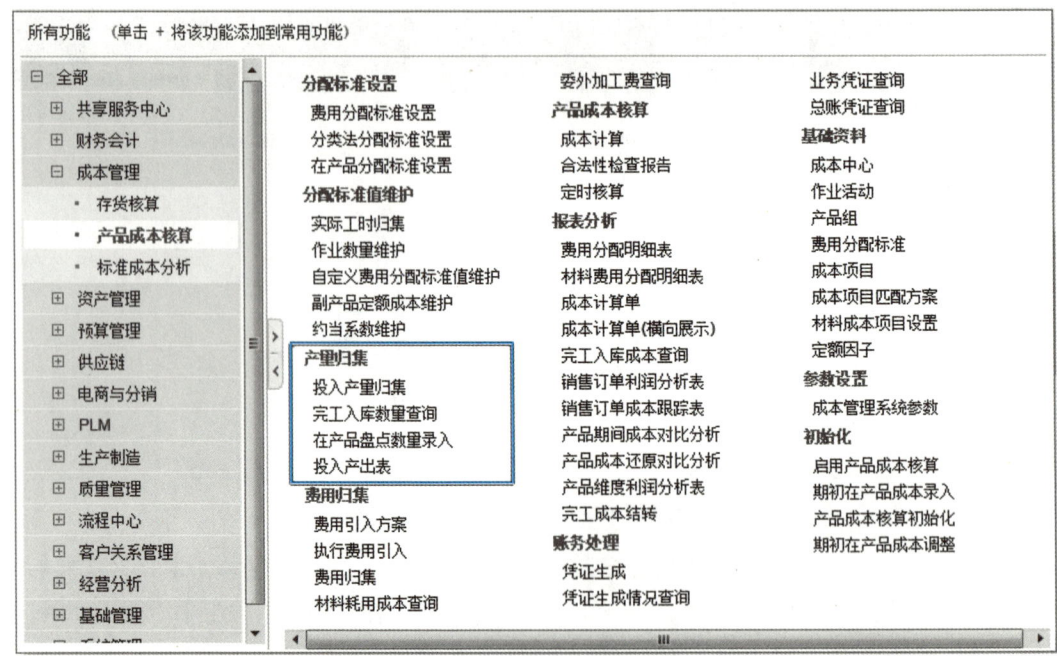

图 7-25　产量归集菜单组示意图

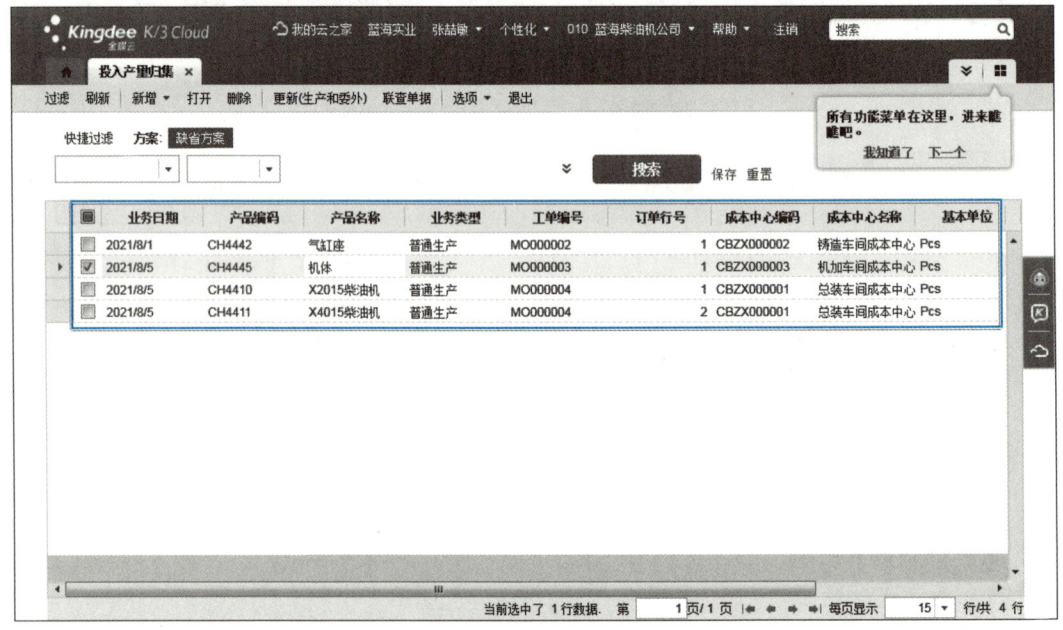

图 7-26　投入产量归集设置示意图

【完工入库数量查询】用于查询生产完工数量，而完工数据却是在生产入库单的操作中完成的，此处仅供查询，也方便了成本核算时查询完工产量。

【在产品盘点数量录入】用于由于管理不善可能造成在产品账面数量与实际数量不一致的情况，这时就必须进行在产品盘点，调整在产品账面数量，确保成本核算的精确。如图 7-27 所示，对于每一张生产订单录入在产品的"实盘数量"。

第七章 成本核算案例与实战

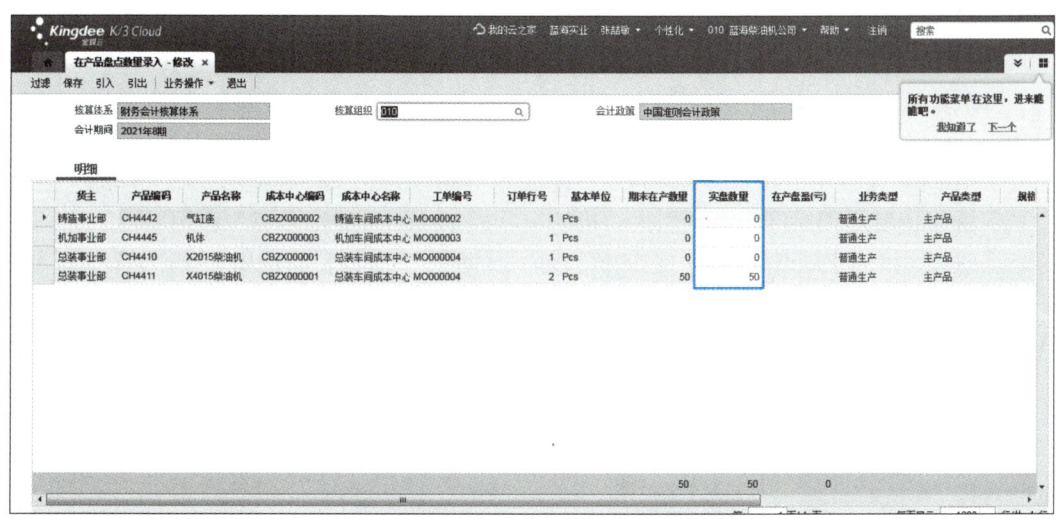

图 7-27 在产品盘点数量录入设置示意图

最终根据前面讲述中投入产量、完工产量、在产品产量可以得到【投入产出表】，如图 7-28 所示。有了这个【投入产出表】，气缸座、机体、×2015 柴油机、×4015 柴油机各种半成品和产成品的成本计算就有了重要的支撑数据。

图 7-28 投入产出表设置示意图

费用归集菜单组示意图如图 7-29 所示。在前面提到的菜单组中还没有涉及成本费用的归集，而这个菜单组【费用归集】就是对各项成本费用的归集，为最终的成本核算提供最主要的数据。【费用归集】菜单组功能设计的主导思想是：各项成本费用均来自前端其他业务模块，这里的费用归集只是把发生在其他业务模块的费用归集到成本核算模块中来。比如，材料成本费用主要来自生产管理模块的生产领料单中各种材料领料数量，而所领材料的单位成本又来自【存货核算】模块，通过存货计价算出各种材料的成本，数量与材料成本结合就是材料耗用的成本。所以在【费用归集】中可直接查询材料成本，在【材料耗用成本查询】中可直接查看。而直接人工费用、各项制造费用无法直接查询，而需要从其他的模块中引入成本核算模块，而且引入的

225

方案也因每个企业管理不同而存在差别。如直接人工成本可以从"薪酬管理"模块中引入这部分工人的薪酬福利费用，也可以从"总账"模块中提取相关部分薪酬会计凭证的数据，具体采用哪一种根据实际企业运用系统的情况决定，如果企业在使用"薪酬管理"模块，且数据完整，则当然可以从"薪酬管理"模块中引入，但如果企业并未购买"薪酬管理"模块，则可以从"总账"模块中提取。【费用引入方案】设置示意图如图 7-30 所示，第一笔是从总账凭证的"生产成本"科目的工资费用项目借方金额引入"机加车间成本中心"的"工资"费用项目的金额；第二笔是从总账凭证的"制造费用"科目的"管理人员薪酬""辅助材料费用""折旧费""差旅费"费用项目借方金额引入"机加车间成本中心"的对应的费用项目的金额。

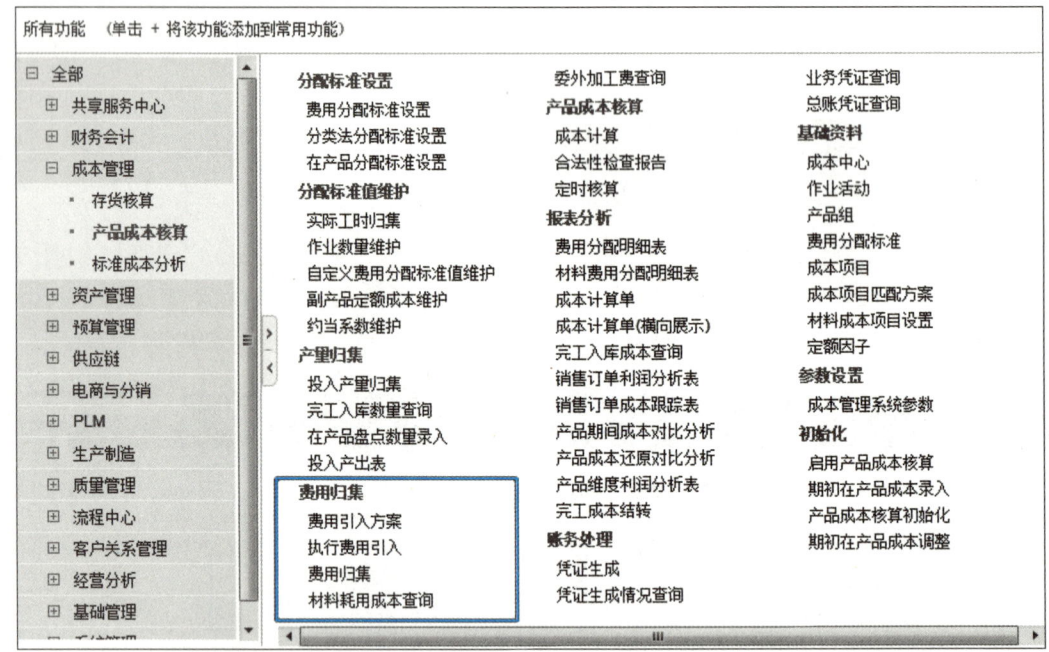

图 7-29　费用归集菜单组示意图

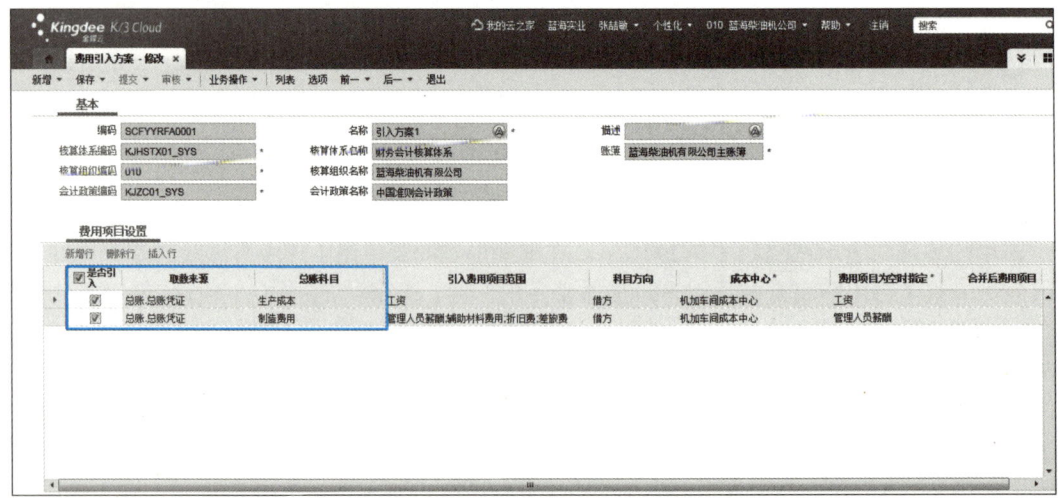

图 7-30　费用引入方案设置示意图

【执行费用引入】根据【费用引入方案】进行操作，把需要引入的费用数据引入【费用归集】中，如图 7-31 所示。

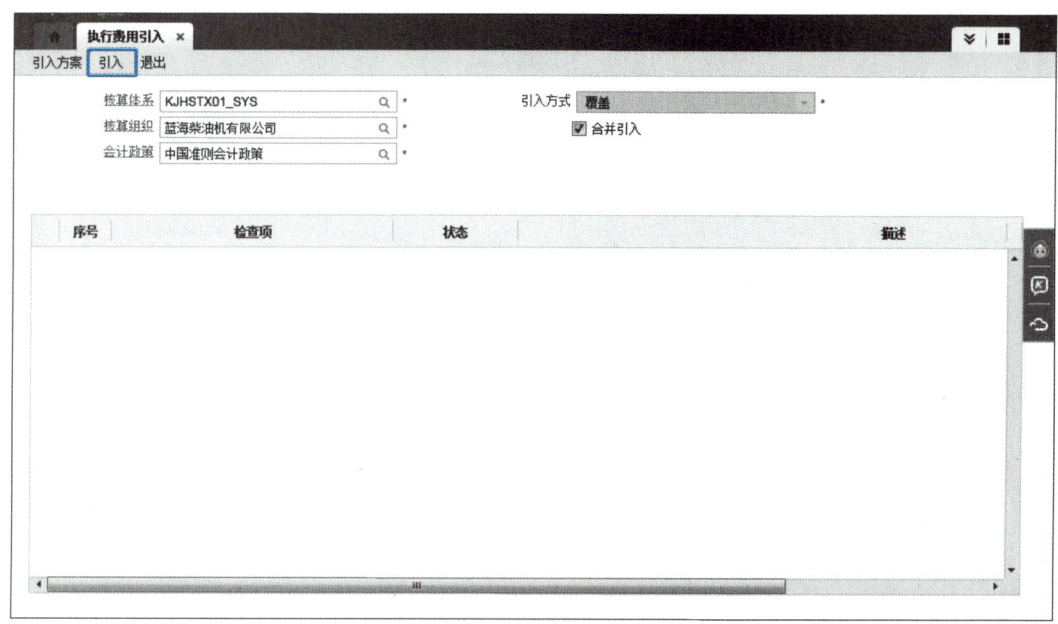

图 7-31　执行费用引入设置示意图

在【费用归集】页面可以联查源单明细，帮助用户理解这笔费用的来由，如图 7-32 所示。事业部一笔工资费用来自于当月产生的薪资费用记账凭证，如图 7-33 所示。

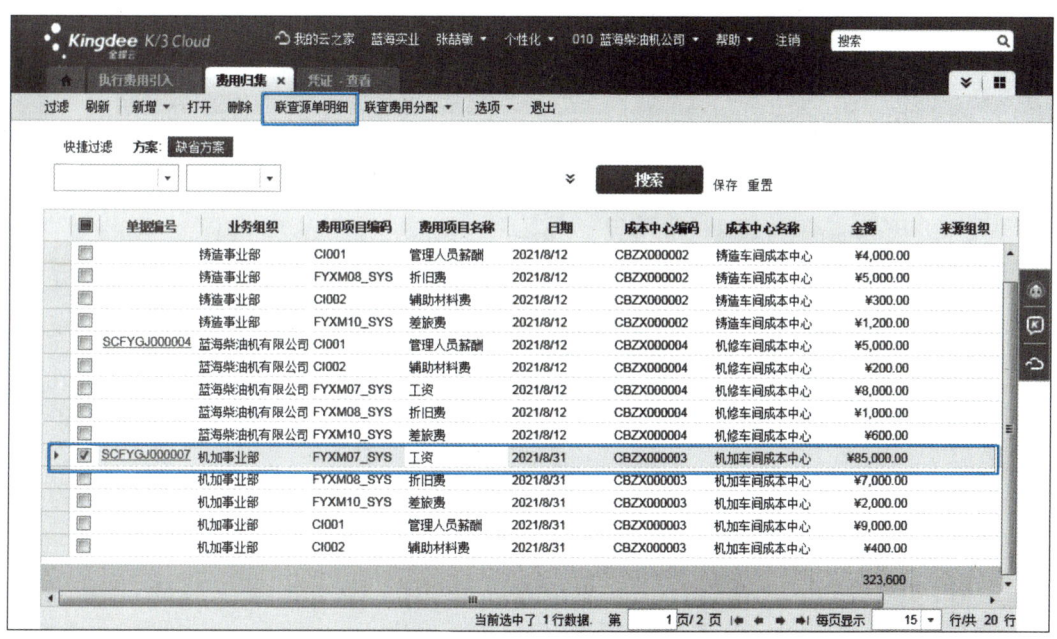

图 7-32　联查源单明细示意图

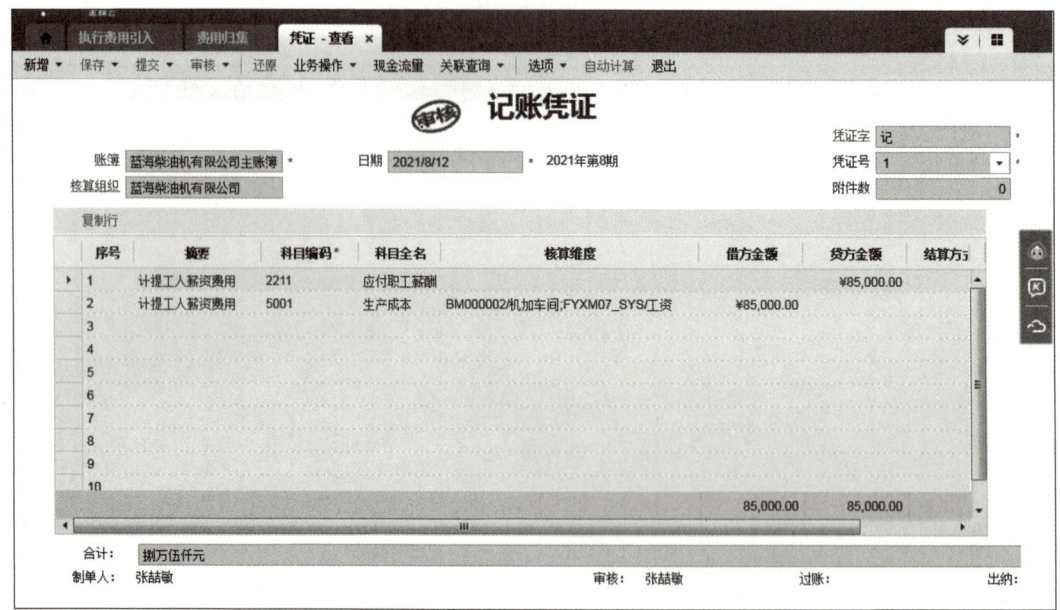

图 7-33　事业部薪资费用记账凭证

在【材料耗用成本查询】页面通过过滤条件的执行就可以显示该核算体系下所发生的各项材料费用，而这些材料费用又是如何自动归集的呢？这些材料费用来自生产过程中发生的领料，这些领料是由系统中领料单产生的材料费用。通过【联查单据】可查看材料费用源头的领料单，如图 7-34、图 7-35 所示。

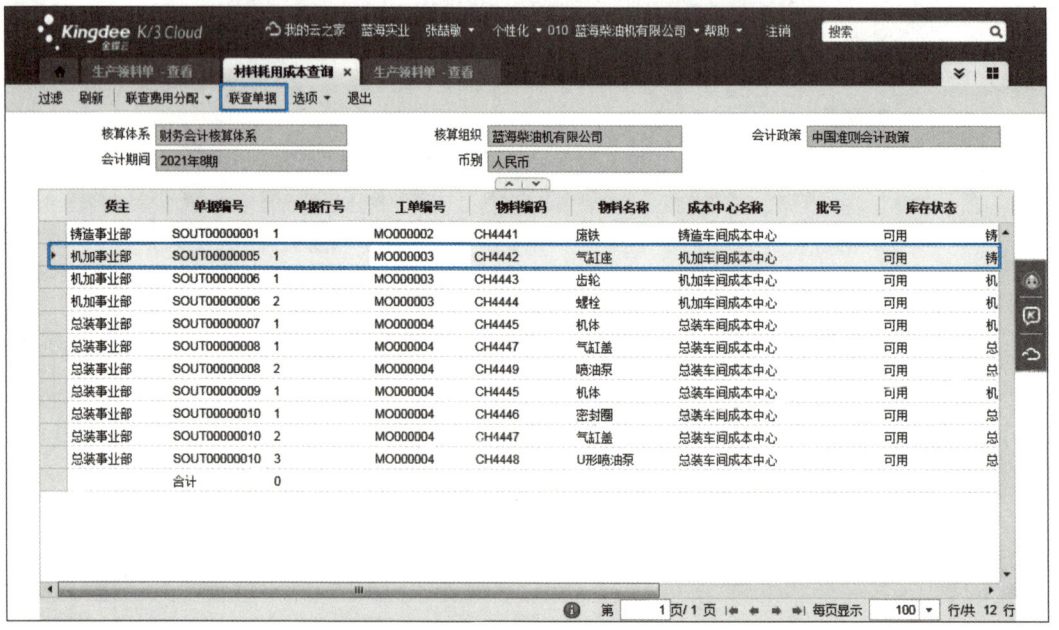

图 7-34　材料耗用成本联查单据示意图

第七章　成本核算案例与实战

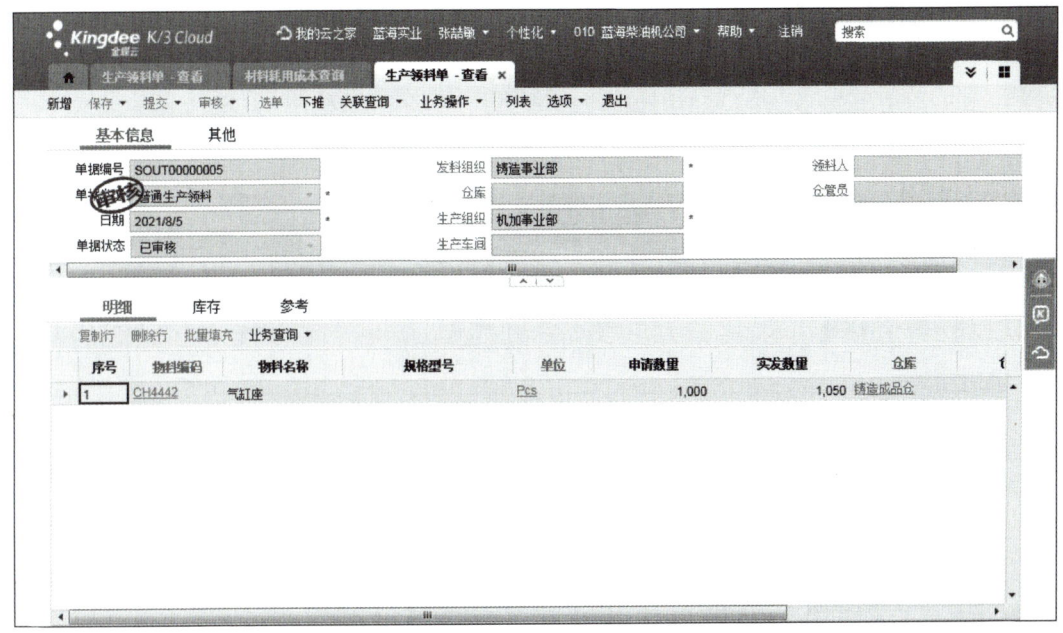

图 7-35　材料费用源头领料单示意图

产品成本核算菜单组示意图如图 7-36 所示。

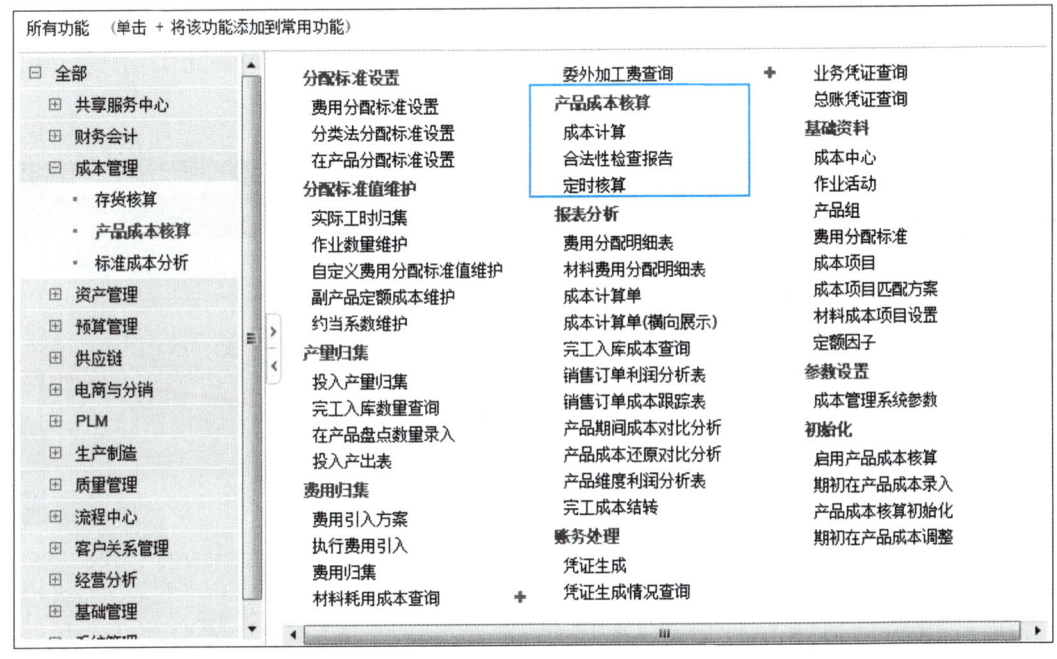

图 7-36　产品成本核算菜单组示意图

当所有成本费用全部归集后，进入最关键的产品成本核算阶段，而【产品成本核算】菜单组并没有复杂的操作，只是提交成本计算并检查计算过程中的【合法性检查报告】，如果发现计算过程中有报错，则进行诊断、调整并重新提交运算。在执行【成本计算】时，用户一定要

229

明确【核算体系】【核算组织】【会计政策】,如果核算体系与核算组织不同,成本核算内容就完全不一样。如要计算整个蓝海柴油机有限公司的产品成本,与计算铸造事业部、机加事业部、总装事业部的各自产品成本所选的核算体系、核算组织一定不同,如图 7-37、图 7-38、图 7-39 所示。

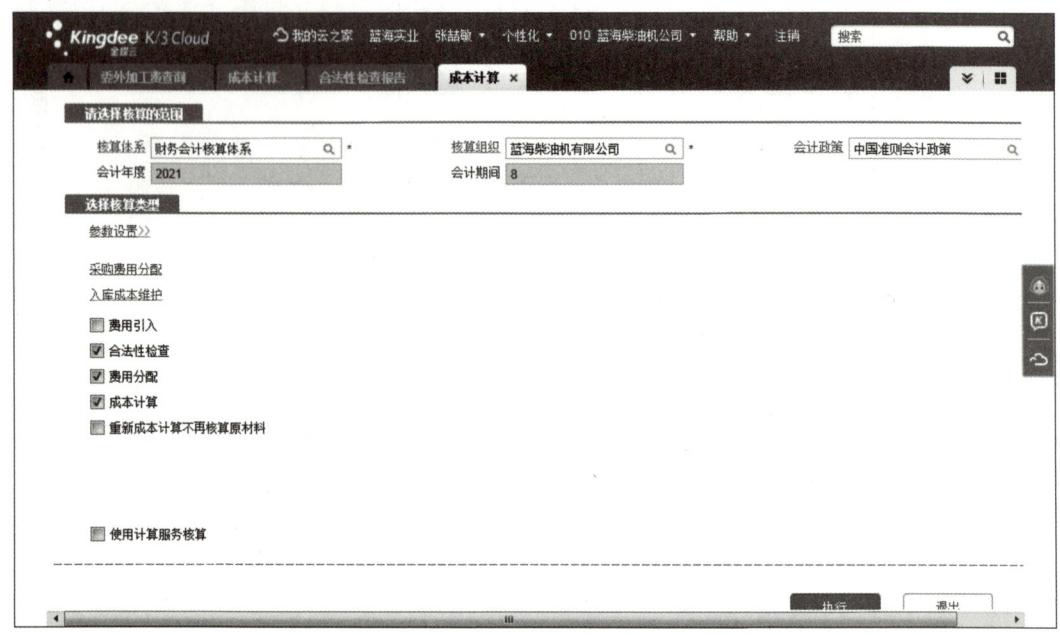

图 7-37　成本计算范围选择示意图

图 7-38　成本计算合法性检查报告示意图

第七章　成本核算案例与实战

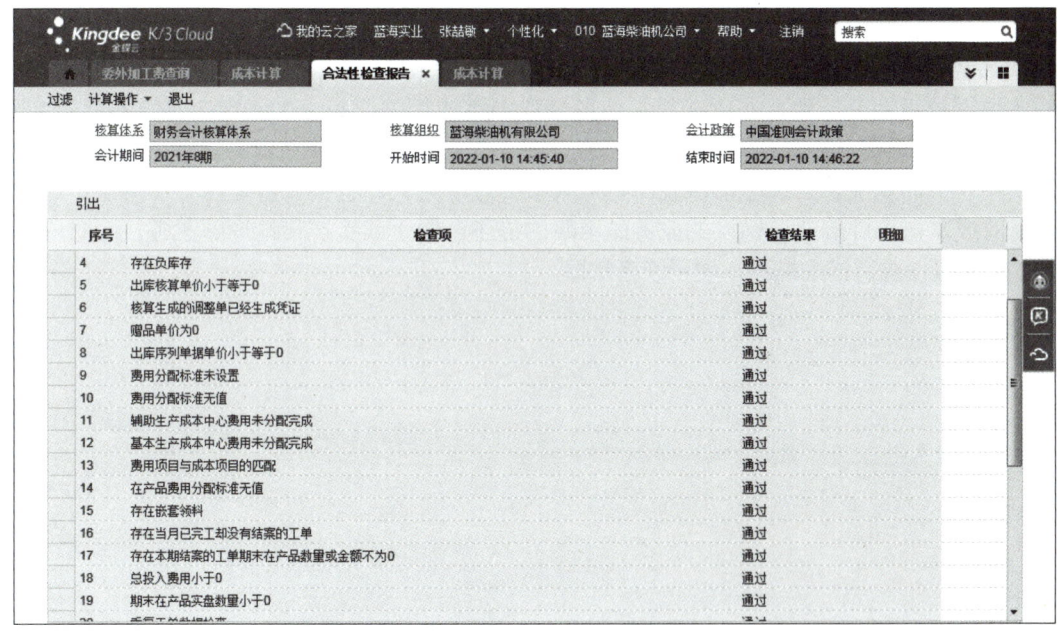

图 7-39　蓝海柴油机有限公司合法性检查报告示意图

当成本计算完成后,【报表分析】菜单组主要用于展示成本相关报表,便于用户使用分析。比如【成本计算单（横向展示）】是用于展示各种半成品、产成品的各成本项目明细构成的报表,帮助用户分析产品成本的构成及成本产生偏差的原因。再如【产品期间成本对比分析】用于把本期成本与往期成本进行对比,报表自动计算差异,有利于成本会计分析。如图 7-40 所示。

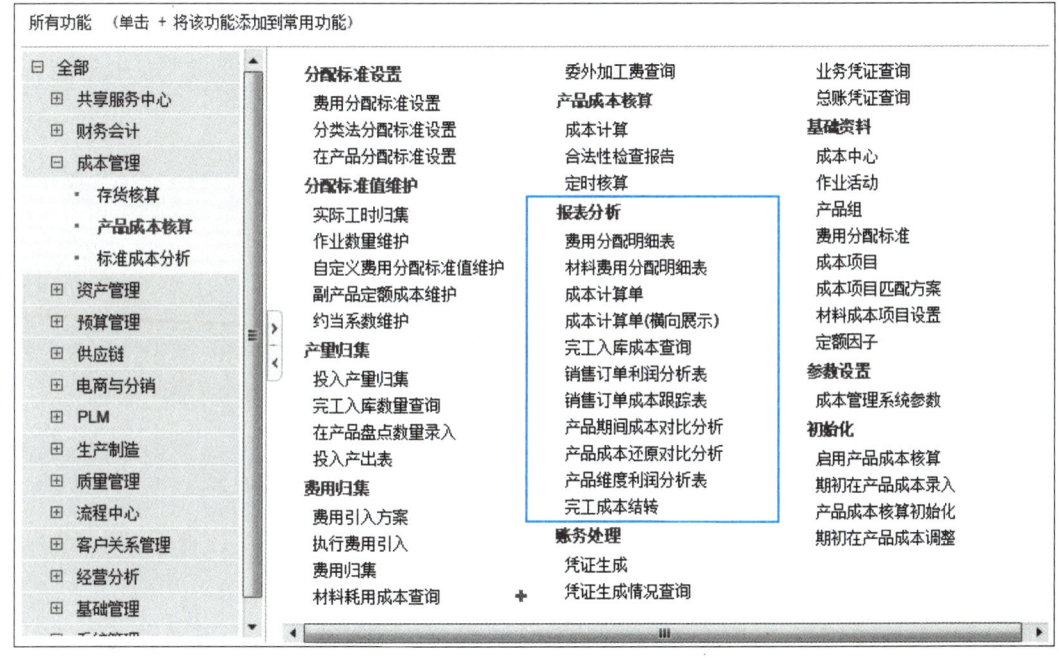

图 7-40　报表分析菜单组示意图

231

（二）成本核算应用与操作

如果要完成蓝海柴油机有限公司 8 月份成本核算在金蝶云星空系统中的应用与操作并且确保成本数据核算完全一致，必须在相关业务模块中完成相关业务，如确定 7 月份的存货余额，8 月份采购原材料确认应付账款相关业务、生产任务及投材料完工相关业务以及生产成本中各项成本费用业务的发生。如果全部讲述，整个教材会过于庞大，也会显得重点不够突出，因此在此只针对成本核算外的业务模块的业务做粗略的描述，便于读者连贯地理解业务，而对成本核算相关应用操作进行详细描述，便于读者掌握。

参　考　文　献

[1] 覃秋月. 企业成本会计核算与管理问题及优化措施研究 [J]. 商场现代化, 2022（13）: 174-176.

[2] 应赢. 如何加强企业成本会计核算与管理 [J]. 市场观察, 2020（5）: 48.

[3] 张涛. 浅议企业成本会计核算与管理: 以制造业企业为例 [J]. 中国商论, 2020（24）: 152-153.

[4] 王瑞. 加强工业企业成本会计核算与费用管理策略初探 [J]. 今日财富, 2020（19）: 111-112.

[5] 刘钰. 加强工业企业成本会计核算与管理 [J]. 中国乡镇企业会计, 2021（9）: 94-95.

[6] 冯焰. 基于新会计制度的事业单位成本核算与管理解析 [J]. 中国集体经济, 2020（8）: 33-34.

[7] 刘利君. 加强企业成本会计核算与管理的措施 [J]. 中国外资, 2021（6）: 128-129.

[8] 吴丹. 加强工业企业成本会计核算与管理的措施探讨 [J]. 中国市场, 2023（2）: 94-96.

[9] 汪馨妮. 工业企业成本会计核算存在的问题及对策 [J]. 财会学习, 2019（21）: 116-117.

[10] 高妮. 如何有效加强工业企业成本会计核算与管理探析 [J]. 纳税, 2019, 13（20）: 93-94.

[11] 臧智萍. 成本会计在工业企业中的应用研究 [J]. 商讯, 2019（19）: 64-65.

[12] 胡玲玲. 现代企业中的成本会计管理常见问题及对策研究 [J]. 中国管理信息化, 2019, 22（9）: 34-35.

[13] 崔培云. 工业企业成本会计管理存在的问题及提升策略 [J]. 纳税, 2019, 13（4）: 182.

[14] 赵连灯. 我国企业成本会计发展的制约因素分析及对策探讨 [J]. 太原城市职业技术学院学报, 2014（9）: 156-158.

[15] 李慧. 试论现代企业成本会计发展趋势与对策 [J]. 财经界, 2019（8）: 123.

[16] 许峰. 国有企业成本会计如何更好发挥作用 [J]. 中国中小企业, 2021（5）: 108-109.

[17] 王凤锦. 责任成本会计在企业中的运用与发展 [J]. 现代营销（下旬刊）, 2019（10）: 238-239.

[18] 丁若荷, 郭正东, 刘泽一. 责任成本会计在企业中的运用和发展 [J]. 现代营销（信息版）, 2019（3）: 9.

[19] 罗逸馨. 浅析成本会计发展趋势及对策 [J]. 现代营销（经营版）, 2018（8）: 217.

[20] 蒋昆仑. 浅谈成本会计发展现状及对策 [J]. 纳税, 2018（29）: 109.

[21] 余梦涵. 当前形势下企业成本会计职能发挥的探索 [J]. 纳税, 2018（24）: 22.

[22] ENZLER S, SCHEIDEETAL W, STROBEL M. Eco-efficient controlling of materials flows with flow cost accounting-ERP-based solutions of the ECO rapid project [J]. IMU, 2002: 236-241.

[23] BURRITT R L, HERZIG C, TADEO B D. Environmental management accounting for cleaner production: the case of a philippine rice mill[J]. Journal of cleaner production, 2009, 17 (4): 431-439.

[24] WAGNER B. A report on the origins of material flow cost accounting (MFCA) research activities[J]. Journal of cleaner production, 2015(108): 1255-1261.

[25] BURRITT R, SCHALTEGGER S. Accounting towards sustainability in production and supply chains[J]. The british accounting review, 2014, 46(4): 327-343.